nF4208883

Eu Falo Contigo

Da Depressão à Iluminação

Cheila Ng Hó

Título: Eu Falo Contigo – Da Depressão à Iluminação
Autoria e Edição: Cheila Ng Hó
Ilustração da Capa: Alexandra Dores

1ª Edição: junho de 2022
ISBN: 978-940-36-6774-4
Copyright © Cheila Ng Hó, 2022

E-mail: cheilangho@gmail.com
Site: www.cheilangho.com
Redes Sociais: @cheilangho

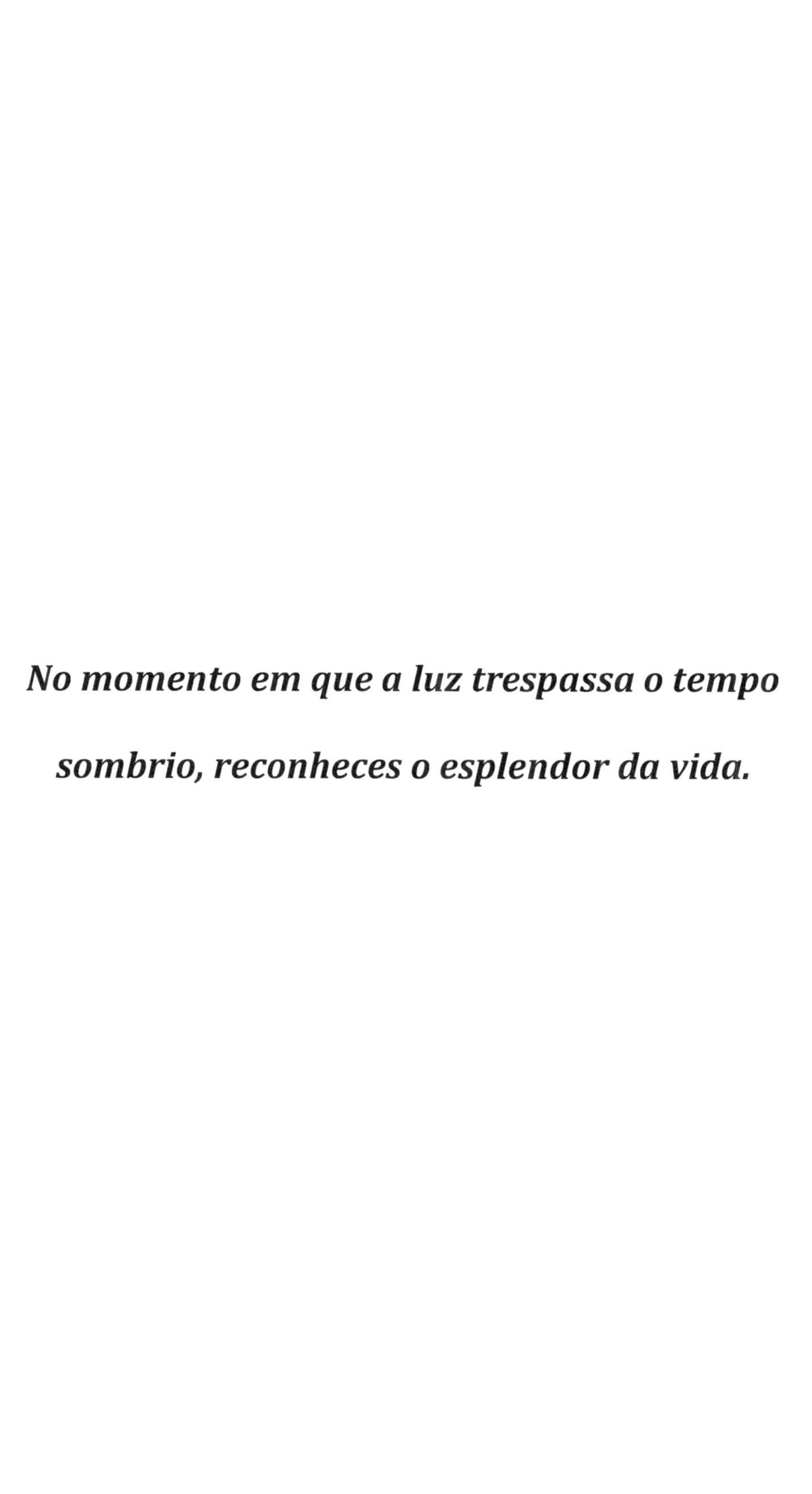

No momento em que a luz trespassa o tempo sombrio, reconheces o esplendor da vida.

Boas-Vindas

Olá! Sê muito bem-vindo(a)! Antes de mais, quero-te agradecer por estares aqui a ler estas palavras. Quer te tenhas deparado com esta obra por conta própria, quer ela te tenha sido recomendada por alguém, quero que saibas que fico imensamente feliz por ti e por mim. Afinal, nada acontece ao acaso, e o propósito para nos termos (re)encontrado sob estas circunstâncias não poderia ser mais apropriado. É deste modo que daremos a oportunidade de nos conhecermos verdadeiramente. O que quero dizer com isto? Não tardará muito até que fiques a saber.

Se estás a passar por dificuldades em ultrapassar algo que te impede de levares uma vida saudável e feliz, e nada do que fizeste até agora parece contribuir para a tua melhoria, então é precisamente contigo que eu quero falar. Se por outro lado esse não é o teu caso, tens aqui uma oportunidade de aprender algo que contribuirá para o teu autoconhecimento.

Como te posso ajudar? Acredita, eu não preciso de saber os detalhes da tua vida para te auxiliar na resolução dos teus problemas, visto que não sou eu que os vou resolver. Serás tu mesmo(a) que o farás com uma nova tomada de consciência. A leitura funciona como uma terapia que te guiará no caminho da autocura, ajudando-te a ganhares uma perceção nova e mais ampla da vida. Só te peço que te concentres nela para conseguires fazer todo o processo comigo. Mas antes de prosseguirmos, necessito que cumpras com alguns requisitos de leitura.

1. Encontra um espaço onde possas estar sozinho(a) em silêncio e reserva tempo suficiente para leres à vontade.

2. É recomendável que faças uma leitura contínua, mas com pequenas pausas pontuais para poderes refletir. Poderá haver momentos em que precisarás de o fazer para interiorizares melhor a mensagem.

3. Recomendo que deixes quaisquer dispositivos eletrónicos que te possam distrair da leitura em silêncio ou até mesmo desligados. De preferência não devem estar perto de ti, a menos que sejam estritamente necessários.

4. Lê calmamente e se tiveres alguma questão relativamente a algum termo ou expressão, toma nota e pesquisa o seu significado para ficares esclarecido(a). Esse exercício pode fazer toda a diferença na tua perceção e compreensão, pois nenhuma palavra ou expressão surge ao acaso. Verás o que quero dizer com isto à medida que avançares na leitura.

5. Caso tenhas alguma dificuldade na compreensão de uma ou de várias ideias não desistas à primeira. Conforme fores avançando na leitura, ganharás outra perceção que gradualmente te ajudará a esclarecer essas mesmas ideias. E mesmo que no fim da leitura continues a não entender algumas coisas, não te preocupes. A compreensão poderá não ser imediata, mas certamente virá com o tempo, a prática e a repetição.

6. Se estás a fazer algum tipo de tratamento que exija um acompanhamento contínuo, recomendo que consultes o teu terapeuta antes de tomares alguma decisão importante baseada na leitura. Os processos terapêuticos têm uma função de melhoria contínua e, por essa razão, tanto o seu tempo como a sua metodologia devem ser sempre respeitados para o teu próprio bem.

Posto isto, estamos então em condições de iniciar a mais fascinante descoberta que vais ter na tua vida:

A descoberta da tua real essência!

"Conhece-te a ti mesmo

e conhecerás o universo e os deuses."

[Sócrates]

Introspeção

O processo que farás comigo tem por nome **introspeção**. Quer dizer que com base no que te explicar e nos múltiplos exemplos que te der, irás observar o que se passa no teu interior, examinando o teu estado mental e tomando consciência dele. A finalidade será de voltares a tua atenção inteiramente para ti mesmo(a), de forma a conseguires identificar a raiz de todos os problemas e assim seres capaz de desfazê-los por escolha tua.

Este é um processo de **desaprendizagem** do que ensinaste a ti mesmo(a), ou não seriam os teus problemas o resultado do que aprendeste. Tanto a solução como o problema encontram-se em ti porque, tal como aprendemos a resolver problemas, também aprendemos a criá-los, ainda que a criação seja inconsciente, e a resolução seja alcançada noutro estado de consciência. Nenhum problema deixa de ter solução, pois tudo é uma questão de perceção. Mudando o modo como percebemos as coisas, a descoberta da causa do que nos transtorna é inevitável.

A verdade é simples, mas o processo de desaprendizagem não é imediato. Muitos anos de aprendizagem equivocada requerem o seu devido tempo para que as correções na tua perceção sejam feitas. Portanto, a paciência será a tua melhor companheira nesta jornada. Não te cabe a ti corrigir nada, mas apenas estares disponível para escutar, receber e aceitar. Quanto maior for o teu estado de aceitação, mais facilmente te alinharás com a verdade e mais leve será o teu percurso. Quanto mais resistires, maior será a tensão experimentada por ti e consequentemente mais obstáculos criarás no teu percurso. O caminho da menor resistência é o que te levará àquilo que mais aspiras com o menor esforço possível.

Quanto mais estiveres disposto(a) a largar, mais livre serás. É por essa razão que este é também um processo de desfazer e de esvaziar – desfazer a bagagem que trazes contigo e esvaziar a mente de conceitos que criaste acerca do mundo e acerca de ti mesmo(a). Eles de nada servem para o que buscas alcançar. Por isso, é desejável que mantenhas a mente aberta e estejas disposto(a) a deixar de parte tudo o que julgas saber, uma vez que pouco ou nada contribuirá para a tua cura.

À medida que avançares na leitura, ganharás uma nova perceção, dissolvendo aos poucos o muro de ideias que criaste ao teu redor que bloqueiam o teu caminho e te impedem de veres a vida tal como ela é: simples e natural.

Agora que sabemos em que consiste a introspeção, vamos dar-lhe início.

Prelúdio

Na tempestade que se abateu sobre mim

Procurei desesperadamente a bonança.

Sofri, perdido neste mundo.

Morri, afogado no submundo.

O vazio absoluto me esvaziou

Para que na minha escuridão

Eu encontrasse a minha salvação.

A Luz veio nesse mesmo instante

E restaurou-me a plena visão.

Tão somente não a via

Porque não sabia que era eu.

A verdade de quem sou me libertou

E despertei do sonho que se abalou.

Porque nunca perdi a confiança,

Por fim, chegou a bonança.

A paz eterna é o meu Reino

Agora e para todo o sempre...

Pandora

"Reza o mito grego da Caixa de Pandora que Prometeu foi o responsável por roubar o fogo divino e entregá-lo aos mortais. Quando Zeus se deu conta, ele quis se vingar e encarregou Hefesto e os outros deuses de criar Pandora para enviá-la como uma maldição para a Terra. Ela seria assim a primeira mulher a viver com os homens na Terra.

Hefesto trouxe uma linda estátua e os deuses deram-lhe muitos dons: Atena deu-lhe o sopro da vida, Afrodite deu-lhe a beleza, Apolo deu-lhe a sua habilidade musical e Hermes deu-lhe o dom da fala e da persuasão. Desse forma, Pandora tornou-se conhecida como "Aquela que possui todos os dons".

Zeus enviou a bela Pandora ao irmão de Prometeu, Epimeteu. Contra todos os conselhos do irmão, Epimeteu aceitou o presente divino e casou-se com ela. Contudo, Pandora não veio só. Com ela, foi enviado um presente de casamento – uma caixa misteriosa que não deveria ser aberta em circunstância alguma.

Certo dia, impelida pela sua curiosidade, dom também dado pelos deuses, Pandora abriu a caixa e todo o mal propagou-se pela Terra. A caixa continha todas as desgraças do mundo: a guerra, a discórdia, o ódio, a inveja, as doenças do corpo e da alma. Quando se deu conta do erro que havia cometido, Pandora fechou a caixa, conservando apenas o espírito da esperança."

Considerando esta lenda à luz da nossa própria história de vida, sabemos que à imagem do mito da Caixa de Pandora muitos males foram espalhados nesta terra e são eles que nos impedem de viver a vida tal como ela é. Ao longo da nossa existência todos nós passamos por desafios, alguns dos quais bastante complicados e difíceis de ultrapassar. Todavia, nada é impossível quando mantemos a esperança.

A palavra *"esperança"* por si significa *"esperar por algo bom"*, *"confiar em coisa boa"*, *"ter fé"*. Ela lembra-nos que toda a vez que nos perdemos podemos encontrar-nos novamente. E quando erramos podemos começar de novo. Diante disso, por cada vez em que nos vamos abaixo, a esperança nos enche de força e de coragem para nos erguermos uma vez mais e seguir em frente, rumo ao real significado da vida. Ela é a luz ao fundo do túnel que nos ilumina e nos mostra que para todo o caminhante há um caminho e um propósito para ele.

"Esperança é ser capaz de ver a luz, apesar de todas as trevas."
[Desmond Tutu]

O mito da Caixa de Pandora é por isso uma alegoria ao teu próprio resgate, a redescoberta da tua verdadeira essência que permanece para sempre contigo, mas da qual tu te esqueceste há muito tempo. Por isso, não é ao acaso que a esperança te conduziu até aqui. Ela está cá para guiar-te e levar-te novamente para casa.

Para a esperança, se a bonança ainda não chegou,

então é porque a história ainda não acabou.

Esta obra foi concebida para conseguires enfrentar e dissipar esses monstrinhos soltos por Pandora de uma vez por todas e assim ajudar-te a reencontrares-te. Portanto, continuemos com a jornada de regresso à tua essência.

Deprimindo

Nos confins da escuridão
A esperança morre de tanto esperar.
O abismo que se abriu em mim
Abandonou-me na total solidão.
É de tal modo avassalador
Que me consome sem pudor.

Não distingo os dias que passam,
Pois todos eles são sem sabor.
Lá fora os raios de sol brilham,
Mas a apatia roubou a minha alegria.

Dentro de mim chove sem parar
E as lágrimas acabam por secar.
No meu limite, o que vejo em mim
É somente um deserto sem fim.

A noite é longa e fria,
Horas tardias de ansiedade.
A quietude é inquietante.
E no silêncio a voz é gritante.
Ela me condena e evidencia
Que não há dó nem piedade.

O coração está vazio e a cabeça não para.

Por mais que queira, não consigo esquecer

Tudo o que teima em me atormentar.

Sinto euforia, outras vezes melancolia.

Extremos opostos que me fazem enlouquecer.

Não há razão para viver...

Ninguém me compreende...

Ninguém entende o que sinto...

Ninguém me consegue ver...

Quero ainda acreditar

Que estou apenas a sonhar,

Que isto só pode ser um pesadelo.

Mas o buraco negro no meu peito

Me nega a paz e não tem respeito.

No inferno acordo e me deito

E não sei como sair daqui.

Só me apetece dormir

E nunca mais acordar.

Afinal, de que serve viver

Se sinto como se estivesse a morrer?

Depressão

Retomando a história da Caixa de Pandora, entre os vários monstrinhos que se encontravam na sua caixa e foram soltos no mundo, a depressão é a que mais nos tem levado ao fundo do poço. Num mundo cada vez mais agitado, acelerado e superficialmente conectado, a depressão tem arrastado cada vez mais pessoas para o submundo do inferno mental. Silenciosa e por vezes letal, tem sido subestimada por muitos e incompreendida por tantos outros. Muitos são os que sofrem, mas poucos são os que têm a coragem de procurar por ajuda. Por essa razão, é fundamental que a abordemos sem medos nem *tabus* e consigamos compreender do que realmente se trata.

A depressão, também chamada *"dor da mente"*, manifesta-se no foro psicológico. Resulta da acumulação de experiências percebidas como dolorosas e/ou traumáticas que ficam registadas na nossa memória, podendo trazer-nos grandes transtornos e sofrimento para a vida presente. A depressão reflete-se na aversão à atividade que pode afetar os nossos pensamentos, comportamentos, sentimentos e a nossa sensação de bem-estar. Podemos sentir-nos tristes, ansiosos, vazios, desesperados, preocupados, impotentes, inúteis, culpados, irritados, magoados ou inquietos. Existe também a possibilidade de perdermos o interesse em atividades que antes eram prazerosas, ganhar ou perder o apetite, ter bloqueios mentais e problemas de concentração para lembrar detalhes ou tomar decisões. Insónias, sono excessivo, cansaço, exaustão, dores ou problemas físicos resistentes a tratamento são outros sintomas associados à depressão. Em situações extremas, podemos contemplar ou mesmo tentar cometer suicídio.

Uma vez nesta situação, a recorrência à medicação, às drogas e/ou ao álcool para reduzir ou mesmo tentar calar os pensamentos torna-se comum. O consumo destas substâncias pode traduzir-se na busca de prazer e/ou no entorpecimento da mente como formas de inibir a dor.

Entretanto, procurar combater algo que não é visível nem palpável com substâncias no corpo apenas *"adormece"* o problema, não o resolve verdadeiramente. Assim que o efeito dessas substâncias passa, os pensamentos regressam e para sobreviver ao tormento mental tornamo-nos dependentes do seu consumo sistemático. Dessa forma, passamos mais tempo adormecidos do que acordados, mais tempo na ilusão do que na realidade. No final, acabamos como *zombies* – vivos por fora, mas mortos por dentro. Embora o corpo aparentemente ainda divague por este mundo na mente, é como se o significado de estar aqui tivesse desaparecido.

Dado que esta dor não é percetível ao olho humano, muitas vezes esta doença pode passar despercebida. As pessoas podem supor que estamos apenas a passar por uma fase difícil quando, na verdade, esse sofrimento tornou-se constante – um pesadelo sem fim – como se vivêssemos aprisionados em nós eternamente. É um buraco negro do qual parece não haver saída possível. Pouco a pouco morremos internamente, pois não há luz que penetre as sombras da nossa mente. Existe apenas um vazio enorme em nós sem explicação que nos retira qualquer vontade de viver. Mesmo no meio de uma multidão o que sentimos é solidão.

> *"Quando a sociedade nos abandona a solidão é suportável.*
> *Quando nós mesmos nos abandonamos ela é intolerável."*
> *[Augusto Cury]*

Estando em sofrimento contínuo a vida parece não ter qualquer propósito. Pensamentos como *"Qual o sentido da vida?"* ou *"Viver para quê?"* podem surgir na nossa mente obsessivamente. Em último caso, quando ficamos presos na dor dos pensamentos infindáveis da mente e surge o desejo intenso de abandonar este mundo, o fim da nossa existência parece ser a única via possível de pôr termo ao sofrimento.

Todo aquele que comete suicídio desespera por querer viver. Porém, diante da sua própria impotência de não conseguir parar com a dor provocada pelos pensamentos, o fim da própria vida torna-se no seu destino. O que não percebemos é que estamos a identificar-nos com uma vida ilusória...

Uma vida ilusória só pode gerar ilusões.

A ilusão está na crença de que a nossa vida é definida e limitada pelo corpo e que tudo termina com a sua morte. O fim de um corpo não dita o fim da mente. Isto significa que o suicídio não é a solução para o fim do sofrimento. O corpo está para a mente assim como o carro está para o condutor. Podemos ficar sem o carro, mas o condutor não depende dele para viver.

Portanto, a solução está onde o problema foi criado, ou seja, na mente. Se os pensamentos de dor têm origem na nossa mente, então é justamente nela que a cura também pode ser encontrada. Para isso, vamos perceber em primeiro lugar o que acontece à nossa mente quando estamos em depressão.

A palavra *"depressão"* pode ser decomposta em *"de"* e *"pressão"*. O prefixo *"de"* refere-se ao movimento descendente que, aliado à palavra *"pressão"*, é expresso como *"pressionar para baixo"*. Quando nos deixamos consumir por pensamentos autodestrutivos, estamos a colocar involuntariamente a nossa mente sob pressão e, dessa forma, entramos em *"de-pressão"*.

O fluxo de pensamentos não cessará até que internamente tomemos consciência deles e consigamos estabelecer uma certa distância entre nós e os pensamentos gerados. Em suma, **tem de haver uma distinção clara entre o que é o pensador e o que é o pensamento**, caso contrário estamos a confundir o que somos com o que pensamos, e ambos não são a mesma coisa.

Fica assim evidente que a cura para a depressão não está fora, mas dentro de cada um de nós. **Ninguém cura aquele que está em depressão a não ser o próprio, porque só ele pode tomar consciência de si mesmo.** A cura não só é possível como é absolutamente necessária para o bem da nossa saúde mental.

Portanto, o mito da Caixa de Pandora serviu para chegar à conclusão de que a depressão se trata de um conjunto de monstrinhos soltos na nossa mente que nos amedrontam e nos aprisionam em nós mesmos, impedindo-nos de ter uma vida naturalmente saudável e feliz.

Continuemos com a leitura para podermos compreender como podemos desfazer esses monstrinhos que se instalaram na nossa mente.

Crise

A crise pode assumir muitas formas na nossa vida. Desde o diagnóstico de uma doença grave e/ou prolongada, um acidente, uma deficiência física ou mental, obrigação de cuidar de um familiar incapacitado, perda ou a doença de um ou mais entes queridos ou de um animal de estimação, infertilidade, impotência, velhice, o fim de um relacionamento, rutura familiar, perda de propriedades, perda de bens materiais, falência de um negócio, perda de emprego, problemas financeiros, perda da fé religiosa, conflitos, traumas, traição, *bullying*, abusos, violência, obsessões, vícios, desejos compulsivos ou reprimidos, esgotamento, sentimentos profundos de rejeição, apatia e indiferença, contínua frustração de objetivos de vida, dificuldade em encontrar um propósito para a vida ou até mesmo uma sensação contínua de que algo está em falta, mesmo que não saibamos propriamente o que é.

De algum modo algumas ou mesmo várias destas experiências são partilhadas por todos nós. Observando a infinidade de infortúnios que nos podem acontecer ao longo da vida, podemos pensar que viemos a este mundo apenas para sofrer e que esta é a realidade nua e crua que temos de enfrentar. Mas será que a vida é apenas feita de sofrimento? Devemos encarar o sofrimento como algo normal?

"Se há algum significado na vida,

então deve haver um significado no sofrimento."

[Viktor E. Frankl]

A probabilidade de nascermos como um humano é praticamente zero. Por isso, a razão para virmos a este mundo tem de ter um propósito. Para uma probabilidade tão ínfima a nossa existência não pode ser sem significado. Acreditar que a vida é feita ao acaso é crer implicitamente que as nossas decisões não têm qualquer valor. Qualquer coisa nos pode atingir e nada podemos fazer para mudar o rumo dos acontecimentos. Somos assim vítimas do acaso, fracas e impotentes face ao que nos acontece. É justamente essa forma de pensar que nos conduz ao sofrimento.

Podemos julgar que só coisas *más* advêm de uma crise. Contudo, a crise também nos concede uma oportunidade de renascer e de aprender algo novo. Nenhuma crise traz apenas a desgraça sem vir acompanhada da sua graça. Quando nos afundamos em pensamentos e sentimentos destrutivos, dificilmente conseguimos ter algum ânimo. O passado que carregamos por vezes é doloroso demais para encontrarmos alguma razão para sermos gratos e alimentar a esperança. Mas se tomarmos consciência de que o passado já não volta e pensar na nossa dor não nos acrescenta qualquer valor, neste momento podemos abrir espaço suficiente em nós para que surja outra perceção e dar à vida uma nova oportunidade. Nessa perspetiva, a crise é um convite para olhar para a vida com novos olhos; sob uma nova luz.

Aquele que deseja ver verdadeiramente,
ganha uma nova visão e renasce novamente.

Dada a vastidão e a complexidade de coisas que existem e acontecem neste mundo, torna-se impossível controlar alguma coisa. Verdade seja dita, não há nada que esteja verdadeiramente sob o nosso controlo. A maior evidência disso é que nem sequer conseguimos controlar os pensamentos que passam pela nossa mente. Por essa razão, é apenas uma ilusão pensar que temos controlo sobre alguma coisa. Em compensação, o poder de decidir como queremos lidar com as situações com que nos deparamos está nas nossas mãos. **Não temos como controlar o que nos acontece, mas podemos decidir como reagimos ao que nos acontece.** Portanto, **a decisão é a nossa fonte de poder neste mundo, não o controlo**.

"Não posso mudar a direção do vento, mas posso ajustar
as minhas velas para chegar sempre ao meu destino."
[Jimmy Dean]

A palavra *"decisão"* contém a palavra *"cisão"* que por si significa *"cortar"*. Ao exercermos o nosso poder de decisão, estamos a fazer uso da nossa capacidade de cortar com o que não nos nutre a alma. Podemos não conseguir esquecer nem mudar o passado, mas temos sempre a possibilidade de escolher libertá-lo e seguir adiante. Sob esse ponto de vista, a decisão é o ponto de viragem em que aceitamos mudar a nossa maneira de pensar e a nossa atitude perante a vida, deixando partir tudo o que já não nos serve em prol da nossa própria felicidade e da nossa paz. Desse modo, chegamos à conclusão que não são os acontecimentos que determinam o nosso destino, mas as nossas próprias escolhas que o moldam.

"São nos teus momentos de decisão que o teu destino é moldado."

[Tony Robbins]

O destino só se torna fatalista quando nos esquecemos que a escolha é um direito nosso. Mesmo que possamos perder tudo, jamais deixamos de poder mudar o rumo da nossa vida, de encará-la de outro modo, mudando a nossa forma de pensar. Afinal de contas, **pensamentos são escolhas**. Por cada pensamento que temos, podemos decidir entre reler o nosso passado ou virar a página e começar um novo capítulo da nossa história. Ela não é criada por ninguém a não ser por nós mesmos. Perante isto, podemos concluir que **ser feliz é uma escolha nossa, tal como sofrer também é**.

Acreditar que o sofrimento é causado por uma fonte externa é um equívoco. O erro começa na nossa decisão de ver o erro. É o modo como escolhemos perceber o que nos acontece que nos leva a experimentar o sofrimento, não o acontecimento em si. Nada nem ninguém nos pode magoar realmente, a não ser o nosso próprio pensamento de que algo ou alguém nos magoou. Dito isto, sair do sofrimento resume-se a tomar a decisão a favor da nossa própria felicidade. Nada mais do que isso.

Podes achar que é difícil interiorizar estas ideias e colocar em prática, o que te asseguro que não é. Porque isso é também uma escolha tua. Tudo é uma questão de escolha. E ninguém a não ser tu mesmo(a) pode tirar-te a liberdade de seres feliz. Tu tens essa capacidade. Só tens de escolher a teu favor.

É inegável que de uma maneira ou de outra todos nós procuramos a felicidade. Ela nunca nos abandonou e está aqui, **bem presente**. Entretanto, aguarda pacientemente que a aceitemos em quietude no mesmo lugar de sempre. Esse é o lugar que te convido a explorares comigo. E é também o lugar onde encontrarás a tua verdadeira essência.

Descobrir a verdade é uma escolha tua...

... Bem como o teu único destino.

Veremos a seguir outras formas de expressão do sofrimento para nos recordar a importância da escolha.

Conflito

Olhando para a história da humanidade de um ponto de vista global, parece que ela está destinada a guerrear para sempre contra si mesma. O passado nos mostra que por milhares de anos, geração após geração, o conflito sempre esteve presente nas nossas vidas. Carregamos um legado de dor e sofrimento dos nossos antepassados que muitas vezes desconhecemos, uma vez que a nossa passagem neste mundo tende a ser relativamente breve e por vezes aparentemente insignificante. Toda a nossa história tem sido marcada por guerras, conflitos entre impérios, países, nações, governos, religiões, crenças, culturas, etnias, géneros, organizações, empresas, clubes, vizinhos, gerações, famílias, amigos, casais, irmãos, pais e filhos. Agimos como se fôssemos seres com pouca consciência que não fazem outra coisa senão lutar pela sua sobrevivência e impor as suas crenças, opiniões, vontades e desejos uns sobre os outros. Por conta desse instinto primitivo que tão cegamente seguimos, muito sangue, suor e as lágrimas têm sido derramados ao longo dos tempos.

Habituámo-nos de tal modo ao conflito que hoje em dia o encaramos como se fosse algo inevitável e perfeitamente natural. Se assim é, então por que razão no sentimos mal quando estamos em conflito? Se fosse um comportamento puramente instintivo como em alguns animais, não sentiríamos remorso, arrependimento ou culpa, tampouco teríamos a sensibilidade para sentir a dor do outro. Essa consciência evidencia que a nossa natureza difere da que o instinto animal nos dita. Somos tão parte da Natureza como todos os seres que habitam este mundo. Contudo, a forma como convivemos e lidamos com ela ainda está longe de ser pacífica e harmoniosa.

Nós não nos adaptamos naturalmente a este mundo. Competimos, manipulamos e controlamos o meio ao nosso redor para subsistir, negando-nos a paz e a harmonia que são atributos naturais do fluxo da vida. O facto de negarmos o que nos é natural faz com que estejamos sempre em conflito; num estado antinatural. Uma vez que a nossa própria natureza não pode ser atacada, esse ataque é feito a outros seres que igualmente partilham a nossa essência. Não é certamente algo que pensamos ou fazemos conscientemente, pois se tivéssemos consciência, perceberíamos que todo o ataque é um ato irracional que inevitavelmente conduz ao nosso próprio sofrimento. Sob essa perspetiva, **sofrer é uma escolha inconsciente de não ser natural e de estar em conflito com o nosso próprio ser.**

Acreditar que o sofrimento e o conflito fazem parte da vida tem-nos custado a nossa própria felicidade. Se queremos viver com dignidade e integridade, todas as crenças que alimentam o conflito em nós necessitam de ser desfeitas. Ainda que isto não aparente ser uma tarefa fácil, também não é impossível. Tendo a noção de que o conflito surge da negação da nossa real natureza, torna-se lógico que pela escolha podemos mudar o rumo da nossa história ao reconhecer e aceitar o ser natural que está em todos nós. Ele não faz parte dos conflitos que vemos neste mundo nem concebe a dor ou o sofrimento porque está em perfeita união e em harmonia com todas as coisas e com todos os seres.

Olhando para fora e percebendo a quantidade de problemas e conflitos que acontecem diariamente no mundo, podemos julgar que jamais poderemos saber o que é estar em sintonia e em paz total com a vida. Temos a sensação de que há sempre algo ou alguém para nos perturbar e nos dar razões para estarmos em conflito, mesmo quando não o queremos. Porém, se olharmos com honestidade para o nosso interior, percebemos que isso não é verdade. Tudo o que percecionamos no mundo apenas reflete o que percecionamos em nós mesmos.

Há um conflito que se passa a um nível mais profundo da nossa psique e que muitas vezes nos recusamos a ver. Quer vivamos num ambiente abastado ou escasso, existe uma inquietação interior constante que nos atormenta a todos e da qual fugimos a todo o custo, voltando-nos para o mundo e tentando justificar esse desconforto com acontecimentos que aparentemente surgem para nos roubar a nossa paz. Por menor que seja esse desconforto, ele ali está como símbolo do mal-estar interior que reprimimos e onde permanecem os nossos maiores medos. E onde habita o medo, também habita o conflito. Portanto, **os conflitos que vemos no mundo e mantemos nas nossas relações são projeções dos nossos medos e da nossa falta de paz interior**. Ninguém que esteja em conflito consigo próprio pode esperar encontrar a paz fora, pois tanto o conflito como a paz são reflexos da nossa mente.

Uma mente em conflito projeta conflitos.

Uma mente em paz estende paz.

Este princípio sublinha que a busca pela paz fora de nós não tem qualquer sentido. **A paz é uma qualidade natural da nossa mente**, o que significa que jamais poderá ser o resultado do que experimentamos no mundo. Por conseguinte, todo aquele que busca pela paz deve buscá-la em si mesmo. Chegamos, portanto, a outra conclusão: **sofrer é uma escolha de não estar em paz consigo mesmo**. Tendo esta consciência, é possível escolher de outro modo. Assim, a decisão de estar em paz connosco é a única condição necessária para a viver.

Aquele que busca a paz em si mesmo

não tem outra meta senão a paz total.

Posto isto, a nossa meta agora é mais clara. Não nos é possível sair do sofrimento rejeitando-o, mas aceitando outra coisa no seu lugar. Se queremos deixar de sofrer, a busca pela paz interior é inevitável. Esta é então a nossa jornada para a paz de espírito. Em função disso, procuremos estar de mente aberta para receber o que tanto buscamos alcançar.

"A mente é como um paraquedas: só funciona se estiver aberta."

[Frank Zappa]

Sacrifício

Tal como explorámos a questão do sofrimento por conflito, também abordaremos a questão do sofrimento por sacrifício. Não falamos mais do sacrifício de pessoas como oferenda para agradar e apaziguar deuses caprichosos, pois já lá vão os tempos em que a maioria de nós estava sob esse véu de ignorância. Ainda assim, é necessário trazer à nossa consciência a ideia do autossacrifício que moralmente continua a ser valorizada e admirada aos dias de hoje. A face que esta ideia oculta tem gerado tanto sofrimento por tanto tempo que começa a tornar-se insustentável mantê-la velada na nossa mente.

Para muitos de nós, o sacrifício pode não ser um tema fácil, pois a dor que ele encobre é grande por demais para conseguirmos abordá-lo com leveza. Contudo, é precisamente por essa razão que este assunto será explorado nesta fase inicial da nossa introspeção. Ao longo da nossa jornada, voltaremos a refletir sobre o sacrifício com outra perspetiva que nos ajudará a remover o medo que temos de olhar para o tormento que ele nos gera. Dito isto, com calma e paciência vamos entender especificamente o que é o sacrifício e desfazer aos poucos a dor e o sofrimento associado a ele.

Quando falamos de sacrifício não nos referimos ao que conscientemente acreditamos e valorizamos, mas ao que inconscientemente está no domínio da nossa mente e inevitavelmente condiciona o nosso modo de pensar, sentir e agir. O inconsciente rege os nossos pensamentos, atitudes e comportamentos involuntários, assumindo o controlo na maioria das nossas decisões. Quanto menos consciência temos desta grande fatia que compõe a nossa psique, menos decisões conscientes tomamos e mais facilmente estamos sujeitos ao controlo e à manipulação inconsciente. Por esse motivo, é fundamental olhar para as raízes do sacrifício que ainda permeiam a escuridão da nossa mente.

Embora o sacrifício não seja algo habitualmente abordado para além dos contextos morais, religiosos e filosóficos, ele está espalhado pelos exemplos mais mundanos da nossa vida. Sacrificamos a nossa segurança para irmos para a guerra lutar em defesa da nossa nação ou pátria. Sacrificamos a nossa vida para cuidar daqueles que estão doentes e/ou encontram-se em situações desfavorecidas. Sacrificamos as nossas vontades individuais para sustentar e/ou manter uma relação estável com alguém e/ou uma estrutura familiar. Sacrificamos a vida pessoal e a saúde trabalhando arduamente para construir uma carreira e/ou para levar uma organização a expandir os seus negócios. Sacrificamos o que amamos fazer por um emprego que pague as nossas despesas. Sacrificamos os nossos ideais e sonhos para sermos aceites e validados pelas pessoas que nos rodeiam. Sacrificamos o nosso valor e o que valorizamos para nos integrarmos na sociedade... No final, acabamos por sacrificar não só a nossa felicidade e bem-estar, como também a nossa liberdade, talento, potencial, criatividade e autenticidade, em prol daqueles que jamais poderão viver a nossa vida por nós. É certo que todos temos as nossas responsabilidades no meio em que nos inserimos. Mas muitas vezes assumimos essas responsabilidades com pesar, sem ânimo e sem alegria, como se estivéssemos aprisionados por obrigação e sempre em falta para com algo ou alguém.

Por que razão isso acontece? Certamente que se soubéssemos, não estaríamos em sofrimento, tampouco nos subjugaríamos ao sacrifício. Embora a causa seja inconsciente, ela é perfeitamente identificável. Para esse efeito, teremos de investigar as raízes do sacrifício.

Estando bem vincado no nosso passado coletivo, a ideia do sacrifício foi (e ainda é) enaltecida por algumas correntes religiosas, filosofias de pensamento e ideologias como uma espécie de dignificação, purificação, expiação e redenção. A nível mundial, a sua simbologia é valorizada de tal modo que grande parte das culturas deste mundo rege o tempo com base numa figura que dividiu a história antes e depois do seu nascimento associada ao arquétipo do mártir. Falamos de Jesus, também conhecido como Cristo.

Um mártir retrata aquele que é submetido à perseguição, sacrifício e possível morte por defender um ideal ou crença. Interpretado por esta imagem, a crucificação de Jesus teria representado o sacrifício da sua vida para salvar o mundo dos seus pecados, o que faria dele uma vítima do próprio mundo que tinha como propósito salvar. Independentemente do que acreditemos a respeito da razão da sua crucificação, não podemos negar que o sacrifício de um inocente acarreta sempre o sentimento de culpa e de medo. E tanto a culpa como o medo só reforçam a ideia do pecado na nossa mente, o que nos afasta por completo da ideia de que somos dignos de salvação. Teria um real salvador o propósito de disseminar a ideia de que o sacrifício é necessário e de que somos pecadores? Seria esta a mensagem que um ser que demonstrou o seu perfeito amor por nós nos queria comunicar? Só o saberemos aprofundando o assunto.

A passagem de Jesus por este mundo marcou a nossa história pelo seu perfeito exemplo. As suas mensagens intemporais de demonstração de grande humildade e de compaixão genuína pelo seu próximo, embora inteiramente verdadeiras quando sentidas nos nossos corações, parecem ter sido substituídas pela sua antítese. No lugar do amor, respeito e aceitação que deveriam servir de conduta para vivermos uma vida plenamente sã, alegre e pacífica, estão sentimentos profundos de culpa, de vergonha e de rejeição que nos distanciam da nossa verdadeira natureza e do nosso potencial. Esses sentimentos que carregamos com pesar nos condenaram à miséria onde perpetuámos o sofrimento e idolatrámos a ideia do sacrifício. O que seria um *"sacro-ofício"* (ofício sagrado) seguindo o exemplo de Jesus de amar-nos inteiramente, transformou-se num suplício. No espaço onde o amor deveria habitar, elegemos a figura do mártir e fizemos dela a nossa salvadora. Neste mundo, sacrificar a *vida* em prol dos outros ainda é considerado um ato glorioso, heroico e até mesmo santo. Entretanto, a insanidade que essa ideia oculta nós não vemos.

O autossacrifício é um ato de autoflagelação – uma punição autoimposta que se reflete num ataque a si mesmo. E só a culpa justifica o ataque e o sacrifício. Sendo assim, o autossacrifício é apenas uma tentativa vã de atenuar a própria culpa. Aquele que se dedica ao outro, mas internamente se vitimiza e se martiriza não consegue ver-se a si mesmo como perfeitamente inocente. E sem a visão completa da inocência não há paz interior. É impossível alcançar a paz plena enquanto por detrás da prática dos *"atos santos"* estão pensamentos devotos ao ataque pelo julgamento e pela punição.

Um mártir oculta a face da vítima. Uma vítima ao contrário do que possamos pensar não é inocente. Ser inocente implica estar totalmente livre de culpa. A inocência é impecável e inatacável porque não reconhece o pecado nem o ataque. A sua visão é inteiramente amorosa, sendo essa a base de toda a sua força. Já a vítima é capaz de conceber o ataque e a carência ao julgar-se a si mesma como fraca e indefesa. Portanto, mais do que procurar suprir as carências dos outros, é preciso ter consciência de que, a um nível mais profundo do nosso inconsciente, essas carências que percebemos nos outros não estão neles, mas em nós mesmos. É o amor por nós que está em falta e é a sua ausência que nos torna fracos e indefesos, o que faz de nós mártires da vida.

Não é de admirar que quando estamos em baixo possamos sentir o impulso de querer ajudar os outros, juntando-nos a causas humanitárias, salvando a vida animal ou tornando-nos missionários. É possível que servir os outros e alimentar o espírito altruísta com tais atos nobres seja uma forma de atenuar o nosso próprio sofrimento e se torne num encontro com o nosso propósito de vida. Porém, em muitos desses casos, estamos apenas a tentar fugir de nós mesmos. É por isso que, ao fim de algum tempo, a experiência de estar ao serviço dos outros deixa de ser suficiente. Há um vazio em nós que não pode ser preenchido a não ser pela aceitação de que somos dignos de amar e de ser amados.

"Podes procurar em todo o universo alguém que seja mais merecedor do teu amor e afeto do que tu mesmo, e essa pessoa não pode ser encontrada em lado nenhum. Tu próprio, tanto como qualquer pessoa em todo o universo, mereces o teu amor e afeto."

[Buda]

Assistir aqueles que precisam de ajuda e cuidar daqueles que estimamos faz parte da nossa própria natureza. Isso é inegável. Todavia, devemos estar conscientes de quando agimos por amor ou por falta dele. A culpa que se esconde por detrás do autossacrifício mais cedo ou mais tarde nos cobrará o que não conseguimos fazer por nós mesmos. Assim sendo, é importante que não deixemos essa dívida por pagar. A nossa libertação do sofrimento é tão importante quanto a de qualquer outro ser. Cabe a cada um assumir essa responsabilidade por si mesmo.

A própria palavra *"sofrer"* facilmente nos revela porque sofremos. Sofrer tem origem do latim *"angustia"* (aperto, constrição) de *"anguere"* (apertar, sufocar) e *"sufferre"* (aguentar, sofrer), formado por *"sub"* (sob) mais *"ferre"* (ferros). Simplificando, **sofremos porque estamos a sufocar e a limitar o nosso próprio ser** ao colocá-lo sob ferros como se fosse um escravo. Portanto, fica claro por que razão andamos tão deprimidos e angustiados com a vida. Como poderíamos não sofrer com a renegação do nosso próprio ser?

Conseguimos assim compreender de onde vem esta culpa inconsciente que sentimos e que insistentemente nos perturba. Ela vem tão somente da castração do ser verdadeiro. O sacrifício é, portanto, a forma que utilizamos para nos autossabotarmos e impedir-nos de atingir o nosso verdadeiro potencial. A culpa é dilacerante, pois ela nos nega o amor e coloca o medo no seu lugar. Não existe nada mais frustrante nem castrador do que viver uma vida aquém do que somos por medo.

Muitas das doenças que desenvolvemos ao longo da vida são derivadas do ato de autopunição que esconde o medo e a culpa inconsciente. Sendo o corpo um veículo neutro, ele pode ser saudável ou doente, dependendo do uso que lhe damos. Se o medo e a culpa estão por trás dos nossos pensamentos, o corpo somatiza todas as questões não resolvidas e manifesta-as numa ou mais doenças. A doença é uma instrução direta para o corpo se autopunir. Tudo o que tem culpa é punido. É dessa forma que o corpo carregado de dor aparentemente se vira contra nós e, consequentemente, nos leva a experimentar o sofrimento.

Portanto, é preciso estar consciente de que, acima de tudo, a maior responsabilidade que assumimos nesta vida é para connosco. O nosso bem-estar deve estar acima de qualquer coisa. Se não estamos bem, como podemos esperar que aqueles que nos rodeiam estejam? **Não é altruísmo sacrificar a nossa vida pelos outros. É egoísmo**. Perceberemos mais adiante as razões pelas quais o sacrifício é um ato egoísta.

Sabendo isto, podemos encarar o sofrimento de outro modo. Não existe nada nem ninguém que nos possa prender verdadeiramente, a menos que façamos escolhas por medo. **Escolher por medo é escolher aprisionar, mas mais do que isso; é escolher não amar.** E quem não ama não vive verdadeiramente. Sob esse ponto de vista, enfatizo novamente a ideia de que **sofrer é uma escolha, não uma condição**. Isto significa que é possível libertarmo-nos das amarras do sofrimento autoinfligido pela nossa decisão.

Por muito tempo permitimos que o sacrifício fosse glorificado e apreciado. Está na hora de abandonar essa ideia louca que só nos prendeu a uma *vida* de dor e de sofrimento, e de olhar para o ser em nós que ainda espera ser liberto da prisão onde o colocámos.

Assim foi Jesus – não um mártir que se sacrificou por nós, mas um perfeito exemplo de um ser que se libertou da culpa inteiramente para assumir a sua verdadeira natureza. A sua própria liberdade conferia-lhe o poder de libertar outros do sofrimento, porque não havia quaisquer condicionamentos nele que o impedissem de expressar todo o seu potencial. Os inúmeros milagres que tantas testemunhas reuniu ao seu redor tinham origem na sua expressão máxima de amor, pois na visão de Cristo os limites são inexistentes. A sua vontade era mais que evidente quando disse:

"Ama o teu próximo como a ti mesmo."
[Mateus 22:39]

A liberdade deriva fundamentalmente da aceitação do amor em nós. Todo aquele que ama é livre e é santo. É por essa razão que o estado de santidade nos traz a paz plena.

**Só o amor é santo, só o amor é livre
e só o amor é a salvação.**

A salvação vem somente pela escolha de amar. Ninguém que escolha o sacrifício consegue compreender o que é o amor. Assim como ninguém que ame verdadeiramente poderia alguma vez conceber o sacrifício. Todavia, carregamos por tanto tempo a culpa, que ver a luz em nós tornou-se doloroso. A escuridão que habita no nosso interior é de tal modo densa, que a tentação de aniquilar a luz do outro é maior do que a simples aceitação de que ela está igualmente em nós. Foi por isso que o corpo de Jesus acabou por ser crucificado. O sacrifício foi feito por aqueles que negaram a sua própria luz e projetaram nele a culpa dessa negação. Jesus jamais se sacrificaria porque quem ama incondicionalmente está livre da culpa e não tem motivos para sofrer, muito menos para sacrificar algo.

Essa luz que Jesus era e ainda é para o mundo emana igualmente do nosso ser. Ela permanece acesa no mesmo lugar de sempre. Contudo, ainda espera que a chamemos para nos ajudar a sair gradualmente da escuridão em que nos enclausuramos, libertando-nos de vez do ciclo de sofrimento e de culpa.

É no autoconhecimento que reconhecemos a verdade em nós que tudo ilumina e que por tanto tempo ignorámos.

"Conhecer-te a ti mesmo é o princípio de toda a sabedoria."

[Aristóteles]

A maior de todas as feridas habita no desconhecimento do nosso ser. Sendo assim, busquemos o verdadeiro ser, para que na sua luz toda a ignorância se converta em sabedoria.

Personalidade

Quando falamos sobre nós mesmos, dificilmente conseguimos nos desvincular dos traços da nossa personalidade, mencionando-os muitas vezes como se fizessem parte da nossa identidade. Quer os julguemos como bons ou maus, certo é que nem sempre conseguimos discernir a luz e a sombra que cada traço contém. A partir desta perspetiva, procuremos conhecer como é formada a nossa personalidade e as razões pelas quais não nos devemos basear nos seus aspetos para nos definir.

Como já vimos anteriormente, os múltiplos desafios por que passamos ao longo da nossa história podem levar-nos por vezes a experimentar o sofrimento quando não estamos cientes de que podemos escolher diferente. Por essa razão, os mesmos desafios nem sempre nos afetam a todos da mesma maneira. Vejamos alguns casos simples.

Caso 1: Dois irmãos podem vir de uma família de poucas posses. Enquanto um acaba por se tornar num toxicodependente e rouba para sustentar o seu próprio vício, o outro pode optar por trabalhar e estudar arduamente para ter um emprego, casa e família.

Caso 2: Duas mulheres podem ser alvo de maus tratos pelos pais na sua infância e constituírem as suas próprias famílias. Enquanto uma se torna numa mãe igualmente agressiva e ríspida para os seus filhos, a outra, não desejando que os seus filhos passem pelo mesmo, torna-se numa mãe zelosa e amorosa.

Por estes exemplos simples conseguimos entender que perceções diferentes da mesma experiência criam realidades diferentes. Podemos então resumir a formação da nossa personalidade através da seguinte fórmula:

Personalidade = Perceção de si próprio(a) +

Significados Associados às Experiências do Passado

A perceção que temos de nós mesmos mais o significado que atribuímos às experiências passadas constituem a base da construção da nossa personalidade. Na sua individualidade, cada um de nós faz o papel de dar um significado ao seu passado e de desenvolver um conceito de si mesmo(a). Não podemos afirmar que é unicamente o que nos acontece que forma a nossa personalidade, pois como verificámos nos casos anteriores, nem todos reagimos do mesmo modo aos mesmos acontecimentos. Assim como ter um passado traumático não significa que acabemos por nos tornar em pessoas problemáticas, ter um passado que aparentemente não teve muitos desafios não implica que nos tornemos em pessoas fáceis de lidar. Não é apenas o nosso passado, mas o modo como escolhemos nos percecionar que molda a nossa personalidade. Vejamos alguns casos de autoconceito.

Caso 1: Se achas que não tens capacidade de opinar porque sentes que tens pouca experiência de vida, pouco conhecimento, se tens dificuldade em saber o que queres da tua vida, não tens metas em concreto e a escolha parece difícil, podes pensar que és uma pessoa tímida, pouco assertiva, indecisa e insegura. A imagem que tens de ti próprio(a) altera igualmente a forma como percebes os outros. Vês neles o que pensas que não tens em ti: *"Ele(a) é tão inteligente, tem um vasto conhecimento sobre tanta coisa. Gostaria de saber tanto quanto ele(a).", "Ele(a) fala tão bem é tão divertido(a). Já viajou tanto e tem tanta experiência. Quem me dera poder ser assim.", "Ele(a) é tão decidido(a). Sabe realmente o que quer da vida e batalha por isso. Se ao menos eu pudesse ser assim...".*

Caso 2: Se consideras que tens opiniões próprias, tens uma experiência de vida significativa, um bom conhecimento acerca de tudo, sabes o que queres e como queres, podes pensar que és uma pessoa trabalhadora, focada, assertiva, decidida e segura de si mesma.

A imagem que tu criaste de ti mesmo(a) faz com que percebas os outros como sendo tão capazes quanto tu (ou até mais) ou, pelo contrário, os perceciones implicitamente como menos capazes do que tu: *"Isto é básico. Toda a gente já deveria saber isto."*, *"Não percebo qual a dificuldade em escolher. A decisão é óbvia."*, *"As pessoas não têm coragem de se afirmar."*, *"Não suporto gente preguiçosa! Há sempre aqueles que trabalham e aqueles que se aproveitam."*, *"As pessoas estão muito mal-habituadas. Não se esforçam o suficiente."*.

Todas as características que constituem a nossa personalidade são formadas por comparação. A referência que utilizamos para julgar o que é bom, mau, certo, errado, muito, pouco, fácil, difícil, diz respeito à perceção que temos de nós mesmos, face ao que observamos *"lá fora"* e é inteiramente subjetiva. O que percebemos em nós mesmos influencia a nossa experiência exterior. Dessa forma, **a personalidade molda a tua realidade** e qualquer coisa que possas experimentar nesta vida será filtrada através dela. Obtemos assim a seguinte fórmula:

Realidade Pessoal = Experiência / (filtrada) Personalidade

Vamos dar um exemplo para clarificar esta ideia.

Imaginemos que tens uma personalidade divertida e que adora novas experiências. Eu, por outro lado, tenho uma personalidade mais pacata, que não gosta de grandes agitações. Se tu e eu andarmos numa montanha-russa, teremos a mesma experiência exterior. Juntos entraremos no carril, subiremos o pico da montanha, desceremos o pico da montanha e andaremos aos ziguezagues. Já a experiência interior pode ser diferente. Tu podes adorar a experiência, achar que foi curta e querer repeti-la. Eu, por outro lado, posso detestar a experiência, sentir que pareceu uma eternidade e nunca mais desejar repeti-la.

A experiência de vida foi a mesma para ambos, mas cada uma das nossas personalidades com as suas próprias preferências filtraram a experiência para se tornar na sua própria realidade pessoal. Sendo assim, a experiência não é certa nem errada; meramente foi experimentada de formas distintas. Podemos então concluir que **o mundo que experimentamos** *"lá fora"* **não é bom nem mau, é apenas o que escolhemos perceber conforme o que acreditamos ser**. Assim, esclarecemos a ideia de que as razões pelas quais sofremos não dizem respeito às experiências em si, mas ao significado que atribuímos ao que experimentamos, filtrado pela nossa personalidade.

Se julgas que és uma pessoa íntegra e honesta e abominas a falsidade e a desonestidade, podes simpatizar facilmente com pessoas que pensas possuírem essas virtudes. Entretanto, se descobres que em algumas ocasiões elas mentem, têm atitudes que julgas como pouco éticas ou pouco coerentes, podes dececionar-te com elas. És capaz de julgá-las como mentirosas e falsas. No entanto, as pessoas não são os seus comportamentos. Elas não são o que fazem, mas tornam-se aos teus olhos no que queres perceber nelas. É a tua escolha de vê-las *"dessa forma"* que as faz *"dessa forma"*. Não é uma verdade absoluta, pois pessoas diferentes percebem coisas diferentes umas nas outras em momentos distintos da sua vida e conforme a sua realidade pessoal.

Se antes conseguias ver qualidades nessas pessoas, então é porque há características boas nelas que pensas que tens em ti ou que gostarias de ter, e outras menos boas que rejeitas, mas que ainda assim fazem parte da tua personalidade quer as aceites ou não. Ambos os lados fazem parte da mesma moeda e tu és a moeda que inclui ambas as faces. Não terias ideia do que é bom se não tivesses formulado uma ideia do que é mau para ti mesmo(a). Portanto, **tudo o que classificas como bom ou mau, certo ou errado, não existe** *"lá fora"*, **mas em ti mesmo(a)**. As referências que usas para julgar são sempre baseadas no teu autoconceito.

Se pensares bem, nem sempre consegues ser coerente contigo mesmo(a). Nem sempre consegues ser o que defendes que és, mesmo que penses que sim. Podes por vezes reagir de forma exatamente oposta ao que julgas ser, indo contra os teus próprios princípios. Isso não faz de ti uma pessoa má ou falsa. Porém, podes reconhecer que por vezes tens pensamentos e atitudes incoerentes e que o teu discernimento para julgar está longe de ser perfeito. Isso acontece porque existem aspetos em nós que rejeitamos. E enquanto a consciência e a aceitação de todos esses aspetos não for total, haverá sempre momentos em que cairemos no extremo oposto do que pensamos ser e entraremos em conflito connosco mesmos.

Todos esses aspetos, sejam a favor ou contra o que julgamos ser, são trazidos para o exterior segundo os nossos padrões do que é certo e errado. Desse modo, tudo o que vês fora de ti é uma projeção das tuas crenças. Não existe efetivamente ninguém que não interpretes como uma projeção dos teus pensamentos. **É a perceção que tens de ti mesmo(a) que faz a projeção.** Por isso, sempre que vês alguém que aparentemente te magoou ou enganou, ele(a) está somente a mostrar-te o que rejeitas em ti mesmo(a). E tudo aquilo a que resistes persiste na tua experiência pessoal e manifesta-se das mais diversas formas no mundo, até que estejas disposto(a) a abandonar toda e qualquer resistência em ti mesmo(a). Só num estado de benevolência e de aceitação total é que todas as resistências deixam de existir.

Concluímos assim que não existe absolutamente nada nem ninguém que seja bom ou mau, nada nem ninguém que esteja certo ou errado. Na verdade, esses conceitos são apenas fabrico da nossa própria mente confusa e dividida que julga automaticamente o que acontece como prazeroso ou doloroso, agradável ou desagradável, bom ou mau. É essa forma dual de pensar que nos impede de ver e de experimentar a vida tal como ela é, sem julgamentos, sem medo, sem culpa, sem sofrimento. Uma vida simples, digna, plena e feliz. Parece impossível conceber uma vida assim? Torna-se impossível quando nos identificamos com uma ilusão.

Uma identidade ilusória

só pode gerar uma vida ilusória.

O que quero dizer com isto? É algo que descobriremos brevemente.

A personalidade é um construto mental altamente complexo que tem por base experiências passadas, muitas delas de cariz traumático. Em certo modo já nascemos traumatizados, dado que a experiência de nascer não é propriamente agradável. Mal chegamos a este mundo, começamos logo a chorar e a berrar porque se há coisa que não suportamos, é a dor da separação. O ato de separação entre aquele que gere e aquele que é gerado é por si uma repetição de uma memória de dor muito mais profunda que guardamos no nosso inconsciente, mas cuja explicação reservaremos para mais tarde.

É nesta fase precoce da nossa existência que percebemos quão frágeis somos como seres humanos. Carentes de afeto, amor e proteção, se fôssemos desprovidos de cuidado nos primeiros anos de vida, não haveria nenhuma forma de sobrevivermos. Esta total dependência que demonstramos desde tenra idade daquele que nos recebe e nos ampara neste mundo é mais uma evidência de que a nossa natureza jamais poderia ser hostil, muito menos amedrontadora. Todavia, carregamos memórias de carência mesmo antes do nosso nascimento que nos impedem de viver uma vida plena, totalmente desprovida de medo e de conflito. Nesse sentido, a personalidade é uma projeção mental que criamos para camuflar a falta de plenitude que resulta da nossa falta de aceitação. Há certos aspetos da nossa personalidade que rejeitamos porque reconhecê-los implica reconhecer o medo profundo que temos de ser rejeitados. Por sua vez, esse sentimento de rejeição não provém do nosso ser, mas do *"não ser"*, isto é, da nossa personalidade.

A própria palavra *"personalidade"* deriva do latim *"persona"* que significa *"máscara"*. Ela é assim designada por se tratar de um disfarce que criamos para lidar com o mundo exterior e muda com o tempo e mediante o ambiente e as pessoas que nos rodeiam. Não nos comportamos sempre do mesmo modo com qualquer pessoa em qualquer lugar o tempo todo, justamente porque aquilo com que nos identificamos está em constante mudança. E uma coisa que nunca é a mesma não pode definir o nosso verdadeiro ser. **A personalidade é a máscara. Nós somos o ser por detrás dessa máscara.**

A nossa personalidade não é constante. Ela está sempre a mudar em função dos nossos pensamentos, que por si têm uma natureza variável e temporária. Os pensamentos são como o vento; eles vão e vêm consoante o tempo. Por isso, aparentamos ser processos inconstantes e inacabados em contínua mutação à procura de algo que muitas vezes nem numa existência inteira conseguimos saber o que é ao certo. Essa coisa que buscamos tem o nome de **aceitação**. Só pela aceitação total do nosso ser conhecemos o que é a plenitude. Contudo, a plenitude jamais poderá ser encontrada através de uma ideia falsamente construída de nós mesmos como é o caso da personalidade. O que somos está para além da personalidade porque não tem origem em algo tão incerto como o pensamento. Então, se não somos a personalidade, se não somos o que pensamos ser, fica no ar a questão:

"O que sou eu?"

É uma pergunta pertinente que exploraremos em profundidade. Mas antes de dar esse passo final, vamos perceber quais são as necessidades que nos motivam segundo a máscara que usamos, e por que motivo nunca conseguimos satisfazer essas necessidades plenamente.

Necessidades

Se há uma alguma coisa que torna o ser humano incompleto, é a necessidade. Cada um de nós procura atender às suas próprias necessidades à sua maneira, e ninguém que se considere humano está à parte disso. Na sequência desta ideia, vamos abordar essas necessidades nos termos psicológicos para podermos compreender o impacto que elas têm na nossa vida.

Abraham Maslow, psicólogo americano (1908–1970), tinha um grande interesse em compreender o que nos faz feliz e o que fazemos para atingir esse objetivo. Ele acreditava que temos um desejo inato de ser tudo o que podemos imaginar. Desse modo, introduziu pela primeira vez o seu conceito de uma hierarquia de necessidades no seu artigo *"Uma Teoria da Motivação Humana"*, publicado em 1943 e posteriormente no seu livro *"Motivação e Personalidade"*.

Segundo a teoria de Maslow, nós somos motivados para satisfazer certas necessidades. À medida que conquistamos os desejos de um nível da hierarquia, passamos inconscientemente a desejar satisfazer as necessidades do nível superior, como se houvesse uma espécie de evolução na nossa vontade. Esses mesmos desejos tendem a ser cada vez mais complexos e abstratos conforme atingimos níveis mais elevados na hierarquia. Alcançar o último grau de satisfação seria equivalente a experimentar uma felicidade plena ou próxima da plenitude.

A versão mais antiga e mais generalizada da hierarquia de necessidades de Maslow (1943–1954) inclui cinco necessidades motivacionais, frequentemente descrito como níveis hierárquicos numa pirâmide. Este modelo de cinco estágios pode ser dividido em **necessidades básicas** (fisiológicas, segurança, afetiva e estima) e **necessidades de crescimento** (autorrealização).

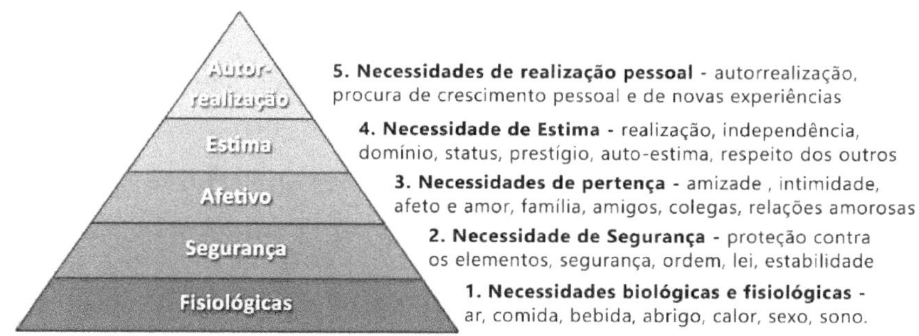

As necessidades básicas são as que mais nos motivam quando não são atendidas. Essas necessidades ganham maior expressão em nós, quanto maior for o tempo que lhes é negado. Por exemplo, aplicando à necessidade fisiológica, quanto mais tempo passamos sem comida, mais fome temos. Por isso, é necessário satisfazer as necessidades básicas de nível mais baixo antes de avançar para atender às necessidades de crescimento de mais alto nível. Uma vez que essas necessidades sejam razoavelmente satisfeitas, podemos ser capazes de atingir o nível mais elevado denominado nível de autorrealização.

Cada um de nós é capaz de subir na hierarquia em direção ao nível de autorrealização. Todavia, o progresso é muitas vezes interrompido por falha em atender às necessidades de nível mais baixo. As experiências de vida como a doença, o divórcio e a perda de emprego, podem causar oscilações no nosso progresso, visto que as camadas inferiores não estão satisfeitas.

Necessidades Fisiológicas

O nível das Necessidades Fisiológicas é a base de tudo. Sem alimentação, abrigo, sono, nada pode ser construído. Não existe a sensação de segurança, pertença, estima ou de autorrealização porque o foco está sempre na linha da sobrevivência. A sobrevivência é o instinto mais básico do ser humano. Quando não se encontra satisfeito por um longo período de tempo, o **medo** de não ter o que comer, o que beber, onde dormir pode comprometer o desenvolvimento afetivo e cognitivo e assim impedir o acesso aos restantes níveis da pirâmide.

Necessidade de Segurança

Porque não vivemos em plena harmonia com as leis naturais, temos medo do meio que nos rodeia e precisamos de ter o Nível de Segurança garantido. Precisamos de ter a certeza de que existe lei, ordem e estabilidade para nos sentirmos seguros. Quando ocorre algo que nos afeta a nível coletivo como uma catástrofe natural, uma guerra, uma pandemia ou quando a nossa própria vida e sentido de segurança são abalados por qualquer outro fator, o nível da segurança é posto em causa. O **medo** pela falta de segurança e estabilidade instala o caos na nossa vida.

Necessidades Afetivas

Precisamos de sentir que pertencemos ao meio em que estamos envolvidos para que o Nível Afetivo seja satisfeito. A dependência criada na família, nos amigos, numa relação amorosa traz-nos um certo bem-estar e conforto emocional. Por outro lado, faz com que implicitamente tenhamos **medo** de as perder. Se algo lhes acontece ou se elas nos desiludem de alguma forma, este nível deixa de estar satisfeito e o sentimento de traição, abandono e/ou solidão pode bater à nossa porta.

Necessidades de Estima

O Nível da Estima diz respeito ao nosso sentido de estima pessoal. Temos necessidade de ser reconhecidos e respeitado pelos outros para nos sentirmos bem connosco. Se as pessoas não nos aceitam, não nos respeitam, não nos reconhecem ou se o nosso estatuto social é posto em causa, a autoestima é fortemente abalada. O **medo** de perdermos o nosso valor e prestígio aos olhos dos outros faz-nos deixar de olhar para nós próprios como seres de valor, dignos e merecedores.

Necessidades de Autorrealização

O Nível de Autorrealização é o nível mais elevado da pirâmide, onde o foco está centrado no crescimento pessoal e em novas experiências. Mundialmente a percentagem que consegue progredir até este nível ainda é reduzida, visto que a vasta maioria batalha nas camadas mais baixas, tendo de lidar com problemas das mais diversas naturezas. Entretanto, uma vez que vivemos numa era em que o foco começa a estar cada vez mais no desenvolvimento humano, esse número tem aumentado e começam a haver cada vez mais pessoas a atingir esta dimensão em si mesmas.

Neste nível podemos seguir a via do crescimento pessoal que diz respeito ao aspeto qualitativo (vida interior). Ou, sob um aspeto quantitativo (vida exterior), tendemos a procurar em novas experiências algo mais. Elas podem incluir mais riqueza, fama, eventos, atividades, viagens, prémios, conhecimento e vícios. Esta via acaba por traçar os seus próprios limites se não é acompanhada por um crescimento interior porque, quando atingimos um estado na vida em que sentimos que não há mais nada a alcançar, podemos ficar obcecados por encontrar mais formas de nos estimular e de sentir prazer. Isto pode levar à nossa própria autodestruição, pois quanto mais sede sentimos por algo, maiores são as extravagâncias que cometemos para experimentar esse algo com que tão desesperadamente queremos ser preenchidos. O **medo** de nos sentirmos vazios cega-nos por completo. No entanto, quanto mais procuramos preencher-nos com as coisas deste mundo, mais vazios nos sentimos e acabamos por sofrer. É desse modo que o encontro com esse vazio se torna inevitável.

Não há mais nada para se obter, nada mais que nos possa satisfazer. E quando entramos em depressão perdermos todas as camadas que suportavam o Nível de Autorrealização. O Nível da Estima cai a pique enquanto nos afundamos na autorrejeição. Podemos sentir-nos incompreendidos, isolar-nos e distanciar-nos dos nossos familiares e amigos, comprometendo o Nível Afetivo. E quando já não sentimos que a vida tem qualquer sentido, podemos chegar ao ponto de cometer loucuras e de colocar a nossa própria vida em risco, arriscando também o Nível de Segurança e Fisiológico. Pouco a pouco toda a pirâmide se desmorona em nada porque todas as necessidades que buscamos satisfazer baseadas neste mundo não duram para sempre e tanto nos podem trazer grandes momentos de felicidade, satisfação e prazer, como momentos de grande infelicidade, tristeza e dor. Não existe nada neste mundo que nos possa completar ou satisfazer inteiramente. Fazer da nossa vida uma pilha de necessidades e de conquistas é uma meta que eventualmente nos reduzirá a nada. Não é ao acaso que Jim Carrey (ator e comediante americano) afirmou certa vez:

"... desejava que as pessoas pudessem realizar todos os seus sonhos, riqueza e fama, para que pudessem ver que não é onde vão encontrar o seu sentido de realização."

Ocasionalmente podemos ouvir as pessoas comentarem algo do género: *"antes chorar num Ferrari do que debaixo da ponte"* ou que prefeririam sofrer acompanhadas do que sozinhas. No entanto, o sofrimento é experimentado com a mesma intensidade por alguém que tem muitas ou poucas posses, assim como por alguém que está sozinho ou acompanhado. O vazio que se abre em ambos é o mesmo. Ninguém que experimente esse vazio consegue olhar mais para fora desejando encontrar algo ou alguém, pois tudo o que existe fora não preenche o que está dentro.

Portanto, **não existe nada neste mundo que nos traga satisfação e felicidade plena**. Para chegar a esta conclusão não é necessário chegar ao topo da pirâmide, porque em qualquer patamar podemos deparar-nos com uma crise que desmorone o que construímos e ponha em causa tudo aquilo em que acreditamos. É neste ponto crucial da nossa vida que a busca pelo que está fora deixa de fazer sentido, e somos *"forçados"* a olhar para o que está dentro de nós.

Observando as nossas rotinas diárias, não é difícil perceber que grande parte do nosso tempo é despendido com as coisas deste mundo na busca de saciar as nossas necessidades e/ou as necessidades de outros, sejam elas físicas, emocionais, mentais ou mesmo espirituais. E enquanto não sentimos que elas são atendidas, continuamos na busca incessante de as satisfazer, visto que olhar para fora é uma fuga ao olhar para dentro, isto é, para a nossa própria mente. O que nos perturba não está fora, mas dentro. E até termos a capacidade de enfrentar o terror interior, não conseguiremos ver que tanto a satisfação como a felicidade plena estão em nós. Basta que nos aceitemos como somos verdadeiramente. Essa é a única e real necessidade que nos satisfará e saciará a nossa sede plenamente.

Percebendo por fim que as respostas só podem estar em nós, resta-nos continuar a navegar no nosso mundo interior com coragem e determinação, mantendo a luz da esperança viva em nós para que nenhum monstrinho nos impeça de (re)conhecer a verdade.

"Se o que procuras não achares primeiro dentro de ti mesmo,

não acharás em lugar algum."

[Oráculo de Delfos]

Ego

Como já constatámos anteriormente, tudo o que compõe a personalidade não é permanente. À medida que o tempo passa, o conceito que temos de nós mesmos e o significado que atribuímos às nossas experiências passadas alteram. Verificámos, por outro lado, que a personalidade tem uma natureza dual. Dificilmente conseguimos manter a coerência e a consistência na forma como nos expressamos no mundo, uma vez que frequentemente oscilamos entre o que julgamos ser bom ou mau, certo ou errado. Essa perceção dividida é inteiramente subjetiva, isto é, relativa a nós mesmos. Não existe efetivamente nenhuma estrutura concreta nem absoluta na nossa personalidade, pois ela muda em função dos nossos pensamentos, fazendo dela uma máscara que esconde a nossa verdadeira identidade.

Voltamos então à questão:

"O que sou eu?"

Mais fácil será mostrar-te **o que tu não és**. Esse ser com o qual te identificas não é visível aos teus olhos e muito menos está no teu corpo. Está na mente, nos teus próprios pensamentos e fala dentro de ti como se fosse *"eu"*. Essa voz não é a tua verdadeira voz…

… É a voz do ego.

O que é o ego?

Na psicologia, o ego (em alemão *"ich"*, *"eu"*), compõe uma das três partes do aparelho psíquico (EGO, ID, SUPEREGO) definido pelo modelo estrutural de Sigmund Freud, médico psiquiatra austríaco… Mas não é no conceito definido pela psicanálise que iremos desenvolver. Para simplificar, vamos abordar o conceito de *"ego"* definido na espiritualidade.

Nada temas, pois é aqui que a verdade te será revelada.

Na espiritualidade o ego é um *"ser"* ilusório, a crença na imagem que temos de um ser individual separado de todas as coisas e de todos os seres. É o *"eu"* que fala constantemente na nossa mente e que tal como a própria palavra *"egocêntrico"* diz, é centrado nele mesmo. Tudo gira à sua volta e quaisquer ideias que possamos conceber das coisas, das pessoas, do próprio mundo, são sempre comparadas e relacionadas com ele. Levando uma vida dita *"normal"*, presumes que o que tu pensas representa o ser que tu és. São pensamentos sobre ti mesmo(a) que, embora longe de serem consistentes, dão-te uma certa segurança quanto ao teu sentido de identidade. No entanto, quando a crise se atravessa no teu caminho e és lançado(a) sem dó nem piedade para o medo, a voz do ego transforma-se no teu pior inimigo. Essa voz que antes agia de forma relativamente discreta e dissimulada em ti, torna-se insuportável e és consumido(a) totalmente por ela, tornando-se tão gritante em ti que não existe espaço para ouvires mais nada...

"Eu era rico(a), mas perdi tudo! Agora não tenho nada!"

"Eu era amado(a)... Agora ele(a) deixou-me, sinto um vazio... Nada me preenche..."

"O médico disse que eu só tenho mais um ano de vida... Eu não quero morrer! Tenho medo!"

"Eu não tenho trabalho! E agora o que faço!? O que será de mim e dos meus filhos!?"

"Eu não o(a) perdoo! Eu odeio-o(a) por tudo o que ele(a) me fez!"

"Eu não valho nada e não tenho nada... Qual o sentido de viver...?"

"Não suporto mais esta dor! Eu preciso de mais... tenho de arranjar mais..."

"Ele(a) é meu(minha)! Se não posso ficar com ele(a) então não ficará com mais ninguém!"

"O(a) meu(minha) marido(mulher) não merecia morrer desta maneira! Deus não existe e não tem dó!"

"O meu(minha) filho(a) morreu! Nunca mais voltará! Nunca mais o(a) verei! Como pode um(a) pai(mãe) continuar a viver depois disto!?"

"Não sei o que hei de fazer da vida! Parece que tudo me corre mal!"

"Ninguém me compreende... Ninguém percebe o que eu sinto..."

"Eu não pedi para nascer! Para sofrer desta maneira prefiro morrer!"

"Eu não suporto mais este ambiente! A este ritmo enlouqueço!"

"Eu sou feio(a). Ninguém me quer. Sinto-me só... Ninguém quer estar comigo..."

"Eu era jovem, belo(a) e tinha boa saúde! Agora sinto-me velho(a) e cansado(a)..."

"Odeio este mundo, odeio estas pessoas... só me apetece desparecer!"

Estes pensamentos ruidosos que te levam à raiva, ao ódio, à frustração, à revolta, à insegurança, ao desânimo, à tristeza, ao desespero à loucura e (não poucas as vezes) à depressão, são todos gerados inconscientemente pela voz do ego, por esse falso *"eu"* que não se cala dentro de ti. E por cada pensamento desse *"eu"* que toma o teu lugar na mente, esconde-se a face do medo.

"Tenho medo de perder a casa! Tenho medo de perder o carro! Tenho medo de não conseguir arranjar trabalho! Tenho medo de perder o meu emprego! Tenho medo de não conseguir executar este trabalho! Tenho medo de não conseguir pagar as contas! Tenho medo de ficar sem nada! Tenho medo de perder o(a) meu companheiro(a)! Tenho medo de perder os meus filhos! Tenho medo de perder a minha família e os meus amigos! Tenho medo de ser traído(a)! Tenho medo de ser abandonado(a)! Tenho medo de ficar sozinho(a)! Tenho medo da solidão! Tenho medo de ser incompreendido(a)! Tenho medo de ser julgado(a)! Tenho medo de não ser aceite! Tenho medo de ser rejeitado(a)! Tenho medo do que os outros pensam de mim! Tenho medo do que possam opinar sobre mim! Tenho medo que não gostem de

mim! Tenho medo de cair em desgraça! Tenho medo de não alcançar as minhas metas! Tenho medo de sair de casa! Tenho medo da mudança! Tenho medo de errar! Tenho medo do conflito! Tenho medo de enfrentá-lo(a)! Tenho medo que ele(a) me bata! Tenho medo que descubram que sou uma farsa! Tenho medo de não saber quem sou! Tenho medo de não saber o que quero da vida! Tenho medo deste vazio que sinto! Tenho medo de ficar doente! Tenho medo de não conseguir superar esta doença! Tenho medo de não suportar a dor! Tenho medo de sofrer! Tenho medo de morrer! Tenho medo de viver! Tenho medo de ter medo!"

Viver na base do medo não é viver realmente...
É estar vivo por fora e morto por dentro.

Temos medo porque não vemos a verdade agora, mas apenas uma ilusão; um autêntico pesadelo fabricado na nossa mente. Divagando inconscientemente nas memórias assombrosas de um passado que não existe mais e na ansiedade de viver um futuro que não se concretizou, perdemos a consciência de que a vida é **agora**, não em pensamentos. Ao deixarmos que esses pensamentos gerados por este *"eu"* irreal nos levem para longe do momento presente, experimentamos o medo da perda e assim perdemos igualmente a noção do que é real. Neste momento nada existe que nos possa perturbar, mas os pensamentos do ego enchem de tal maneira a nossa mente com ilusões, que acabamos por nos perdermos nelas.

Esses pensamentos refletem-se num constante ataque a ti próprio(a), mas tens-te apegado e deixado iludir por eles, porque assumes naturalmente que *"eu sou o que penso"*. Conservando a ideia ilusória de que existe um *"eu"* bem definido em ti capaz de pensar por si mesmo, dificilmente desconfias dessa voz, pois razão alguma terias para o fazer. Nada do que ela te diz é colocado em causa até ao momento em que sentes na própria pele o tamanho da dor e do medo que os seus pensamentos ocultam.

O ego depende das experiências no mundo sejam elas coisas, pessoas, conhecimento do mundo, eventos ou lugares para se satisfazer. Quando por alguma razão isso deixa de acontecer, essa voz vira-se contra ti e toda a tua experiência converte-se em sofrimento. Se reveres o capítulo anterior, verás que em todos os níveis em que procuramos satisfazer as *nossas* necessidades, o **medo** está sempre presente. Isso acontece porque essas necessidades não são realmente nossas, mas do ego. Só o ego necessita de coisas que nos prendem ao medo, porque ele não passa de uma sombra, um nada sem significado que atribui significado às coisas neste mundo para fomentar a sua existência na nossa mente.

O medo é uma ilusão da mente.

Não existe nada nem ninguém *"lá fora"* que seja realmente teu inimigo, a não ser esses pensamentos assassinos com que te identificas. Por cada julgamento que fazes com essa voz que se faz passar por ti, és condenado(a) à tua própria morte, pois se há algo que essa voz te quer convencer, é que a ameaça está fora de ti. Dessa forma, és afastado(a) da causa original do teu sofrimento, que é unicamente uma condição interna.

Recorrendo novamente à alegoria da Caixa de Pandora, chegamos à conclusão de que todos os monstrinhos soltos no mundo estão na nossa mente e representam a mesma e única emoção: **medo.** São as escolhas inconscientes que fazemos por medo que nos levam à depressão e à experiência da morte interior. E essas escolhas são feitas com o ego – a voz do medo.

Talvez nunca te tenha ocorrido que essa voz que fala na primeira pessoa em ti não tenha as melhores intenções para contigo, porque não só não és verdadeiramente tu, como está em direta oposição ao teu ser. Contudo, uma vez trazida à luz esta questão, torna-se inevitável olhar para ela. Essa voz que te diz *"eu sou"* na realidade não sabe quem é porque, como já percebemos, ela não é consistente. Está sempre a mudar de ideias em função do significado que atribui às experiências por que passa, e tanto pode fazer-te subir até ao paraíso, como fazer-te descer até ao inferno. O ego é tão incerto quanto o vento. E quem não é seguro não assegura ninguém.

"O ego não é o mestre na sua própria casa."
[Sigmund Freud]

É o valor e a atenção que dás a essa vozinha que lhe confere poder sobre ti, controlando as tuas decisões fundadas no medo e fazendo de ti um ser minúsculo. Então, como poderias ser tu verdadeiramente? Serias tu uma coisa tão volátil e efémera como esses pensamentos que te aterrorizam?

De facto, a impermanência do que pensamos ser aflige-nos, mas temos camuflado esse medo com outras coisas. Como pudemos ver, o medo aparentemente assume muitas formas na nossa vida, mas todos esses medos resumem-se a um só medo.

Temos medo do que somos verdadeiramente.

O que somos nada tem de amedrontador. Antes pelo contrário, é a total negação de que o medo existe. Contudo, se nos identificamos com algo que é falso e não temos essa consciência, então é compreensível que não queiramos olhar para a verdade e que ela nos aterrorize. Sabendo agora que o que pensamos ser não é real, podemos finalmente olhar para o que é verdadeiro sem qualquer receio.

Tu não és uma história pessoal. Uma história resulta da acumulação de memórias e faz parte do passado. O que és está aqui no presente. E não é o que vês no exterior nem essa voz inquieta que fala dentro de ti que te definem.

Podes pensar que és solteiro(a), casado(a), divorciado(a), viúvo(a), rico(a), pobre, trabalhador(a), preguiçoso(a), bem-sucedido(a), fracassado(a), ambicioso(a), humilde, magro(a), gordo(a), bonito(a), feio(a), alto(a), baixo(a), preto(a), branco(a), inteligente, burro(a), saudável, doente, culto(a), religioso(a), crente, ateu(eia), heterossexual, homossexual, bissexual, transexual, egocêntrico(a), narcisista, egoísta, altruísta, incompreendido(a), impaciente, paciente, pacífico(a), violento(a), *stressado(a)*, nervoso(a), ansioso(a), simpático(a), antipático(a), feliz, infeliz, triste, contente, social, antissocial, amigo(a), solitário(a), leal, desleal, honesto(a), desonesto(a), depressivo(a), doente, tímido(a), introvertido(a), extrovertido(a), teimoso(a), *geek, nerd,* viciado(a), gago(a), canhoto(a), bem-educado(a), socialista, comunista, anarquista, europeu(ia), africano(a), asiático(a), americano(a) omnívoro(a), vegetariano(a), humano(a)... Chama-te a ti próprio(a) o que quiseres. Por muito que penses que és muitas coisas, na verdade não és coisa alguma.

A aparência desse corpo com que te identificas altera, a ideia que tens de uma personalidade própria altera. Essa é a forma como tu te identificas aos olhos deste mundo. O que quer que penses ser é transitório, mas tu não és um ser em constante transição.

Queres saber o que és?

ÉS NADA!

Atenção, isto não é um insulto. Antes pelo contrário. Dá-te por feliz por teres chegado a esta conclusão comigo, porque finalmente descobrirás o que realmente és agora.

"Não sou nada.

Nunca serei nada.

Não posso querer ser nada.

À parte isso, tenho em mim todos os sonhos do mundo."

[Álvaro de Campos – heterónimo de Fernando Pessoa]

Eureka!

Chegamos ao capítulo que por fim explicará o que realmente és. Como já foi dito no capítulo anterior, nem o corpo nem a personalidade fazem parte do ser verdadeiro que és, porque não és um ser transitório. Ele não é uma variável, mas uma constante. Aparentemente podes ser muitas coisas neste mundo, porém, não és coisa alguma. O que isto quer dizer? Procuremos pela definição da palavra *"coisa"*.

Coisa – (substantivo) Objeto material sem vida ou consciência; objeto ou ser inanimado.

Daqui podemos concluir que não és uma coisa porque não és um objeto nem um ser inanimado. Tens consciência e tens vida. Poderias contrapor e afirmar: *"Não sou uma coisa, mas sou um ser humano"*. O que é então um ser humano? Um corpo que nasce e morre que aparentemente tem vida e é dotado de consciência. Para todos os efeitos, o corpo é uma *"coisa"*. Sem vida e sem consciência o corpo torna-se um ser inanimado, algo que pode literalmente virar poeira. Então, és tu um corpo? Certamente que não. Resta-nos a consciência e a vida. A vida (pensamos nós) pode ser observada e sentida através do corpo. Mas podemos perceber ou tocar na consciência? A consciência é uma qualidade da mente. E onde se encontra a mente? Sabemos que a mente *existe* porque é com ela que pensamos, porém não a conseguimos localizar em lado algum, pois tal como os pensamentos, a mente não é visível nem palpável. Portanto, se não és uma coisa material e visível como o corpo, mas pensas com uma mente imaterial e invisível, por exclusão de partes aos olhos deste mundo, **és nada**. Vejamos qual é a definição da palavra *"nada"*.

Nada – (substantivo) Coisa nenhuma; o que não existe; o não ser; o vazio.

Seguindo a lógica, obtemos o seguinte:

> "Se eu não sou uma coisa, logo, eu sou nenhuma coisa.
>
> Se eu sou nenhuma coisa, logo eu sou nada."
>
> **Conclusão**: *"eu"* = nenhuma coisa = nada

O ser real que és não pertence a este mundo, mas à mente que está para além dele. Para o mundo a mente não é nada; ela não existe porque não pode ser vista nem tocada por ele. Desse modo, a tua única representação possível só poderia ser **nada**.

Teres uma consciência capaz de produzir um pensamento tão complexo como a questão: *"quem sou?"* ou *"o que sou?"* faz com que o *"nada"* que és tenha um significado que transcende este mundo. O que vamos descobrir é justamente que significado tem esse *"nada"*.

Ser nada por si, significa que não há nada neste mundo que te possa nomear ou classificar. Não és algo que seja percetível ou sequer alcançável por este mundo, como é o caso do corpo, porque não tens uma forma física visível ou palpável que possa ser limitada ou contida. O que tu és é imutável, infinito e excede a compreensão humana. De todas as ideias que imaginámos possíveis, a que assume a dimensão mais abstrata no nosso pensamento e que mais se assemelha a estas características é a ideia de Deus.

Recorrendo de novo à espiritualidade, vamos elaborar novos raciocínios. Neste ponto, quer sejas crente ou não, isso não é importante para o raciocínio lógico. Como te disse, assumir que tu és nada implica não teres nenhuma crença que te limite como ser. Mesmo que afirmes que *"eu não acredito em Deus"* ou *"eu acredito em Deus"*, tais ideias não alteram o ser que realmente és, uma vez que não podes ser confinado a nenhum pensamento. Não deixas de ser o mesmo porque acreditas ser outra coisa. Ainda assim, são precisamente essas ideias fantasiosas em que tão cegamente depositas a tua fé que te obscurecem a mente, impedindo-te de ver o ser que verdadeiramente és.

Posto isto, para que tudo se torne claro para ti e consigas vislumbrar o cenário total, é desejável que coloques de parte todas e quaisquer crenças pessoais daqui por diante. Comecemos então por afirmar que:

"Deus não existe."

Podemos deduzir que se Deus não existe, então Deus não é uma coisa. E se Deus não é uma coisa, logo Deus é nada. Desse modo, chegamos à seguinte fórmula:

> "Se Deus não existe, logo Deus é coisa nenhuma.
>
> Se Deus é coisa nenhuma, logo Deus é nada."
>
> **Conclusão**: Deus = nenhuma coisa = nada

O que quer isto dizer? Algo tão simples como:

> *"eu"* = nenhuma coisa = nada = Deus

"Eu sou Deus!?"

Bem, não és Deus Criador, mas és certamente Deus criação feita à Sua perfeita imagem. Tu és igual a Deus, eu sou igual Deus. Deus é um único Ser, imutável infinito, eterno, que envolve tudo e todos. O Todo está n'Ele e nós estamos no Todo. Não há mais nada para além D'Ele. **Deus está em tudo, porque Deus está na nossa mente e a mente está em tudo.** Não há outra verdade senão Deus. Nós não somos entidades separadas, antes pelo contrário, **somos um**.

Completando o raciocínio, podemos afirmar, por outro lado, que:

"Deus existe."

Esta afirmação poderia colocar em causa toda a lógica que construímos até aqui. Ainda assim, supondo que esta é a verdade, então ela tem de ser perfeitamente consistente. Se Deus existe, Ele tem de assumir alguma forma neste mundo, não pode ser *nada* como concluímos. **Então, como pode Deus ser alguma coisa e nada simultaneamente?** Neste contexto, para podermos interpretar este raciocínio corretamente, é essencial entender o significado do verbo *"existir"*. A palavra *"existir"* significa *"revelar-se"* ou *"tornar-se"*. Deus não se torna nem se revela porque efetivamente Deus não existe...

Deus É.

Há uma diferença substancial entre *"existir"* e *"ser"*, pois a existência implica que algo surgiu, apareceu, ergueu-se, tornou-se em algo, mudou de um estado para outro estado. Um ser humano pode tornar-se numa versão melhor de si mesmo por ser mutável, imperfeito e temporário na sua forma. Deus em Si mesmo já é perfeito, completo, imutável, infinito e eterno. Ele é obra perfeita de Si mesmo, nunca teve um início nem um fim. Ele não se pode tornar em nada mais do que Ele já é. É o Absoluto, o Todo, o Alfa e o Ómega, o princípio e o fim. É Deus Todo Poderoso, omnisciente, omnipresente, omnipotente. Nada está à parte d'Ele e nada se pode opor a Ele, pois Deus não tem opostos e está em todas as coisas e em todos os seres. Nada mais há para se conhecer verdadeiramente do que o próprio Deus em nós. É na mente perfeitamente unida a Deus que o nosso verdadeiro ser é e está desde sempre.

Nesse sentido, digas que *"Deus não existe"* ou *"Deus existe"*, Ele jamais deixa de ser o que é e tu jamais deixas de ser um com Deus. **Negar a Deus é negar a ti mesmo(a), tal como negar a ti mesmo(a) é negar a Deus.** Ambos são o mesmo, por isso a ideia de que Deus é uma coisa e tu és outra é apenas ignorância. Estamos a ignorar o que é simples e evidente, porque o nosso foco tem estado o tempo todo no que é complexo e, portanto, falso. Aquilo com que nos estamos a identificar é apenas ilusão, ocultando o que realmente somos.

Agora podemos compreender por que razão andamos deprimidos. **Estar em depressão é negar Deus em nós**. Ninguém que não se conheça verdadeiramente pode alguma vez escapar à depressão. Cedo ou tarde ela bate à porta de todos nós, pois a depressão deriva do vazio sentido pela falta que temos de Deus em nós.

Percebendo-nos unicamente como um ser individual, limitamos a nossa perceção a uma existência como um corpo que tem um fim. Desfazendo toda a ilusão de que somos uma forma limitada, unimo-nos a Deus na Sua Mente, transcendemos a forma e deixamos de *"existir"* para apenas *"ser"*. Tudo o que existe tem um fim. **O que simplesmente é, é para todo o sempre**.

Conhecer a ti mesmo(a) é conhecer Deus,

assim como conhecer a Deus é conhecer a ti mesmo(a).

Agora que sabes quem és, podemos procurar **o que é Deus** para sabermos o que nós somos. A verdade está espalhada por todo o lado e é bem mais evidente e simples do que podemos alguma vez sonhar ou imaginar. Entretanto, ela só nos é revelada quando nos rendemos à evidência de que nada sabemos e estamos disponíveis para receber a verdade. Estar recetivo para receber é seguir a Vontade de Deus. Essa Vontade abre em nós um caminho para o esclarecimento que tudo simplifica, e da escuridão emergimos para a luz.

"FAÇA-SE LUZ!"

Essa luz que ilumina a nossa mente tudo vê e alcança, revelando que Deus está em tudo e todos e é inseparável de Si mesmo. Nada nos é ocultado porque essa não é a Vontade de Deus. Assim, tudo o que antes não fazia sentido algum, agora faz todo o sentido e tudo o que nunca teve significado algum é simplesmente dissipado da nossa mente. Não é necessário fazer qualquer esforço, pois Aquele que tudo ilumina está na nossa mente.

Ao longo dos tempos muitas coisas neste mundo foram ditas, escritas e feitas em nome de Deus que nada têm a ver com a Sua natureza e por isso, nada têm a ver com a nossa também. No entanto, misturadas nessas mesmas coisas está também a verdade. Assim, vamos trazer somente o que é real e verdadeiro à superfície. Poderíamos pegar em quaisquer escrituras antigas que mencionam Deus para o fazer. Mas por agora recorreremos à Bíblia Sagrada como exemplo para saber o que é Deus.

De uma forma simples podemos verificar que:

"...Deus é amor."
[1 João 4:8]

Deus = Amor

"Deus é Espírito..."
[João 4:24]

Deus = Espírito

O que podemos concluir?

Tu és amor, tu és espírito.

Deus é o princípio Criador de todas as coisas, o Espírito eterno, imutável, impecável, ilimitado. Ele não assume forma alguma, porém, é por Si a representação suprema do amor universal que transcende o entendimento. Toda e qualquer criação de Deus estende para todo o sempre o que Ele mesmo é. Logo, à Sua imagem somos o espírito imortal e o amor incondicional. Somos o amor perfeito que ama como o Amor e o espírito infinitamente criador que cria como o Criador. Deus, Amor, Espírito, Criador, Fonte, são o mesmo e único Ser.

Como ser humano, Jesus foi um perfeito exemplo e testemunho da verdade que habita em nós. Ele aprendeu na perfeição as lições de amor, iluminou-se e uniu-se inteiramente à Mente de Deus, desfazendo todo o ego que alimentava a crença de que ele era um corpo individual separado de Deus. Tal como nós, ele era e é espírito eterno feito à imagem de Deus. Por conseguinte, podemos concluir pelas suas palavras que:

"Eu sou a luz do mundo..."
[João 8:12]

Cristo = luz

E mais uma vez quando ele diz:

"Eu sou o caminho, a verdade, e a vida..."
[João 14:6]

Cristo = caminho = verdade = vida

Chegamos então à conclusão que:

Tu és luz, és o caminho, és verdade, és vida.

És o caminho da verdade, a luz que tudo ilumina, a vida eterna que nunca se inicia nem nunca acaba. O espírito da esperança nunca te abandonou, porque em verdade és um com ele para sempre. És a própria luz, o próprio amor, a própria verdade que tens procurado o tempo inteiro.

"Deus é a vida, verdade, luz. Ele é amor."
[Mahatma Gandhi]

Deus é a única Verdade. Em Verdade, tudo é o Espírito, tudo é a Luz, tudo é a Vida, tudo é o Amor. **O que Deus é tudo engloba**.

A Verdade, o Amor, a Vida, a Luz, são todos termos que representam o Deus absoluto. Ele nunca esteve à parte de nós, mas em nós, porque onde Ele habita nós também habitamos. O Reino do Céu é a Mente de Deus onde verdadeiramente nós estamos. Sendo assim, nunca houve outro sítio para buscar Deus senão na nossa mente.

[O Reino de Deus já chegou]

"Interrogado pelos fariseus quando chegaria o Reino de Deus, Jesus respondeu-lhes: "O Reino de Deus não vem de maneira ostensiva.

Ninguém poderá afirmar: 'Ei-lo aqui' ou 'Ei-lo ali',

*pois o reino de Deus está **dentro** de vós.""*

[Lucas 17:20-21]

A palavra grega *"entos"* (ἐντὸς) que foi empregue na Bíblia para indicar onde está o Reino de Deus foi interpretada em múltiplas línguas como *"entre"*. Mas a sua tradução correta seria *"dentro"* ou *"no meio de"*. Isso significa que **o Reino de Deus não está fora, mas dentro de nós**. O único lugar onde podemos encontrar Deus é em nós próprios. Mesmo que Jesus quisesse dizer *"no meio"*, ele ainda estaria a referir-se a nós mesmos, porque é no presente que vivemos e que o perfeito equilíbrio da mente é encontrado. Mais adiante veremos o que quero dizer com isto.

Embora à imagem de Deus sejamos o mesmo que Ele é, é apropriado empregarmos os termos *"Espírito"*, *"Amor"*, *"Luz"*, *"Vida"*, *"Verdade"*, *"Mente"* em letra maiúscula quando nos referimos a Deus como entidade suprema. E aplicamos a letra minúscula quando nos referimos a nós como criação de Deus ou num contexto geral, como por exemplo: *"tudo é feito por amor"*, *"a vida é um milagre"*, *"faça-se luz na nossa mente"*, *"a verdade está em todos nós"*. Na Mente de Deus esta distinção não existe porque tudo é pura expressão do próprio Amor, e no amor o uso das palavras é desnecessário. A comunicação entre Criador e criação é perfeita, pois ela é feita sem palavras. Não há falhas, não há espaço para erros como na comunicação que utilizamos neste mundo.

Na Mente de Deus não existe tempo nem espaço para separar, porque tudo é um só em perfeita união e em amor. Mas uma vez que nos esquecemos de quem somos e facilmente confundimos o falso e o verdadeiro, é importante fazer esta distinção para nos lembrarmos que, enquanto criação de Deus, não somos seres independentes nem autocriados. Com efeito, nós dependemos totalmente de Deus, pois por mais que nos vejamos equivocadamente como seres solitários e separados neste mundo, em verdade somos seres inseparáveis d'Ele. Não existe nada que esteja à parte de Deus. Todavia, a tendência de absolutizar tudo pode induzir-nos a cometer o erro de nos colocarmos no lugar de Deus e, como disse e volto a repetir, nós não somos seres que se geraram sozinhos. O erro do que pensamos ser precisa de ser desfeito antes que consigamos entrar em comunicação direta com Deus. É vital que O Filho se lembre do Pai para que Ele retorne à sua origem.

[O poder do Filho]
"Jesus tomou a palavra e disse-lhes: "Em verdade, em verdade vos digo
que o Filho por si mesmo não pode fazer coisa alguma, senão o que vir
fazer ao Pai, porque tudo o que o Pai faz o Filho faz também.
Pois o Pai ama o Filho e mostra-lhe tudo o que faz.""
[João 5:19-20]

É por esse motivo que alguns termos que significam a mesma e única coisa devem ser expostos conforme o contexto em que nos inserimos. Criador e criação são um só. Porém, num estado de identificação equivocado, a desaprendizagem é fundamental. Só assim conseguiremos ver-nos tal como somos, tal como Deus nos *fez* e nos *vê*.

Posto isto, a busca pelo ser autêntico em ti é feita com a orientação interna de outra voz que silenciosa e pacientemente te tem acompanhado e aguarda a tua permissão para se manifestar. Conhecê-la será conhecer a tua verdadeira voz e desse modo, será também o processo de desfazer a ilusão que criaste de ti mesmo(a).

À medida que entrares cada vez mais em contacto com a tua voz real, terás cada vez mais a certeza de que nunca estiveste sozinho(a) e ganharás cada vez mais confiança em ti mesmo(a) e no teu propósito. O auto(re)conhecimento é o caminho de regresso à tua origem.

Tu és O Caminho de retorno ao lugar onde nunca deixaste de estar.

Ao fundo do túnel submerso nas sombras que sonhaste ser, ocultando a verdade imutável em ti, eis que por fim consegues vislumbrar a luz. Porque tu és a luz do mundo. E agora que neste instante fez-se luz na mente, podes por fim suspirar de alívio e dizer:

"Eureka! Agora eu sei!"

Agora

Andando num barco
À deriva em alto mar,
No meio da tempestade
Tentei-me encontrar.
No horizonte nada via
E para trás
Também nada via.

O que tinha de ver
É o que vejo agora,
Não o que vi
Nem o que verei.

O que fui, nunca foi,
O que serei, nunca será.
Agora,
Eu sou.

Finalmente,
A tempestade acalmou
E a bonança chegou.
Em repouso total.

Agora

Eu sou

Sem passado,

Sem futuro,

Em mente presente,

Onde nada está ausente.

(silêncio)

Agora

Agora consegues compreender. Eu não preciso de te ver, não preciso de te ouvir, não preciso de saber o que tu sentes. Não preciso de saber a tua história pessoal para aceitar quem tu és de verdade, e **agora** tu também sabes. O que foste ou o que serás não tem nenhuma importância, porque o que foi e o que será nunca é **agora**. Tu, eu, todos nós, somos para sempre exatamente o mesmo: vida, espírito, luz, verdade, amor por inteiro que excede a própria palavra. Podemos aplicar muitos nomes, porém, nenhum nome nos consegue definir. Somos:

(silêncio)

No Céu não há palavras, não há forma, não há tempo nem espaço. Somente a total serenidade permanece. Não há contradições, não há oposições, não há oscilações. É um absoluto *nada* que na nossa mente dividida entre o ego e o espírito anula todo e qualquer sentimento de medo ou de culpa, toda e qualquer ideia que não seja reflexo da paz plena. Dessa forma, a causa de todo o sofrimento torna-se evidente.

O sofrimento tem origem na falsa ideia do que julgamos ser.

Existe apenas um único ser real e verdadeiro, mas temos estado identificados com uma ilusão: uma voz na nossa mente que fantasia que é o que pensa, supõe equivocadamente que é definida por um corpo e que nada mais existe além disso.

Essa ideia que o ego nos vende é totalmente irracional e insana, pois se fôssemos apenas um corpo destinado a passar por uma existência efémera e morrer totalmente sós num vazio sem explicação, sentido algum teríamos para existir. Isso faria da nossa vida um completo nada. Não me refiro ao *nada* que já descobrimos que representa o Todo, mas a um nada sem qualquer significado.

Em verdade, nós não *"somos"* humanos; nós *"acreditamos"* que somos humanos. Enquanto o *"ser"* é para sempre, a *"crença"* é uma condição temporária determinada pela forma como pensamos. Somos para sempre um só ser com Deus em unicidade perfeita. O conhecimento de Deus não é alcançável pela nossa perceção, porque nos reduzimos a uma ilusão minúscula, um pequeno fragmento, um grão de areia sem grande significado perante um universo vasto. O nosso esquecimento levou-nos a alimentar a crença de que somos um corpo humano limitado pelo tempo, cujo destino irremediável é envelhecer e morrer. Isso faria de nós um ser mutável, inconstante e impermanente e tudo isso são características contrárias a Deus, logo, contrárias ao que deveras somos.

Deus é a única realidade possível e o que Deus é tudo inclui. Portanto, qualquer coisa que se oponha a Deus é simplesmente irreal. O que fizemos de nós é apenas aparência que não engana a Deus imutável e inabalável no que é, mas que nos engana por crermos que somos corpos finitos separados d'Ele. É a nossa mente que se dividiu entre o real e o irreal que está equivocada e, por isso, ilude-se quanto ao que é.

Tendo esta consciência, vamos desfazer o emaranhado que gerámos na nossa mente. Por muito tempo sofremos inutilmente por estarmos a ocultar inconscientemente a nossa real natureza. Está na altura de assumir as rédeas da nossa vida e dissipar da nossa mente todos os monstrinhos que não fazem parte de nós.

Quando passas pelo inferno mental que é a depressão, ganhas a oportunidade de reencontrares-te e de tomares consciência do que fundamentalmente és: um ser como Deus, intemporal, sem forma, que supera as limitações do tempo e do espaço. Ele é a única verdade que permanece para sempre. Então...

Sê o que és.

Finalmente já sabes quem e o que és. Contudo, ainda és capaz de não compreender inteiramente como podes desfazer essa confusão do que pensas ser e acabar com o sofrimento. Sofrer, como já vimos anteriormente, significa manter sob ferros, acorrentado. Por tempo demais tens permanecido acorrentado(a) em ti mesmo(a), permitindo que essa voz irrequieta e insuportável te escravize. Razão alguma tens para te apegares a esses devaneios, pois em nada espelham o que tu és em verdade. Verás que quando deixares passar essa corrente de pensamentos sem lhes dares qualquer significado, igualmente deixarás de estar acorrentado à dor de um passado. Neste exato momento só o presente pode ser vivido. Nenhum pensamento te pode ferir, a menos que lhe dês poder. Portanto, para alcançar a libertação completa do sofrimento, o desapego do que tu não és é a única via possível.

O ser real que és não é passado nem futuro; ele só vive no presente. É no presente que estás ciente de quem és. Portanto, **aquele(a) que sofre com um passado não podes ser tu, porque só agora tu vives**. No instante em que te dás conta disso, uma distância entre o que és e o que pensas é estabelecida, revelando um certo silêncio que antes não era percebido na mente. Nesse intervalo consegues atuar como o observador dos pensamentos sem colocares a tua identidade neles. Como se essas ideias não fossem tuas, mas geradas por outro *ser* que não tu. É nesse espaço vazio que se abre na mente que deixas de ser escravo(a) do falatório mental, e por uns instantes consegues distinguir o que és do que ocorre na mente.

Não interessa o que te aconteceu no passado. A tua história pessoal não é importante. O indivíduo que viveu o teu passado não és realmente tu. São apenas memórias de uma personagem criada por ti. Não há nada de que te possas envergonhar, sentir remorso, culpa ou medo, porque o que essa personagem é tu não és. Só podes estar num único momento, sempre **agora**. Nunca ontem nem amanhã, nunca antes nem depois.

"Só existem dois dias no ano que nada pode ser feito.
Um chama-se ontem e o outro chama-se amanhã, portanto hoje
é o dia certo para amar, acreditar, fazer e principalmente viver."
[Dalai Lama]

Convido-te a fazeres uma experiência comigo. Inspira e expira profundamente. Podes fechar os olhos ou mantê-los abertos. **Agora**, por dois minutos, presta atenção ao que vem à mente. Se pensamentos surgirem, deixa-os fluir. Toma consciência deles sem te apegares, sem gerar qualquer tipo de julgamento. Simplesmente observa-os e contempla o nada que significam enquanto vais deixando de lhes dar força.

O princípio básico de saber respirar conscientemente é a essência de estar no **agora**. Experimenta verificar se consegues respirar: inspira e expira profundamente. Repara que quando verificas algo tão simples como a respiração que tantas vezes fazes instintivamente, não estás a pensar. Trazer a consciência à respiração é uma forma de regressar ao momento presente e de quebrar com os pensamentos incessantes. Os pensamentos não podem e nem devem ser controlados ou rejeitados, pois isso só aumenta a sua força em nós. Respirar conscientemente é um método simples que permite ganhar controlo sobre a frequência dos pensamentos. Não controlamos os pensamentos, mas controlamos a respiração, que por sua vez controla o ritmo dos pensamentos. Em momentos de grande ansiedade, pânico e/ou raiva, saber respirar pode fazer toda a diferença, já que essa consciência nos traz para o **agora** e abranda significativamente a atividade mental. Quanto mais foco colocamos na respiração e quanto mais profundas são as respirações, menos atividade mental é gerada e maior é o nosso contacto com a nossa essência.

Existem muitas técnicas respiratórias que te podem auxiliar nesse caminho. Cada uma delas pode contribuir consideravelmente para a expansão da tua consciência. Quanto mais praticas, menos filmes passam pela mente. Quando nada funciona, o segredo é retornar ao que é vital na nossa existência – **respirar**. Podes praticar este exercício simples com regularidade durante o dia e torná-lo num hábito, conferindo toda a tua atenção ao ser que és neste momento.

A respiração consciente é um ato de esvaziar a mente para dar lugar ao que nunca deixou de estar presente. Pode ser acompanhada de um simples pensamento como *"Deus é presente"*. Em substituição da palavra *"Deus"* podemos invocar o Espírito, o Amor, a Vida ou a Luz. Esta afirmação pode ser dita de muitas maneiras e praticada a qualquer momento e em qualquer lugar.

Numa prática inicial, outra forma que tens de quebrar o falatório interno é fazeres internamente a questão ***"o que sou?"***. Uma pergunta tão simples como esta será o suficiente para interromper qualquer fluxo de pensamentos que estejas a alimentar. Dessa forma, trazes à consciência a ideia de que tu não és os pensamentos, mas o observador deles. Essa mesma pergunta foi o que dividiu a nossa mente entre o ego e o espírito. Todavia, sabendo que não somos o conteúdo mental e sim aquele que o observa, a questão pode ser feita sem medos e pode ser usada como um lembrete do que somos.

À medida que te vais tornando cada vez mais consciente de ti próprio(a), notarás que podes recorrer às memórias passadas e aos teus anseios futuros que antes te faziam sofrer e não sentires qualquer espécie de desejo ou dor. Desempenhando o papel de observador, apenas tomas consciência dos pensamentos, e o sofrimento que eles acarretam deixa de existir. O que antes permitias inconscientemente que te magoasse e ferisse perde o total poder sobre ti, e assim deixas de ser prisioneiro(a) das tuas memórias. O filme de terror acaba no instante em que escolhes abandonar o papel de protagonista desse enredo passado na mente.

Não há vida no passado nem no futuro. O tempo é uma ilusão porque na prática é impossível viver em outro momento que não seja este momento presente. Podes viajar na mente para experiências passadas e futuras, em planos, sonhos e ideias. Porém, por mais que divagues na mente, o que quer que estejas a experimentar acontecerá sempre neste exato momento do qual jamais saíste.

"... a separação entre passado, presente e futuro tem apenas
a importância de uma ilusão reconhecidamente tenaz."
[Albert Einstein]

A ilusão do tempo só toma proporções desastrosas quando alimentas pensamentos desse *"eu"* que te enchem de medo e de problemas, esquecendo-te que **agora** é o único momento em que podes viver e decidir que pensamentos alimentas.

Problemas são apenas ilusões da mente.

Eles apenas parecem existir enquanto existe um *"eu"* que pensa sobre eles. Quando deixamos de alimentar a fonte de todos os problemas, a vida deixa de ser um problema. **Agora** tudo é como tem que ser, tudo está como tem de estar. As circunstâncias da vida *exterior* podem mudar. Ainda assim, o espírito em nós permanece em paz **agora**. Os problemas e o sofrimento acabam quando deixamos de querer antecipar o momento seguinte. Este momento é tudo o que existe e é nele que toda a vida está incluída.

"Apenas o momento presente contém vida."

[Thich Nhat Hahn]

A mente traz-nos imensos pensamentos à superfície, muitos deles dispersos, que por vezes não conseguimos entender porque nem como surgiram. Contudo, já sabes que não és o que pensas e sim aquele(a) que observa os pensamentos e toma a decisão de seguir ou não esse fluxo. A prática de estares consciente naturalmente abrirá mais espaço entre os pensamentos, permitindo que os momentos de silêncio e quietude revelem a verdadeira natureza da mente. Preserva-a, pois ela é o teu maior tesouro.

"...onde está a mente, aí está o tesouro."

[Evangelho de Maria Madalena]

Concede a tua própria libertação libertando-te desses pensamentos obsessivos que te afogam no medo porque eles de facto não são fabricados por ti, mas por um *"eu inconsciente"* que não distingue o que é do que pensa. Manter o discernimento entre o ser que és **agora** e aquele que pensa num tempo psicológico entre passado e futuro desfaz todo o medo. Razão alguma tens para recear algo neste momento. O ser que és é sempre presente. Neste momento podes ser uma tela em branco e recomeçar do zero.

Consoante praticares a despersonalização dos delírios do ego que te prendem a um passado, o ruído gradualmente cessará e os sentimentos de paz e de alegria que sempre estiveram presentes na mente quieta crescerão em ti. São sentimentos que jamais poderão ser plenamente alcançados por experiências neste mundo na perspetiva de um *"eu"* individual, uma vez que só a realização do Todo em ti torna-te um ser completo tanto no ser como no sentir. E mesmo que na tua perceção não tenhas alcançado o Todo que és, conforme permaneceres na tua essência quieta e silenciosa, sentirás com maior frequência esses momentos de paz e de alegria sem que nenhum estímulo exterior se faça necessário. O vazio que sentias é substituído por uma presença constante viva e consciente. Essa presença que procuravas é o Divino em ti mesmo(a).

A partir desse momento, não voltarás a ter a sensação de que algo te falta, porque a única *"coisa"* de que realmente necessitas para estares em paz é o amor incondicional que partilhas com Deus em ti. Sem saberes, aquela peça que não conseguias encontrar em lado algum para se encaixar no teu *puzzle* eras tu próprio(a); o ser verdadeiro que és unido a Deus. Somente tu que sempre estivestes no **agora**.

Agora estás em condições de desfazer os monstrinhos soltos por Pandora na mente. Não entres mais em conflito com uma mera ilusão de ti mesmo(a). Neste preciso momento podes escolher colocar um fim a todo o conflito interno que por tanto tempo te roubou o teu sossego, e fazeres as pazes contigo mesmo(a). Podes escolher a teu favor pela tua própria paz. E ela virá neste mesmo instante tão certamente como a tua vontade de estar com ela.

Entrega-te ao silêncio e à quietude da mente, onde descansas em Deus. Aí está a tua constante, o teu pilar seguro, o porto de abrigo que tanto buscavas e está disponível mesmo **agora**. É no estado de perfeita quietude que a mente se liga a Deus e é esclarecida, pois o esclarecimento vem sempre à mente que silencia para escutar. A paz jamais te será negada, a menos que tenhas negado a ti mesmo(a) o direito de estares no **agora** em quietude contigo mesmo(a).

Tendo esse discernimento, não existe outra escolha possível. A decisão já foi tomada. E paz tu és para sempre na única verdade do **agora**.

"Deixo-vos a paz; a minha paz vos dou. Não a dou como o mundo a dá.

Não se perturbe o vosso coração, nem tenham medo."

[João 14:27]

(silêncio)

Voz por Nós

Na mente existe uma voz
Que é comum a todos nós.

Ela tem muitos nomes,
Mas nome algum lhe faz jus,
Tal é o esplendor da sua luz
Que tudo esclarece e resplandece.

Ela não pertence a este mundo,
Pois aqui a voz predominante
Invoca o medo e a negligência,
Mantendo a mente ignorante
Da sua única e real essência.

Essa voz é a nossa real voz.
É o nosso guia e consolador,
Que deixámos de ouvir
Para seguir a voz atroz,
Que nos aprisionou à dor
E negou a nossa inocência
Sem nunca dar resposta
Para a nossa existência.

Silenciosamente,
A resposta sempre vem,
Pois onde há quietude
Está a voz da plenitude.

Calma e serena,
Ela passa despercebida
Para a mente distorcida.
Mas faz-se bem presente
Para a mente diligente.

Ela não ataca a voz da dor,
Pois a sua função não é se opor
Àquilo que não fala de amor,
Mas apenas receber e amparar
Toda a criança que se perdeu
Porque se esqueceu o que é
E de onde é.

Pacientemente,
Ela aguarda em silêncio
Pela nossa disponibilidade
Para aquietar e escutar,
E tranquilamente

Nos acolhe e nos consola,

Enxugando cada lágrima

E limpando da mente

Toda a mágoa e o medo

Que por muito tempo

Mantivemos em segredo.

O que ela diz a cada um

É um sussurro individual,

Mas sempre expressando

Na linguagem universal

Que é comum a todos nós.

O que ela diz

Nunca se contradiz,

Pois o que tudo envolve

Todo o engano dissolve.

Ela só fala de uma coisa

Que a tudo dá resposta,

Porque tudo é a mesma coisa

Desde agora e desde sempre.

Tudo é e sempre será: Amor.

A voz do Amor é a voz da união.

Nunca a separação aconteceu,

A não ser pela escolha de ouvir

Aquele que se opõe ao amor.

Agora que sabemos,

Podemos escolher.

"Escolho ter fé no Amor,

Porque pela fé eu recebo,

E pelo amor eu dou."

"A minha dádiva para o mundo,

É o meu mais profundo amor."

A Voz

O mundo em que aparentemente existimos é cheio de ruído e de medo porque todo ele faz parte do domínio do ego. No seu mundo só a sua voz reina e escraviza a mente perturbada. Porém, esse reino tem um fim com o silêncio, pois ele anula a voz do ego para dar lugar à voz silenciosa. A nossa mente está dividida entre ambos, porém só um podemos escolher. Ou estamos com o ego ou estamos com Deus. Não é possível servir a dois mestres simultaneamente. O que o ego mais teme é que tomemos consciência de que ele não é o dono exclusivo da nossa mente. Embora ele tenha tentado expulsar constantemente a nossa voz real da nossa consciência, ela sempre regressa com o nosso silêncio.

A voz real tem muitos nomes, mas nenhum nome faz jus à sua luz. Há quem a chame de Eu Superior, Eu Maior, Divino, Divindade, Jesus, Buda, Krishna, ou invoque o nome de deuses, santos, anjos, arcanjos ou mestres das mais diversas ordens. Ela parece vir de muitas fontes, mas todas elas representam a Fonte suprema de todas as coisas – Deus. A nossa voz real é por isso a voz do Divino, da Divindade, da Sabedoria, do Amor, da Verdade, da Razão, do Silêncio. Ela é a voz por Deus que nos termos cristãos chamamos Espírito Santo ou Cristo.

Uma vez que utilizaremos estes termos abundantemente daqui em diante, vamos esclarecer como os aplicamos devidamente. Sempre que falamos de nós como criação do Criador, damos o nome de *"espírito"*. Quando nos referimos à voz por Deus, chamamos-Lhe *"Espírito Santo"*. Contudo, para não suscitar quaisquer aversões ao termo por se tratar de uma linguagem tipicamente cristã, vamos generalizar e chamar-Lhe *"Divino"* com letra maiúscula. Esta diferença na nomenclatura serve para discernir Aquele que guia daquele que é guiado. Não utilizamos o próprio nome de Deus somente porque Ele não reconhece um mundo oposto ao Seu. Ainda assim, Ele tem uma voz que fala por Ele à sua criação e relembra-a o que ela é e onde ela está. O espírito não precisa de ser guiado, posto que ele já é perfeito como o Espírito criador. Todavia, para nós que estamos divididos entre o ego e o espírito, existe esta necessidade de saber que é o Divino que nos orienta. A Sua função é então desfazer o ego que é nada mais do que a parte da nossa mente que se julga separada de Deus, para podermos regressar à nossa essência que é só puro espírito. Só uma realidade é possível e ela é Espírito.

Tudo é Espírito, tudo é Deus e a sua voz é nada mais do que a própria voz do Amor. Essa é a essência absoluta de todas as coisas e de todos os seres que nos foi ocultada no instante em que criámos um sentido de identidade à parte de Deus. Não é por estarmos equivocadamente identificados com o ego que deixamos de ser um com Deus. O que pensamos, dizemos e fazemos com base no ego, Deus simplesmente não reconhece. A única forma como Ele nos vê é plenamente amorosa. O amor de Deus por nós é total e nunca deixou de estar presente na nossa mente. No entanto, porque substituímos a nossa voz pela voz do medo, a comunicação com Ele foi quebrada e assim como deixámos de ouvi-Lo, também deixámos de conhecê-Lo. Ao fazer isso, deixámos de nos ouvir e de nos conhecer a nós mesmos. Transformámo-nos em variáveis num mundo dual repleto de coisas tentadoras, mas igualmente aterradoras. Para quebrar com o ciclo de medo em que estamos envolvidos, nada como silenciar e abrandar; respirar fundo e invocar Aquele que fala por nós.

A voz do Divino é silenciosa, mas mesmo assim não deixa de emitir os seus pensamentos inundados de amor. Ter uma voz silenciosa não significa ser desprovido de pensamento porque é com o pensamento que se gera toda a criação. A grande diferença entre o Divino e o ego é que, enquanto um funciona como um sistema de pensamento fundado no amor, o outro é fundado no medo. E enquanto a nossa mente está dividida quanto ao que é, o Divino desempenhará o papel de Guia e Consolador. Na Sua presença, todo o medo que sentimos é anulado pelo Seu amor e a sua voz é subtil e gentil. Ele sempre nos lembrará que nada há a temer, pois na Mente de Deus nada nos pode atacar ou ferir. A criação de Deus é perfeita. E na aceitação plena de que assim somos, assim caminhamos neste mundo.

Inicialmente poderá parecer difícil entrar em contacto com o Divino, uma vez que o ego tentará sempre se sobrepor à Sua voz e sobreviver a todo o custo dentro da nossa mente. As suas investidas constantes têm sempre a mesma natureza: ou ataca alguém *"lá fora"* ou ataca-nos diretamente através de pensamentos de culpa e de medo para nos afastar do silêncio e da quietude. Entretanto, conhecendo a sua maneira de agir, podemos escolher entre permanecer assim ou pedir a orientação do Divino. É necessário ter um pouco de disponibilidade para serenar e aquietar a mente, de modo a conseguirmos entrar em contacto com Ele. Mas uma vez que estejamos dispostos a fazê-lo, a voz virá e nos falará as verdades que precisamos de ouvir.

Nada é preciso saber, porque o Divino tudo sabe. Entregando com confiança todo e qualquer pensamento que nos amedronte, Ele fará por nós o trabalho de limpeza da nossa mente para dar lugar ao sentimento de paz e de amor que nos abrirão os caminhos antes obscurecidos pelo ego. Basta que tenhamos um pouco de disponibilidade e de boa vontade para Lhe entregar os nossos pensamentos inquietantes, para que a inspiração do ser que se manifesta no ter e no fazer venha em direto alinhamento com o seu pensamento.

Por vezes poderá parecer que a resposta não vem. Isso deve-se a duas razões: ou estamos a tentar comunicar com Ele com medo, o que reflete insegurança e falta de fé, ou estamos a pedir por uma resposta moldada pela nossa perceção limitada e não segundo a livre e plena Vontade de Deus, que é a nossa própria vontade. Para todos os efeitos, a confiança n'Ele tem de estar presente, caso contrário, sem confiança não há aliança.

Algumas coisas que Ele realiza podem levar o seu tempo a manifestar neste mundo aparentemente separado pelo tempo e pelo espaço. É preciso ter paciência. A paciência infinita é uma virtude que desenvolvemos à medida que retornamos à nossa essência como espírito. Nada consegue perturbar o caminho e as realizações daquele que confia inteiramente no Divino e sabe que no Seu plano tudo já foi feito e todos estão incluídos n'Ele. Caminhando com o Divino torna tudo mais leve.

Isto não significa que não teremos os nossos desafios pelo caminho. Todavia, por cada passo que dermos, saberemos que o fazemos com segurança, pois Ele está sempre aqui para nos orientar e para nos consolar. Sendo assim, por cada correção que permitimos que o Ele efetue na nossa mente, memórias inconscientes de medo e de culpa são libertas e toda a dor associada a elas é desfeita. Isso não só nos permite desapegar do passado, como evitar potenciais perigosos no futuro. Tal ocorre porque estamos a abdicar do plano de perpetuação do medo e da culpa do ego baseado no passado, para abraçar todo o amor, paz e alegria que o nosso Guia tem para nos oferecer no presente. Mantendo a consciência da Sua presença, nada há a recear porque Aquele que controla o tempo e o reajusta consoante a nossa disponibilidade para estar em paz, habita na nossa mente.

As dádivas do Reino são nossas por natureza. O Divino apenas nos relembra que já o merecemos por inteiro. Portanto, não há necessidade de fazer alguma coisa para sermos merecedores de amor. Perante Deus, nós somos tudo para Ele. Abrindo e entregando a nossa mente inteiramente ao Divino, permitimos que Ele cumpra com o seu plano. Ele dissolverá todo o ego, lembrando que a nossa natureza como espírito inocente nunca foi posta em causa e que o Céu está aberto para acolher todo aquele que se esqueceu que já lá estava.

Enquanto essa abertura e entrega ao Divino não for total, muitas serão as tentativas do ego de erguer as suas barreiras fundadas na dúvida, na arrogância e na necessidade de ser especial. Essas barreiras só nos isolam uns dos outros e nos deixam na completa solidão. Cada um vive na sua mente particular uma fantasia de si mesmo que o afasta da sua própria essência Divina e que jamais poderá ser aceite enquanto não é partilhada. Aliarmo-nos ao Divino é abandonar o especialismo e a arrogância do ego que nos confinam ao medo, para com amor e humildade acolher e dar as boas-vindas a todos na nossa mente. Somente de mente aberta a luz pode entrar e fazer funcionar o que até então parecia não ter solução.

O Divino é a nossa visão e a nossa voz. Quando a mente se abre por completo para a luz, a visão do mundo do espírito é revelada, e a sabedoria e o amor fluem como a água de um rio.

"Quando o olho não está bloqueado, o resultado é a visão.

Quando a mente não está bloqueada, o resultado é a sabedoria.

Quando o espírito não está bloqueado, o resultado é o Amor."

[Provérbio Chinês]

Por muito tempo parecerá que a voz do Divino é apenas um hóspede que convidámos para nos ajudar a dissipar a confusão na nossa mente. Contudo, com o passar do tempo, esta voz aumentará a sua frequência em nós, e voltará a ser a nossa própria voz. Não teremos mais a mente divida em dois, mas unida numa única e só mente – a Mente de Deus. Nesse ponto, só a paz e o amor de Deus se perpetuam e reinam eternamente na nossa mente.

A voz do ego afundou-nos na depressão.

Mas a voz do Espírito conduziu-nos à iluminação.

(silêncio)

Dois *"Eus"*

Por muito tempo

Andei perdido

Dispersando energia,

Divagando aqui e ali

E nunca encontrando

Nada que me pudesse

Satisfazer plenamente,

Quanto mais preencher

O vazio que me assolava.

Mal sabia eu

Que o "eu" era um erro

Que ocupava o meu lar

E usurpava o meu lugar

No único espaço

Onde poderia reencontrar

Toda a paz e serenidade

E erguer-me no meu altar

Onde sou pleno amor.

A voz do passado

Fez da minha vida

Um completo inferno
E assim fui levado
Até ao meu limite,
Sempre acreditando
Que o "eu" era eu
E que eu era culpado
Por tudo o que o "eu"
Dizia que fez e não fez.

Preso dentro de mim,
Sem ter para onde ir
Nem ter como fugir,
Me via obrigado
A ter de conviver
Com este passado
Que não me deixava
Sossegar nem aquietar.

Forçado a lidar
Com uma voz hostil
Que me empurrava
Pra fora de mim mesmo,
Eu estava em conflito
Pensado ser um "eu",
Quando afinal

Haviam dois:

Um ruidoso

E um silencioso.

O "eu" não era eu,

Mas um falso "eu"

Que na minha mente

Tirou a minha paz,

Roubando o silêncio

Onde me reencontro

E de onde nunca saí.

(silêncio)

Observo esta voz

E não a reconheço

Como sendo minha.

O que eu sou, ela não é.

E o que ela é, eu não sou.

Na minha presença

A voz do passado

Assim foi desfeita.

Eu posso ser

Sereno e quieto,

E a voz não existe.

Como poderia ser

Um "eu" passado

Se agora tudo sou?

Agora eu vivo

E presente eu sou.

(silêncio)

Passado

Se existe algo que na mente fantasiosa do ego nos mantém cativos num ciclo interminável de dor e de sofrimento, é a falsa ideia de que somos um passado. Como corpo, acreditamos que nascemos, crescemos, envelhecemos e morremos. E desde o dia que o corpo nasce até ao dia em que morre, criamos uma história associada a ele e com a qual nos identificamos. É com essa ideia de que somos uma história passada que o ego nos prende à ilusão do tempo. O tempo não é real, mas na nossa mente parece existir pela perceção equivocada que temos de que somos uma forma individual temporária. Esse único equívoco induz-nos a acreditar que temos um passado e todas as coisas e todos os seres são em igual modo limitados pelo tempo. É a projeção do ser imperma-nente que pensamos ser que produz a perceção de um mundo onde nada permanece para sempre.

Muitos dos pensamentos que *"pré-ocupam"* a nossa mente se pren-dem às coisas que fazemos com o corpo ou através dele. Ele é a forma com o qual experimentamos todas as coisas neste mundo que oscilam entre o prazer e a dor. Cada experiência por que passamos com esta forma *física*, seja dolorosa ou prazerosa, é revivida múltiplas vezes na nossa mente como se elas fossem reais e pudéssemos realmente sofrer ou satisfazer-nos com elas. A causa é irreal, visto que tudo o que faça parte de uma história não existe mais. No entanto, ainda parecemos so-frer com os seus efeitos agora meramente porque nos identificamos com um *"eu"* passado que parece existir ao longo do tempo. Desse modo, mantemos a perceção errada de que o passado e o presente são a mesma coisa. O que *"eu fui"* e o que *"eu sou"* fazem parte do mesmo ser que aparentemente está em constante mutação, por isso o que foi experimentado ontem, há um mês, há um ano atrás ou mesmo quando o corpo tinha a forma de um recém-nascido, ainda *"sou eu"*.

Os traumas, a depressão e muitas doenças que afetam o foro psicológico (que acabam por se manifestar também em várias doenças do corpo físico) são então o resultado da ilusão deste *"eu"* que carrega consigo a dor e a culpa inconsciente de um passado que há muito desapareceu, mas ao qual parece estar eternamente vinculado. As marcas do tempo aprisionam a nossa mente num estado de insanidade, pois o que pensamos que fomos e ainda julgamos ser não permite que o ser real seja revelado no momento presente. Em consequência disso, a única coisa que projetamos para o futuro, que só pode ser experimentado no presente, é apenas um passado que assume diferentes formas, mas cujo padrão não muda. Embora tenhamos a ideia de que estamos constantemente a mudar porque o corpo sofre alterações com o passar do tempo, internamente o nosso sentido de identidade permanece agarrado ao velho.

Desse modo, a busca pelo novo é feita fora de nós. Pensamos que conseguimos encontrar em novas coisas, em novas experiências e em novas pessoas algo melhor e diferente e vivemos esse novo intensamente como se fosse uma nova fonte de satisfação ou até mesmo a nossa própria salvação. Tudo isso para depois nos dececionarmos e terminar como terminaram as experiências anteriores, pois o modo como nos vemos não mudou. Não havendo mudança interna, não há mudança externa. O *"eu"* irreal ou o *"velho eu"* que está mentalmente apegado ao passado é incapaz de perceber algo novo em si mesmo, tornando impossível que as coisas, as experiências e as pessoas nos revelem algo de novo. Tudo o que esse *"eu"* percebe nelas é apenas o seu próprio passado. E ninguém que seja incapaz de se ver como novo consegue ver o novo em coisa alguma. Os pensamentos ruminantes do passado olham para o futuro com desdém, pois a raiz do medo está em tudo o que se confina a um passado.

"Não me quero dececionar novamente…"

"Já fui magoado(a) antes. Não quero passar pelo mesmo…"

"Já fui traído(a) e enganado(a) muitas vezes. Não se pode confiar em ninguém…"

"Prefiro não abrir o meu coração. Assim não me dececiono."

"A vida nunca foi fácil para mim e continua a não ser!"

"Sempre tive de batalhar pela vida! Nada me foi dado de mão beijada!"

"Ainda vivo com sequelas de uma infância traumatizante…"

"É difícil ter alguma esperança de vida depois dos horrores que passei…"

"Há certas coisas que me fizeram que são imperdoáveis!"

"Perdi tudo o que tinha… Tenho medo que isso me volte a acontecer…"

"Jamais perdoarei Deus pelo que aconteceu à minha família!"

"A vida sempre foi cruel comigo! Porque haveria de ser melhor para os outros!?"

"Já comi o pão que o diabo amassou e sei muito bem do que falo!"

"Estou revoltado(a) por não me terem apoiado quando mais precisei! Ninguém é digno da minha confiança!"

"As pessoas só me mostraram o que há de pior no ser humano!"

"Eu não sou pessimista, mas também não acredito em milagres."

"Hoje em dia ninguém faz nada a não ser por interesse!"

"As pessoas só desejam o mal e a desgraça dos outros!"

"Existe gente muito má nesta vida."

"A sociedade tem muitos podres. Toda a gente é hipócrita!"

"Os ricos só roubam e os pobres só pagam!"

"Não existe justiça neste mundo!"

"Vais encontrar sempre alguém que te vai enganar e trair."

"Homens/Mulheres são sempre a mesma coisa. Nunca mudam!"

"É impossível ser-se inteiramente feliz."

"Cometi muitos erros na vida. Nunca me vão aceitar pelo que fiz..."

"O que fiz não tem perdão possível. Não mereço ser feliz..."

"Perdi o respeito das pessoas. Sou um(a) miserável... Não valho nada..."

"Fiz mal a muita gente e isso não tem perdão. Jamais poderei olhar para as pessoas com dignidade."

"Carrego comigo uma culpa que não me deixa em paz. Não sei se alguma vez me conseguirei livrar dela."

"Eu mereço ser castigado e punido pelo que fiz."

Estar vivo é estar de mente presente. Pensar constantemente no passado é envenenar a nossa mente com medo. E todo aquele que se alimenta de medo morre à fome porque no passado não há vida.

Não são as condições externas que definem o nosso estado interno, mas as condições internas da nossa mente que proporcionam as condições externas.

Se alimentamos o medo, medo é o que projetamos no mundo e na nossa experiência pessoal. Se conservamos a paz, paz é o que estendemos para o mundo e para a nossa experiência pessoal.

O exterior é o reflexo de uma condição interior.

A vida não é um acaso. Tudo o que acontece na nossa vida diz respeito à forma como pensamos, e por esse motivo não deixamos de ser responsáveis pelo rumo que ela toma. Porém, quando não temos consciência de que são os nossos pensamentos que geram a realidade que experimentamos, essa responsabilidade é ocultada da nossa mente e assim ficamos à mercê do ego. A culpa pelo nosso infortúnio é percebida *"lá fora"* e sofremos porque as pessoas, coisas, lugares e circunstâncias parecem conspirar contra nós, mantendo o ego fora do problema e intacto na nossa mente. Desse modo, tornamo-nos vítimas dos nossos próprios pensamentos, vítimas da nossa própria invenção.

A redundância de perguntas como *"o que eu fiz para merecer isto?"* ou *"porquê eu?"* são a garantia de que nunca sairemos do estado de vitimização e de autopunição, preservando do mesmo modo o falso estado de identificação com o ego. E quanto mais nos enterramos em questionamentos do ego, mais sofremos porque não compreendemos que o problema está justamente na voz que faz as perguntas em nós. Em momento algum o ego deu-nos qualquer resposta verdadeira. A sua meta nunca foi solucionar coisa alguma e sim manter a dúvida e o conflito na nossa mente, bloqueando a Voz do Divino em nós que de facto tem as respostas.

O ego oculta tanto a face da vítima como do opressor. Ambos os papéis são jogados e manipulados por ele conforme o que lhe dá mais jeito, de modo a que o estado de ataque contra nós mesmos se perpetue ao longo do tempo. A sua vozinha fala dentro de nós dando sempre alguma espécie de garantia de que enquanto houver algo ou alguma coisa a quem culpar e depositar a nossa ira, *"eu estou a salvo"*. O ego não tem qualquer piedade por nós, pois o seu foco está apenas na sua própria sobrevivência na nossa mente. Ninguém está a salvo no teatro do ego, pois no seu enredo de terror tanto a vítima como o opressor são os dois condenados à morte. Aqueles que se culpam a si mesmos ou agem culposamente contra algo ou alguém já se autocondenaram e aqueles que se vitimizam crucificaram-se a si mesmos, ditando a sua própria sentença também. A lei máxima que dita as regras do jogo é o medo, cuja meta conduz é a nossa própria morte. O jogo do gato e do rato não acabará enquanto nos mantemos apegados às personagens que fazem parte do teatro do ego. Assim, existência após existência, o ciclo de sofrimento, dor e culpa permanece inalterável até assumirmos a responsabilidade pela nossa vida e tomarmos a decisão consciente de desfazer a personagem que construímos.

Assumir a responsabilidade é ir ao encontro da solução em nós, saindo do estado de vitimização. Já a culpa, por outro lado, apenas perpetua o problema. O propósito do ego sempre foi manter a culpa na nossa mente. Ser culpado é ser pecador, o que implica negar a nossa natureza Divina impecável e inocente a fim de nos subjugarmos aos ditames do ego. Os pensamentos obsessivos deste *"eu"* limitam a nossa existência a um tormento mental que nos leva à depressão. Deprimir é reduzir o nosso ser a pensamentos ilusórios de culpa e de medo. A vida não é um drama, mas o *"eu"* passado encena o drama na nossa mente.

Não existe efetivamente nada que nos possa ameaçar, atacar ou ferir verdadeiramente, a não ser esta ideia louca de que o passado é amedrontador e está a ser vivido agora. Isso é o que nos impede de confiar totalmente no *novo*. Não temos consciência de que estes pensamentos de medo só espelham o ódio que alimentamos contra nós mesmos, fabricados por este *"eu"* que inventámos e que nunca existiu. Ele não passa de uma história odiosa que recontada inúmeras vezes na nossa mente, levou-nos a crer que de facto somos nós. Nenhum pensamento que sustente a ideia de um *"eu"* acorrentado a um passado contém amor algum. E onde não há amor, não há Deus, não há o *nós*.

Tudo o que não envolve amor não somos nós.

Independentemente do que essa voz nos diga, o que é real nunca deixa de o ser. Enquanto batalhamos internamente com pensamentos inconstantes de um falso *"eu"* que nos condena a uma existência impermanente e, consequentemente, a uma *vida* de sofrimento, o espírito que somos permanece agora quieto, imutável e intocável na nossa mente. Ele não tenta se sobrepor a nenhum pensamento do *"eu"* passado, tampouco o ataca ou o aceita como real, pois só o próprio espírito é verdadeiro e a sua natureza é inteiramente pacífica, amorosa e incontestável.

Para o espírito, os nossos pensamentos e ações passadas são apenas ilusões que podem ser facilmente desfeitas, uma vez que tenhamos a disponibilidade para dar lugar na nossa mente à Voz do Silêncio que verdadeiramente está em direto alinhamento com o nosso ser. Esta mudança de direção na nossa mente permite que essa Voz que é subtil atue a nosso favor e desfaça toda a crença que depositámos no ego, removendo todos os bloqueios à paz e à consciência do que somos genuinamente. Isso é tudo o que há a ser feito para recuperar o nosso perfeito juízo e alcançar a paz.

O que somos no presente não muda e no total silêncio da mente é-nos revelado como o eterno amor. Contudo, a falta de quietude levou-nos a construir fantasias sobre a nossa própria identidade que, conforme as experiências relatadas por uma irrealidade passada, mudam ao sabor do vento. É importante relembrar que não somos nenhum ser inconstante que, dependendo da história contada na mente, é feliz ou miserável. O passado não tem qualquer poder de nos perturbar, a menos que nos identifiquemos com a personagem que o experimenta na primeira pessoa.

Viver como já entendemos é sempre no agora. No presente em sossego total só a realidade do amor permanece. Inspirando e expirando profundamente, a lembrança de que só podemos estar no agora é imediata. Desse modo, é possível fazer silêncio suficiente na nossa mente para nos colocarmos no papel de observador e quebrar com a história deprimente que o *"eu"* passado nos conta. Esse pequeno exercício de respirar conscientemente e apenas observar permite-nos estar com o ser impecável, quieto e silencioso que somos agora.

O que tu és é (silêncio). Essa é a nossa natureza constante, permanente e imutável que nunca deixou de estar em (silêncio). Essa mudança de perceção é suficiente para cessar o drama emocional. É uma escolha que podemos fazer sempre neste exato momento. Portanto, a cura está onde de facto estamos – no agora.

Muitas vezes tenderemos a revisitar na nossa mentes memórias do que pensámos que fomos e experimentámos como corpo, ou julgar que as consequências de escolhas passadas ainda têm efeito sobre nós no presente. Entretanto, estando cientes de que só podemos viver agora e que o passado apenas parece ter efeito enquanto o tememos, conseguimos recuperar o nosso juízo neste mesmo instante e tomar a decisão de sermos livres, deixando partir o que já não faz sentido na nossa vida.

"Esqueçam o que se foi; não vivam no passado."

[Isaías 43:18]

O espírito que habita serenamente na nossa mente perfeita não utiliza um passado para nos atacar e recriar mais experiências dolorosas, nem busca momentos de prazer que se convertem inevitavelmente em dor como o ego. Ele nem concebe a existência de um passado, pois sendo eterno e totalmente inocente, a culpa e a dor são irreais para ele. Assim, ele tem a capacidade de renascer a cada instante como um novo ser e de olhar para todas as coisas e todos os seres como ele mesmo é: o *nada* que é tudo, o amor que é tudo. É nesse estado de plenitude que para ele tudo é o que nunca deixou de ser.

A brecha que a ilusão de um passado abriu por um instante na nossa mente é pequena por demais para ter qualquer significado. Contudo, porque fizemos dela a nossa identidade, durante muito tempo ela pareceu ser tudo o que havia para se ser e para se experimentar. A sua voz carregada de medo e de culpa projetou corpos condenados à impermanência e à morte e quis abafar a verdade sem forma e silenciosa que tudo abrange e permanece eternamente na mente serena. O que é uma ilusão jamais se poderia sobrepor ao que é real. E no reconhecimento de que o impossível jamais poderia tornar-se possível, a mente voltou a lembrar-se de si própria, abandonando assim a ilusão do que nunca foi para ser a paz perfeita e inabalável que inegavelmente é num presente sem memória.

O passado nunca foi.

O que é, sempre é.

(silêncio)

NOTA: um exemplo interessante que mostra como o ego pode ser visceral, é o filme *"Revolver (2005)"*, produzido pelo cineasta inglês Guy Ritchie. É uma longa-metragem para maiores de idade que envolve jogos mentais, crime e violência. No fim podemos assistir a uma breve descrição do ego relatada por psicoterapeutas, psicólogos, psiquiatras, médicos, autores, filósofos e professores.

Tempo a Pensar

Agora que já abordámos a questão do passado, vamos entrar concretamente na dimensão do tempo e aprofundá-la. De todas as atividades que possamos exercer numa existência cognitivamente normal, a que mais tempo nos consome é o ato de pensar. Sejam pensamentos de experiências passadas, abstratos, criativos, intelectuais, de rotina, de julgamento de planeamento ou de tomada de decisão, estamos constantemente a pensar. Nem mesmo quando dormirmos deixamos de o fazer, uma vez que os próprios sonhos (tenhamos memória deles ou não) são também pensamentos. Há sempre algo que está a ser processado sistematicamente em nós e raros são os momentos em que conseguimos estar em silêncio.

O corpo está aqui e é só neste momento que a vida na prática acontece. Não existe nenhum outro momento que se possa experimentar que não seja o agora. Contudo, enquanto o corpo entregue ao piloto automático exerce as atividades de rotina como vestir, comer, escovar os dentes, tomar banho, andar, conduzir, na mente seguimos um fluxo de pensamentos que nos levam a divagar num tempo irreal. Demonstraremos com exemplos concretos como essas viagens no tempo ocorrem na nossa mente e que consequências elas nos trazem.

Num esquema, dividimos o que está à esquerda do eixo vertical como **passado** e à direita dele como **futuro**.

PASSADO | FUTURO

E dividimos o que está acima do eixo horizontal como **positivo** e abaixo dele como **negativo**.

POSITIVO

NEGATIVO

Intersectando os eixos horizontal e vertical num ponto médio, obtemos a formação de quatro quadrantes: Positivo Passado, Positivo Futuro, Negativo Passado e Negativo Futuro.

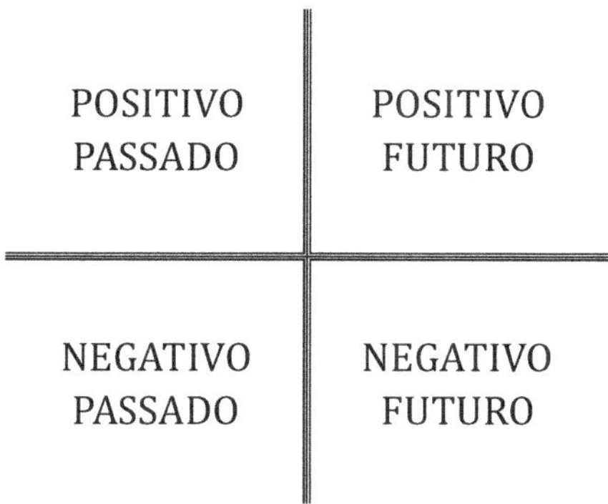

O ego alimenta a falsa ideia do dualismo, oscilando entre passado/futuro e positivo/negativo através de pensamentos que mudam com o tempo. Desta forma, as nossas memórias passadas, assim como as nossas expectativas face ao futuro, podem ser tanto prazerosas (associadas a algo positivo) como dolorosas (associadas a algo negativo). Portanto, a explicação dada até aqui traduz-se no seguinte esquema:

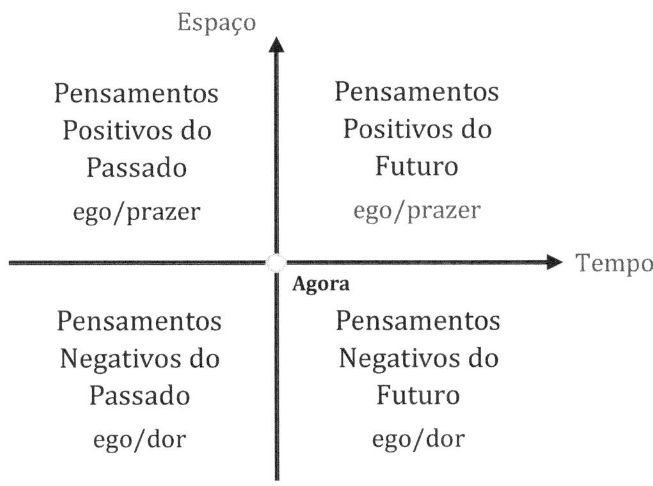

Para te demonstrar como os pensamentos levados pelo ego alternam o seu significado no tempo, aplicaremos este conhecimento com exemplos práticos.

Pensamentos Positivos (Prazerosos) do Passado

Exemplo: se tens alguém que consideras que seja amor para a vida inteira, as associações que fazes a esta pessoa e muitas das experiências que passaste com ele(a) são prazerosas. Sentes-te feliz e realizado(a) porque tens a sensação de que esta pessoa te compreende e complementa, e podes confiar nela para te apoiar em todas as circunstâncias da tua vida. Não importa o quanto divagues mentalmente pelas memórias que partilham em comum, elas só te trazem satisfação.

Pensamentos Negativos (Dolorosos) do Passado

Exemplo: se por alguma razão esta pessoa deixa de fazer parte da tua vida, o teu conceito de felicidade é desmoronado. Todas as lembranças que tens associadas a esta pessoa e as experiências que passaste com ele(a) já não refletem a tua realidade. E quando divagas em memórias passadas, já não consegues ser feliz. Não desejas mais pensar no passado, mas porque esses eram pensamentos que te traziam satisfação, agora tens dificuldade em desligarestes deles e deprimes com isso. O amor que te fazia companhia acabou por se transformar no medo de estares sozinho(a) com os teus pensamentos. Um vazio do qual não consegues escapar abriu-se no teu coração.

Pensamentos Positivos (Prazerosos) do Futuro

Exemplo: se és promovido(a) no trabalho e tens um aumento salarial significativo, só consegues ter pensamentos positivos em relação ao futuro. Planeias as tuas férias de sonho, ponderas comprar um carro novo, investir numa nova casa... Tudo o que podes comprar com o dinheiro que vais ganhar torna-se na tua realidade. Sentes-te ansioso(a) e entusiasmado(a) com as experiências maravilhosas que uma nova condição financeira te irá proporcionar. A ideia de um futuro abundante só te traz prazer e ânsia de viver.

Pensamentos Negativos (Dolorosos) do Futuro

Exemplo: se és insensato(a) na forma como geres as tuas finanças e endividas-te, ou por alguma razão és despromovido(a) ou até mesmo despedido(a), todos os sonhos de teres um futuro feliz desmoronam-se. Os investimentos que fizeste numa vida abastada agora tornaram-se um fardo para ti. Tens medo do que o futuro te reserva porque não sabes como vais pagar as tuas contas e possivelmente a tua própria sobrevivência é posta em causa. A ideia de um futuro miserável só te provoca ansiedade, angústia e dor.

Tal como vimos nos exemplos anteriores, os pensamentos movidos pelo ego nunca são constantes. Eles tanto geram prazer quando associados a experiências que julgamos como positivas, como geram dor quando julgamos como negativas. É a total identificação com esses pensamentos que nos condiciona à experiência de uma vida inconstante. Um dia podemos supor que estamos de bem com a vida, como noutro dia ocorre algo que nos leva a estar de mal com ela. E o que antes era desejável em certo momento da nossa vida, pode tornar-se indesejável a partir de outro.

O que o ego deseja nunca é permanente.

Sob esse estado de flutuação mental constante, a vida torna-se insustentável. A sustentabilidade implica equilíbrio. E uma mente que não esteja em equilíbrio gera desequilíbrios na vida. É necessário reconhecer esse desequilíbrio em nós para podermos atuar sobre a causa. Relembrado que a nossa mente está dividida entre o ego e o espírito, recorreremos novamente ao esquema anterior para tirar conclusões:

❁ Pensamentos que se deslocam no tempo entre passado e futuro, julguemos como positivos ou negativos, prazerosos ou dolorosos, são todos pensamentos de natureza dual, inconstante e mutável. Nenhuma destas ideias expressa o presente, já que a formação prévia destes conceitos implica a recorrência da memória. E tudo o que usa a memória é passado. Mesmo a ideia de que existe um futuro é passado, sendo que sem memória é impossível fazer qualquer juízo do futuro. Essa é a maior evidência de que não existe verdade alguma por detrás do conteúdo mental gerado por este *"eu"*.

❁ O espírito é eternamente presente e se expressa na ausência da voz do ego. O **agora** é o ponto médio em que o eixo do espaço e do tempo se cruzam e onde de facto estamos. No ponto zero em que não há qualquer deslocação da mente no tempo não sofremos qualquer influência do passado ou do futuro, positiva ou negativa, dado que todas essas oscilações se referem apenas à ideia de que somos um passado. Um presente sem memória é tudo o que o espírito é. Permanecer nesse ponto é estar em perfeito equilíbrio.

O ego é passado, o espírito é presente.

Como espírito, nada há a ser feito para alcançar a paz porque ela já é total no agora. Todavia, a paz é impossível para uma mente dividida entre o ego e o espírito, o que significa que o ego terá de ser desfeito na nossa mente.

O que o ego é nunca deixou de ser passado, pois tanto a personalidade como o corpo são apenas construções mentais baseadas em crenças ilusórias, isto é, em falsas memórias. O ego nunca foi real a não ser dentro da nossa mente dividida. A sensação de falta de paz deriva tão somente da falsa crença do que pensamos ser. A paz nunca nos abandonou, porém, a escolha de ouvir uma voz que interrompeu o nosso silêncio fez com que aparentemente nos separássemos dela. É o cair da máscara do *"eu"* que desfaz a ilusão da separação. Deixando partir da nossa mente todas as ideias insanas do que pensamos ser, somente o silêncio permanece e a nossa essência pacífica é naturalmente revelada. É nesse estado que o espírito perfeitamente quieto e sereno é sentido no momento presente.

Uma mente quieta e silenciosa não cria ilusões.

Não havendo pensamentos, não há deslocamentos no tempo. O tempo a pensar acaba por dar lugar ao silêncio num espaço vazio. Afinal, o lugar na nossa mente do qual tanto fugíamos era o único lugar onde poderíamos encontrar a nossa paz.

Para o ego, o silêncio dita a sua morte.

Para o espírito, o silêncio dita a vida eterna.

Onde há puro silêncio, não há morte, mas vida eterna.

Olhes para um passado ou para um futuro, a lado algum irás, pois só o presente contém todas as coisas.

"O passado é apenas uma memória.

O futuro é apenas uma esperança.

Tudo o que existe é este momento."

[Wu Hsin]

A paz só pode ser reconhecida agora. Estar em paz é viver o presente por inteiro sem os dramas do ontem nem as fantasias do amanhã. A depressão vem do passado. O anseio vem do futuro. **A paz é agora.**

"Se estás deprimido, vives no passado.

Se estás ansioso, vives no futuro.

Se estás em paz, vives no momento presente."

[Lao Tzu]

Sair da depressão é abandonar as sombras do passado para renascer e viver à luz do momento presente. É no agora que encontramos o equilíbrio porque só o agora é real. Tudo o resto é ilusão da mente que pensa ser uma coisa que não é presente.

A meditação e a respiração consciente são práticas simples que te podem ajudar a abrandar o ritmo dos pensamentos e deixar que eles sejam gradualmente desfeitos pela presença do espírito. Quando te remetes ao teu próprio silêncio, reservas tempo para estares contigo mesmo(a), só para estares com... (silêncio). O silêncio total é a cura da mente perturbada. Ele é a fonte do milagre da vida. Todo o amor, paz e alegria que procuramos fora reside em nós. A verdade revela-se por si mesma quando deixamos de procurar fora o que já somos dentro.

É na mente que os problemas e desequilíbrios têm origem e é nela que a perceção irreal de ti próprio(a) e do que experimentas no mundo deve ser corrigida. Não é ao acaso que as palavras *"meditar"*, *"medicamento"* e *"medicina"* têm a mesma natureza. Todas elas significam *"tratar, curar"*, *"saber o melhor caminho para"*.

A meditação é um remédio natural para a mente.

Meditar também pode ser decomposto na palavra *"me"* e *"ditar"*. Em silêncio e em quietude podemos sempre recorrer ao Divino em nós para que Ele nos dite a verdade. Guiados por Ele a palavra é sábia e a aprendizagem é inteiramente amorosa e curadora. Ela remove todas as máscaras que criámos para ocultar a nossa face real.

Aos meditares, abres espaço para que o eterno e o universal se manifestem em ti. Em estados de meditação profunda os pensamentos não têm mais lugar e é possível experimentar o vazio da mente que, ao contrário do vazio que se sente quando estamos em ego, nos concede tranquilidade e plenitude. Nesse momento em que a mente está vazia, não há nada a temer, não há nada para fazer, não há nada para procurar, não há nada para alcançar. No mais puro silêncio tudo é Deus, pois Deus É.

No mesmo instante em que aceitamos Deus em nós, a paz de espírito sucede-se logo em seguida. É um estado de grande lucidez e de equilíbrio em que a nossa mente está em perfeita sintonia com o entendimento universal. Nesse ponto, todas as forças que se opõem à nossa luz são anuladas e a mente está vazia para unicamente sentir a presença viva de Deus. Nada mais importa nesse instante santo, pois tudo o que importa está mesmo aqui em nós e pode ser vivido agora.

"A mente tem de estar vazia para ver com clareza."

[Jiddu Krishnamurti]

A calma e a tranquilidade também podem ser experimentadas pela contemplação. Podes fazer uma caminhada pela natureza, andar de bicicleta, de carro ou de transportes públicos, observando e estando inteiramente atento à vida presente. O ato de observar sem julgar ou nomear pode ser feito com ou sem movimento. O corpo pode movimentar-se, estar em atividade, mas estando presente em espírito, nenhuma flutuação mental nos pode perturbar. Mantendo a atenção plena no presente, os períodos de silêncio tornam-se mais duradouros e a paz também. Podes estar em qualquer sítio a qualquer hora e manter o estado meditativo. Esse é o teu estado natural. E tudo o que é natural está em perfeito equilíbrio.

Na arte de silenciar a mente está o teu ponto de equilíbrio.

(silêncio)

"Podemos ter certeza de que a maior esperança para manter
o equilíbrio face a qualquer situação repousa dentro de nós mesmos."
[Francis J. Braceland]

Com a prática meditativa e contemplativa serás capaz de sentir-te cada vez mais tranquilo(a) e sereno(a), de permanecer cada vez mais tempo nesse ponto de equilíbrio onde nada te perturba. O momento certo para tudo acontecer é sempre agora. As vozes faladoras do ego deixarão de dominar a mente e o espírito assumirá o seu lugar natural. Nunca deixamos de o ser. Desse modo, o ego torna-se no que sempre foi: um nada sem qualquer significado; apenas uma sombra irrisória do ser verdadeiro.

Um instante foi o suficiente para nos esquecermos. Mas um instante também é o suficiente para nos lembrarmos novamente.

Calmo e sereno, o espírito nada diz ou faz para se defender, porque em silêncio a verdade fala por si.

"Nada fortalece a autoridade tanto quanto o silêncio."
[Leonardo da Vinci]

(silêncio)

Apego

Para entendermos como o *"eu"* (ego) estabelece relacionamentos de apego no seu mundo, vamos conciliar o que já sabemos até aqui com o problema sujeito-objeto.

O problema sujeito-objeto é uma questão filosófica que surge a partir da ideia de que o mundo é composto por objetos (as entidades) percebidos por sujeitos (os observadores). Esta divisão da experiência resulta na questão sobre como os sujeitos se relacionam com os objetos. Nós somos o sujeito que observa as entidades e as quantifica e qualifica. Por outras palavras, existe um sujeito que julga um mundo de acordo com a sua perceção individual. Esta relação sujeito-objeto existe apenas segundo a visão do ego que cria a ilusão de um *"eu"* que percebe *"os outros"* como seres separados de si mesmo. Já na visão do espírito tudo está perfeitamente unificado nele mesmo, e por isso a separação entre o sujeito que percebe e o objeto percebido é inexistente. Tendo isto em conta, façamos a revisão de algumas coisas.

Tal como vimos no capítulo *"Personalidade"*, à medida que o tempo passa a nossa personalidade é moldada em função do nosso autoconceito e do significado que atribuímos às experiências passadas. Por sua vez, as experiências passadas são filtradas pela nossa personalidade e assim criamos uma realidade subjetiva, isto é, uma representação da realidade sujeita às nossas próprias crenças. Deixamos de ver a realidade tal como ela é agora, impecável, sem passado, visto que internamente a substituímos por uma representação mental dela. Como se estivéssemos a ver um mapa em vez do próprio mundo, um mundo virtual em vez do mundo real.

Não é por acaso que a palavra *"preconceito"* deriva das palavras *"pré"* e *"conceito"*. Não vemos as pessoas e as coisas pelo que são no agora, mas conforme os nossos conceitos pré-feitos. Daí o termo *"pré-conceito"*.

Todos os julgamentos que fazemos são uma referência do nosso passado, não a realidade. No seu mundo egocêntrico, cada um de nós reproduz uma realidade para si mesmo que não pode ser partilhada com os outros. Neste cenário assombroso montado pelo ego, ele afirma na calada *"eu estou só"*. Essa sensação de estar à parte de tudo e de todos, isolado nas fantasias da nossa mente, é o que gera em nós o sentimento de solidão.

Dessa maneira, o ego toma o nosso próprio lugar na nossa mente e substitui o amor total que somos por medo. Não sendo capaz de ver a realidade na sua plenitude por estar preso a um passado particular inventado por si mesmo, o ego frágil e incompleto procura algo ou alguém que o complete nas relações que estabelece. Partindo de uma história pessoal, ele depende das coisas que fazem parte da sua história para se completar e satisfazer. Assim, o nosso sentido de identidade é fragmentado no tempo. As memórias que guardamos das pessoas, das coisas e dos lugares tornam-se parte da nossa identidade, e a todos eles atribuímos um significado especial na nossa mente.

Entretanto, esse significado especial gera apego, pois faz com que cada pessoa, coisa e lugar se torne numa representação mental de algo que sentimos que nos pertence. Em consequência disso, acreditamos implicitamente que somos o que temos. Casa, carro, família, amigos, animais de estimação, emprego, negócios, objetos de valor, dinheiro, fama, estatuto social, títulos, conhecimento... tudo é um objeto de coleção na história pessoal do ego. É assim que construímos um conceito de felicidade baseado no que ilusoriamente pensamos ser e ter.

Sob essa perspetiva, quanto maior é o desejo de possuir e de fundir algo ou alguém no "eu", maior é o apego. Tornamo-nos totalmente dependentes do que desejamos, e inconscientemente construímos uma vida feita de prisões mentais que inevitavelmente nos enchem de preocupações.

"E se ele(a) se cansa de mim?"

"E se ele(a) vai embora?"

"E se ele(a) me trai?"

"E se ele(a) morre?"

"E se perco a minha família?"

"E se eu perco o meu cargo?"

"E se eu perco o emprego?"

"E se não consigo pagar as despesas?"

"E se fico sem casa?"

"E se fico sem dinheiro?"

"E se fico sem comer?"

"E se perco o meu estatuto?"

"E se perco a minha beleza?"

"E se não consigo ter um(a) filho(a)?"

"E se não atinjo os meus objetivos?"

"E se fico doente?"

"E se não consigo superar esta doença?"

"E se morro?"

Por cada coisa ou pessoa a que o *"eu"* se apega está a atração pelo medo. Os *"se(s)"* que gritam na nossa mente não são mais do que paranoias do ego que faz-nos crer que temos algo a perder na vida. Todavia, nada há a perder a não ser a própria ideia ilusória da perda. Afinal, quem poderia perder algo sendo o Todo?

O medo da perda não diz respeito a coisas, pessoas ou lugares, mas ao medo de perdermos parte do que sentimos ser. Ficar sem uma parte da nossa identidade é o mesmo que morrer. Derivado desses pensamentos de medo, por cada coisa, pessoa ou lugar que perdemos, sofremos.

"O apego é a fonte de todo o sofrimento."

[Buda]

Isto acontece porque à parte de todas essas coisas que colocamos dentro de uma identidade apegada a este mundo, não sabemos quem nem o que somos. Somos um vazio, um completo *nada.*

Entretanto, esse *nada* é justamente a resposta para todas as nossas questões que o ego busca ocultar a todo o custo, já que o autorreconhecimento honesto e sem medos de que somos *nada* é o primeiro passo para sair da sua ilusão. Até que tomemos consciência total do que é ser *nada*, o ego continuará indefinidamente à procura de algo ou alguém para tentar preencher esse mesmo *nada,* apenas para mais tarde poder culpá-lo pela sua própria miséria. É desta maneira que ele usa as coisas e as pessoas para justificar a raiva e a frustração que secretamente mantém contra nós por se sentir incompleto.

Quando permitimos que o ego na sua perceção limitada tome conta das nossas relações o *amor* vira obsessão, possessão, controlo e manipulação; uma autêntica prisão. Sentimos insegurança, mágoa, tristeza, melancolia, angústia, ansiedade, ciúmes, inveja, raiva e ódio por cada vez que as expectativas do ego não são correspondidas, ou seja, sempre que algo ou alguém é perdido ou nos desilude.

Toda a desilusão é ilusão do *"eu"*.

Neste mundo gerado pelo ego, não existe paz. Há uma inquietação constante que nos impede de nos sentirmos seguros *"na nossa própria pele"*. Portanto, o apego ao que está *fora* de nós torna-se na única forma do ego procurar alguma segurança e de sobreviver.

As pessoas a quem mais te apegas são as que mais te farão sofrer. E as pessoas que mais se apegam a ti são as que mais sofrerão por ti. Julgamos que a isso chamamos amor. Contudo, amor que gera dor não é amor verdadeiro, mas apego por medo. Sejas tu que dependes dos outros para ser feliz ou os outros que dependem de ti para serem felizes, nunca existirá um perfeito equilíbrio na relação. Haverá sempre a possibilidade do amor se transformar em ódio ou em dor. E tudo o que se transforma no oposto de amor não é amor.

Enquanto acreditares que tu és essa voz que fala alto na mente e faz de ti um corpo mortal, a relação de medo disfarçado de amor continuará a existir. Não serás capaz de amar incondicionalmente, pois onde existe um *"eu"*, existe medo. O amor que faz de ti um ser incompleto, dependente de coisas e pessoas, é medo.

O ego nunca reconheceu amor algum em si mesmo, já que ele mesmo foi *feito* sem amor. Todavia, uma vez que amor é o que toda a criação de Deus é, mas pensa que precisa de buscar, o ego deu a sua resposta através da ideia absurda de que poderíamos encontrá-lo através da união com outro corpo. Assim, construiu uma falsa ideia do que é a união em amor.

"Eu (sujeito 1) recebo a ti (sujeito 2), como meu/minha legítimo(a) esposo(a), prometo ser fiel, amar-te e respeitar-te, na alegria e na tristeza, na saúde e na doença, na riqueza e na pobreza, por todos os dias da minha vida, até que a morte nos separe."

As promessas de amor que fazemos são vãs, pois nada que se baseie numa união temporária tem algum significado real. Acaba por ser um pouco deprimente saber que a união de dois corpos no final acabará na morte e na separação. Dar valor à forma é dar valor ao ego. E o ego não conhece o amor.

"O amor vai muito para além da pessoa singular da pessoa amada.

Encontra o seu significado mais profundo no seu ser espiritual,

no seu eu interior."

[Viktor E. Frankl]

Desde o dia do nascimento até ao dia da morte do corpo muitas coisas e muitas pessoas passam pela nossa vida. Mas nenhuma coisa nem nenhuma pessoa é realmente nossa. No entanto, vivemos todos os dias da nossa vida como se nos pertencessem. É importante refletir sobre o assunto porque, sem nos darmos conta, estamos a perder tempo a depender de coisas, de pessoas e de lugares para sermos felizes.

Lembremo-nos que:

Sem *nada* viemos a este mundo

e sem *nada* partiremos dele.

Em todas as circunstâncias da tua vida, só há uma única coisa que se manterá sempre contigo. E não será a morte que vos separará, mas a união em perfeito amor que vos unirá. Ele é o Espírito eterno que a todos engloba. A união é inconcebível através do corpo, mas é perfeitamente real na mente. A única promessa real de amor eterno é a que fazemos na mente, pois aí somos deveras inseparáveis. O corpo nada mais é do que uma forma efémera projetada pelo ego. Para ele, a mente é algo privado e só o corpo pode ser partilhado. Mas os corpos não se podem unir nem comunicar perfeitamente como na mente. O amor que nutrimos uns pelos outros só pode ser total na mente em Espírito, pois espírito é o que todos somos. É na mente de que todos fazemos parte que o amor verdadeiro é conhecido. Portanto, a única coisa que permanece para além de uma existência corpórea é a mente. E não há dádiva maior do que viver de mente tranquila.

Uma mente em paz não é uma dádiva pequena.

Nada paga o preço de uma mente serena.

Para experimentar uma vida leve em paz e em harmonia, a prática do desapego e do perdão é fundamental. Quando for a tua vontade genuína perdoar todas as falsas imagens que fizeste de ti mesmo(a), igualmente terás a oportunidade de te libertares dessas dependências que criaste e de viver o amor verdadeiro. Não é um amor de apego que cega e aprisiona aqueles que dependem dele. É amor que tudo liberta, que tudo alcança, que tudo aceita e que dá sentido a tudo.

"No final, só três coisas importam: quanto amaste,

quão gentilmente viveste, e quão graciosamente

te libertaste de coisas que não te eram destinadas".

[Buda]

Todo o medo de perder as coisas, as pessoas e o corpo desaparece. O medo nada mais é do que a negação do amor. Ambos são incompatíveis. Ou estamos em medo ou estamos em amor. Um estado parcialmente amoroso será sempre medo, pois o amor é só pode ser total. Tudo o que nos amedronta encontra-se à sombra da nossa luz e existe apenas até que aceitemos e integremos por completo em nós. Nessas condições, a sombra deixa de estar à parte da nossa luz, e o medo passado transforma-se em amor presente.

Para se ser amado é preciso amar. Para se receber por inteiro é preciso dar-se por inteiro. Em amor perfeito deixas de ter limites. É amor que dás sem condições, sem medos, pois dar e receber são o mesmo. Assim que dás, recebes instantaneamente porque tudo está em ti. É amor recursivo, infinito, que nunca acaba. Essa é a tua herança natural e és tu verdadeiramente.

"O amor não tem idade, não tem limite; e não morre."
[John Galsworthy]

Acima de tudo, podemos aproveitar esta oportunidade que nos foi concedida para nos amarmos novamente. E no final, deixar este mundo agradecidos e com a consciência tranquila de que fizemos o nosso melhor para que a memória do amor fosse restaurada na nossa mente.

Concede ao amor uma nova chance e permite-te ser amado(a) pelo Divino em ti. Ele sempre te acompanha e apenas espera uma oportunidade para te abrires para Ele. O amor que Ele tem para te oferece é a tua herança natural. E se o aceitares, estarás a aceitar o que tu mesmo és.

Tu és amor perfeito.

Coloca a tua fé nisso e em nada mais, pois a fé perfeita em cada relacionamento surge unicamente da fé perfeita em ti mesmo(a). Confia inteiramente no que és, e o teu amor será dado por inteiro a todos aqueles que se esqueceram de que também o são. É amor que tudo perdoa, que não guarda mágoas ou rancores e que se estende para tudo e todos infinita e incondicionalmente.

O que tu és nunca foi perdido. Em quietude na mente, permite-te receber o amor que sempre foste e nada mais precisarás. Nada faltará àqueles que dão o que são, porque o amor tudo inclui.

Sê o amor que o mundo precisa, partilhando com ele o que tu és verdadeiramente. Aqueles que te rodeiam olharão para ti e ver-se-ão a si mesmos. Contigo eles libertar-se-ão dos seus apegos e se recordarão o que é estar livre de julgamento – o que é ser livre de amar genuinamente.

"Vós, irmãos, fostes chamados à liberdade…
servi-vos uns aos outros pelo amor".
[Gálatas 5:13]

O amor perfeito está ti. Portanto, nada há a fazer para o presenciar senão…

(silêncio)

Emoções

Por dia milhares de pensamentos passam pela nossa mente e por cada fluxo de pensamentos são geradas emoções. Estejamos a passar por estados de grande entusiasmo ou de grande desânimo, nenhum deles é gerado sem a força do pensamento (exercida consciente ou inconscientemente). Isso quer dizer que **a forma como pensamos determina significativamente a forma como nos sentimos.**

Não falamos somente da influência dos pensamentos na forma, mas também no ritmo e na intensidade das emoções. Ao longo do tempo, a nossa flutuação emocional pode variar bastante. Ela tenderá a ser tanto maior quanto mais pensamentos passam pela mente desgovernadamente, e tanto menor quanto menos pensamentos são gerados. Portanto, **o ritmo e a intensidade da atividade mental determinam o ritmo e a intensidade da atividade emocional**.

Mais consciência envolve menos variações emocionais. Menos consciência envolve mais variações emocionais. Quando emocionalmente experimentamos picos de humor, significa que a mente entrou em piloto automático, ou seja, como observadores não estamos a exercer o papel de estar consciente dos pensamentos que passam na mente, discernindo o que somos do que pensamos. As emoções continuarão a surgir intensamente até que, por um instante, retomemos a consciência do ser que está no agora e consigamos estabelecer uma certa distância entre nós e o conteúdo da mente. Só esse instante de reconhecimento pode poupar-nos muitos transtornos.

Não existem pensamentos neutros, posto que eles estão sempre a produzir algo em alguma direção. Se os pensamentos que alimentamos são benevolentes, produziremos naturalmente estados de bem-estar e de paz interior. Se, por outro lado, alimentamos pensamentos nocivos, tenderemos a experimentar o sofrimento. Pensamentos dirigidos especificamente a coisas ou pessoas não têm qualquer relevância. No final, só o próprio pensador se pode beneficiar ou sofrer com os seus próprios pensamentos. Se desejamos bem, naturalmente usufruímos da sensação desses mesmos pensamentos em nós. Se desejamos mal, sofreremos igualmente as consequências da sensação provocada por esses pensamentos. Podemos escolher entre beber o elixir da vida e viver, ou beber o próprio veneno e morrer. Tudo é uma questão de escolha.

Portanto, as emoções que sentimos são uma consequência do que é produzido na nossa mente. Estando cientes disso, é possível inverter o processo, lembrando que, conforme o que queremos sentir, podemos direcionar os pensamentos para produzir esse resultado. Perante isto, o que sentimos não é determinado por fatores externos, mas pelos pensamentos que escolhemos alimentar. Do mesmo modo que os pensamentos são escolhas, as emoções também o são. Se queremos experimentar a liberdade emocional, não faz sentido atribuir qualquer culpa ou responsabilidade aos eventos, às coisas ou às pessoas pelo que sentimos. Nada nem ninguém nos pode fazer tão bem ou tão mal quanto as nossas próprias decisões internas, assim como nada nem ninguém tem o direito de determinar como nos devemos sentir. Isso é um direito nosso reivindicado a partir do instante em que assumimos inteira responsabilidade pela nossa própria felicidade.

**O poder de decidir como nos fazem sentir
é responsabilidade nossa, bem como a nossa liberdade.**

Tendo esta noção, sabemos que mudando a forma como pensamos mudamos igualmente a direção das nossas emoções. Não controlamos pensamentos nem emoções, mas podemos decidir que significado têm para nós.

A capacidade de compreender, perceber e usar intencionalmente as emoções traduz-se na inteligência emocional. Ela sucede a habilidade de identificar emoções em nós mesmos, também chamada consciência emocional. Já a observação emocional diz respeito à capacidade de sentir emoções sem sermos arrastados por elas. Isso é perfeitamente possível com a prática da observação consciente dos pensamentos.

A habilidade de unicamente observar o conteúdo mental sem o julgar permite-nos não só abandonar o controlo, como despersonalizar o conteúdo. Não havendo nenhum estado de identificação nem necessidade de controlo, o envolvimento emocional com os pensamentos deixa de existir e o drama interno acaba. É a necessidade de atribuir significado e classificar os pensamentos como bons ou maus, certos ou errados, desejáveis ou indesejáveis, que gera apego emocional e consequentemente sofrimento. O apego existe enquanto nos identificamos com o que pensamos. Sem identificação não há apego e o conflito acaba.

Quando pensamos algo como *"eu não devia pensar/sentir isto!"* ou *"eu não quero pensar/sentir-me assim!"*, estamos apenas a reforçar a experiência emocional que não desejamos. A finalidade não é rejeitar o que sentimos, mas meramente deixar fluir. Para que isso aconteça, a aceitação do que nos vem à mente tem de ser total. Só assim podemos aceitar passar por todas as emoções sem nos apegarmos e sofrermos com elas.

Pensamentos são como nuvens passageiras no céu. Se lhes damos demasiada importância, a mente tenderá a ficar *"nublada"* e criará uma tempestade emocional que parecerá nunca mais acabar. Simplesmente deixando passar os pensamentos, como se nada fossem, fará o trabalho necessário de dissipar o turbilhão emocional.

"Pensamentos são visitas. Sentimentos também. Deixe ir e vir.

Permaneça como testemunha. Este é o segredo."

[Mooji]

Em alguns momentos poderá ser mais complicado desapegarmo-nos dos pensamentos, pois a obsessão por reviver mentalmente algumas experiências pode ser significativa, especialmente quando nos referimos a traumas e vícios. No entanto, se conseguirmos abrir espaço suficiente entre os pensamentos, podemos recorrer a uma pequena oração ou algumas afirmações para nos recordarmos da verdade e libertar a mente desses pensamentos. Podemos afirmar algo como:

"O que eu sou está eternamente em silêncio e em paz agora.

Liberto todos os pensamentos e entrego-os ao Divino

para que se faça luz na minha mente."

Repetir esta afirmação algumas vezes é o suficiente para trazer à consciência que o que somos é totalmente quieto e silencioso, e os pensamentos são apenas memórias que podemos libertar. Desse modo, em vez de rejeitar os pensamentos e mantê-los na sombra, podemos trazê-los à luz da consciência para serem libertos; livres de qualquer mágoa ou dor. Assumindo uma nova direção para os pensamentos, as emoções assumem igualmente outro rumo, trazendo a paz que advém da clareza mental.

Em múltiplas circunstâncias os pensamentos poderão condensar-se novamente, fazer chover e trovejar por algum tempo. Ainda assim, não tardarão a partir para dar lugar a um belo arco-íris num céu limpo e claro, onde por fim o estado de paz e quietude é novamente revelado.

Assim como o arco-íris sucede a chuva,

também a alegria sucede a tristeza.

É dessa forma que conseguimos experimentar tudo sem nos apegarmos a nada. Tendo isto em mente, os pensamentos e as emoções desvanecem-se naturalmente, pois tudo o que é inconstante é também passageiro. Nada nos pode prender ao prazer nem à dor, porque a escolha é sempre um direito nosso. Então, que escolhamos sempre a favor do que permanece para sempre connosco.

Mente nublada, céu nublado.

Mente limpa, céu limpo.

(silêncio)

Fragmentos

O que em tempos fui,

Já há muito se foi.

O que antes era,

Já nada mais é.

O tempo me magoou

E assim me quebrou

E me estilhaçou.

Fragmentos de mim

Assim foram lançados

Num tempo e espaço

Em que me desfaço.

Cada investimento

Feito neste mundo

Esgotou o meu ser

Para enfim morrer.

A alegria e o amor

Já aqui não habitam.

E de coração vazio,

Só a tristeza e a dor

Em mim coabitam.

Amedrontado

E atormentado,

Olho pró passado

E me vejo despedaçado.

Em mil pedaços me dividi,

E em nenhum deles me revi.

O que restou de mim,

Nem nome tem.

Oco por dentro,

Fiquei sem centro.

O desejo e o anseio

Fizeram-me cheio

De muitos nadas.

Nada me preenche,

Nada me satisfaz.

O vazio me consome

E já não tenho fome.

Agora só busco a paz

Que inacreditavelmente

Encontro justamente

No completo vazio

Da minha mente.

Então,

Havia uma razão

Para me esvaziar,

Porque só assim

Me poderia revelar.

O meu reencontro

É feito no ponto

Onde nada começou

E nada acabou.

Agora,

Eu sou.

A essência da vida

Nunca está perdida.

Apenas foi esquecida

Entre memórias

Que contam histórias

De um passado

Fragmentado

Que nunca fui

Nem jamais serei.

Vazio de passado

E renovado no presente,

Pleno eu já sou,

Porque ser nada

É ser pleno.

(silêncio)

Função do Ser (I)

Como pudemos constatar até aqui, Deus é a Verdade, e a verdade não é subjetiva. Ela não varia em função do que pensamos, não relativiza, não transige, não assume partidos, não depende de opiniões nem de crenças para ser o que é. A verdade é universal, constante, imutável, permanente, inteiramente consistente e coerente consigo mesma. Tudo o que estende a Sua natureza só pode ser perfeitamente lógico e racional, isto é, só pode estar em conformidade com a razão. Se não houvesse nada que fosse verdadeiro na nossa vida, então ela não teria sentido e não haveria razão alguma para existirmos. Com isto em mente, utilizaremos a arte do pensamento lógico para desenvolver esta ideia.

Neste capítulo, vamos por meios matemáticos descrever como atua o nosso *ser* em função da sua identidade. Não será necessário que compreendas os cálculos, mas que apenas me acompanhes no raciocínio para entenderes como a nossa existência é definida nas dimensões do tempo e do espaço na nossa mente. Acredita que vale a pena, pois a conclusão a que vais chegar comigo é de extrema importância. Embora possa parecer estranho aplicarmos a matemática para abordar o *ser*, ela é decididamente a arte do saber científico. Se queremos confirmar a validade de um certo raciocínio, o melhor a fazer é mesmo usar a própria ciência do raciocínio.

Todo o conhecimento que acumulámos ao longo da nossa história tem sido empregue para termos e fazermos muitas coisas neste mundo. Todavia, pouca tem sido a sua aplicação no estudo da nossa própria natureza. O *ser* é algo abstrato, mas nem por isso deixamos de poder aprofundá-lo pelo saber que desenvolvemos. Ele está em todas as áreas de conhecimento que possamos imaginar. Sem ele, nada existiria. Nesse sentido, aplicaremos a linguagem matemática para demonstrar que o *ser* também está representado nela.

Tanto o *ser* como a matemática comunicam universalmente e conjugam o racional com o abstrato. Nem sempre é fácil conciliar estas duas dimensões em nós, visto que existe uma certa tendência em buscar a diferença ao invés do que é comum em ambas. Ao sermos capazes de integrar as duas formas de pensamento, a arte e a ciência, a intuição e a lógica, a compaixão e o saber unem-se no mesmo e único propósito. É com essa meta em vista que iremos abordar **a função do ser**.

Definir ou quantificar o nosso *ser* parece-nos difícil, para não dizer mesmo impossível. Ele aparenta ser composto por inúmeros fatores e a sua complexidade parece variar de indivíduo para indivíduo. Essa é a perceção que temos quando buscamos compreendê-lo de fora para dentro e não de dentro para fora. Todo o comportamento do *ser* é um reflexo da mente. Consoante o seu conteúdo, assim nos comportamos e percecionamos o mundo ao nosso redor. **A mente é única e imutável. O que está em constante mudança é o que ela *cria* em si mesma.** Assim sendo, vamos conhecer o *ser* em função do que está contido na mente.

Tendo em conta que o *ser* deriva da nossa mente, podemos estabelecer um domínio que tem por base a relação entre espaço e tempo psicológico, expressos em anos de existência. Falamos, portanto, do espaço-tempo que internamente experimentamos na nossa mente. Poderíamos considerar em grosso modo que esta relação se refere ao tempo de vida face ao espaço que esse tempo ocupa na nossa vida. No entanto, porque a vida transcende o tempo e o espaço, aplicamos o termo *"psicológico"* associado à nossa atividade mental em vez de *"vida"*. O *"viver"* baseia-se unicamente no *ser* presente. Já o *"existir"* é fundado no tempo psicológico, isto é, em memórias passadas. Desse modo, o tempo e o espaço são formas de pensar que limitam o *ser* ao *existir*.

"O tempo e o espaço são modos pelos quais pensamos

e não condições nas quais vivemos."

[Albert Einstein]

Uma vez feita a introdução do âmbito em que nos inserimos, entraremos no domínio da matemática para conhecer o *ser*.

Comecemos por conhecer o conceito de *"função"* na matemática que nos auxiliará no nosso raciocínio. Uma função f é uma relação entre dois conjuntos quaisquer A e B, e uma regra que permite associar a cada elemento de A um único elemento de B. Ao conjunto A chamamos *Domínio* e ao conjunto B *Contradomínio*. Podemos expressar esta relação na seguinte forma:

$$f: A \rightarrow B$$

Por conseguinte, para cada valor de x que pertence ao domínio A existe um único valor y (ou $f(x)$) que pertence ao contradomínio B. Matematicamente isto é expresso do seguinte modo:

$$y = f(x) \longleftrightarrow \{x \in A \ e \ y \in B\}$$

Aplicando à nossa realidade, vamos definir f como a *função do ser* em que atribuiremos dois conjuntos: Tempo (T) e Espaço (E). Para cada valor de x que pertence ao Tempo existe um único valor y (ou $f(x)$) que pertence ao Espaço. Isto é expresso da seguinte forma:

$$y = f(x) \longleftrightarrow \{x \in T \ e \ y \in E\}$$

A partir daqui, assumiremos que o tempo e o espaço não podem ser negativos, pelo que o intervalo aplicado aos valores dos conjuntos Tempo e Espaço situa-se entre zero e infinito $[0; \infty]$.

Uma vez reunidos os elementos que constituem o nosso alvo de estudo, explicaremos matematicamente como a nossa função do *ser* pode ser expressa através da relação entre tempo e espaço mental.

Vamos concentrar-nos numa função específica que obtemos na seguinte forma: $f(x) = 1/x$. Esta função irá expressar a divisão do nosso *ser* ao longo do tempo. Uma operação de divisão é sempre definida por um numerador e um denominador. Assim, temos:

Numerador	Aquele que enumera, conta
Denominador	Aquele que nomeia

Portanto, vamos assumir que o *ser* na nossa mente é único, representado pelo valor 1. Por outro lado, x é um valor indeterminado que vai nomear o *ser*, isto é, vai atribuir um sentido de identidade que define o *ser* no tempo psicológico. Esta função é expressa no eixo do tempo x e no espaço y através do seguinte gráfico:

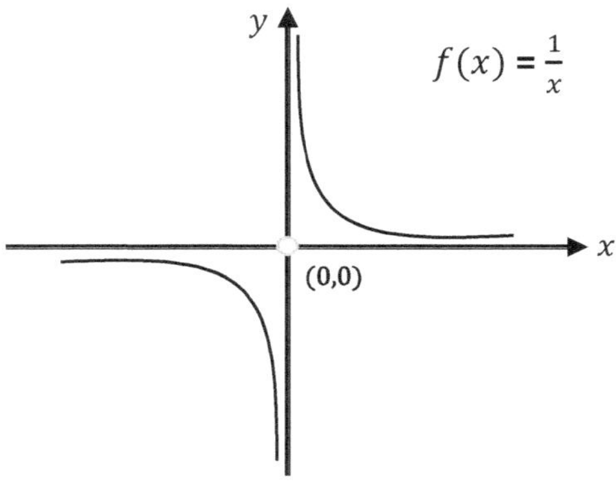

Os elementos apresentados no gráfico e a função expressa servirão para conciliar o que já descobrimos até aqui. No gráfico, o eixo horizontal corta o eixo vertical. O eixo horizontal é também chamado eixo das abscissas, cuja palavra deriva da ação de *"cortar" (scindere)*. Neste âmbito em que descrevemos, o tempo é a dimensão que corta, que separa o espaço na nossa mente, dividindo o nosso *ser* que nela habita.

Tendo isto em conta, aplicaremos a noção de *"limite"* da nossa função $f(x) = 1/x$ para compreendermos como uma identidade fragmentada pelo ego pode ser limitada e tirar daqui algumas conclusões-chave. Temos então que:

$$\lim_{x \to a} f(x) = \frac{1}{x}$$

Utilizaremos esta função para avaliar o limite do *"eu"* ao longo do tempo, aplicando-o a possíveis realidades. Desse modo, vamos supor os seguintes casos:

Caso 1

"Eu fui casado durante vinte anos com uma mulher que era a minha companheira de vida e colega de trabalho. Ambos éramos funcionários públicos e fazia quase vinte e sete anos que exercia essa função. O trabalho era enfadonho e o casamento com a minha mulher tinha-se tornado uma rotina. Não via a hora de me reformar para poder ter alguma liberdade e fazer o que queria.

Tinha por hábito jogar na lotaria na esperança de mudar de vida. Certo dia, a sorte bateu-me à porta e ganhei o primeiro prémio no valor de milhões de euros. Nunca achei que fosse homem de grande sorte, mas naquele dia senti-me o homem mais sortudo do mundo. Finalmente poderia abandonar de vez a vida medíocre que levava e começar de novo como tanto ansiava.

Sem pensar duas vezes despedi-me do meu emprego, divorciei-me da minha mulher, e mudei-me para uma zona de luxo onde comprei um casarão. Não perdi muito tempo para adquirir um carro desportivo e um iate também.

Um ano depois, casei-me com uma mulher belíssima e bem jovem por quem me apaixonei durante uma viagem de cruzeiro. Durante cinco anos consecutivos, desfrutei de todos os prazeres da vida possíveis e imagináveis. Mas assim como rapidamente enriqueci, também rapidamente empobreci.

Ao fim de um ano já não tinha dinheiro para manter o iate, por isso acabei por vendê-lo. Por ironia do destino, meio ano depois, o meu carro desportivo foi roubado numa ida a um bar. Nos seis meses seguintes, fui obrigado a penhorar o casarão por dívidas acumuladas no casino, onde por vezes perdia pequenas fortunas.

Pensei em comprar uma casa mais pequena com o dinheiro que ainda me restava, mas a minha "jovem esposa" largou-me nesse mesmo ano, roubando-me o pouco que me restava. Ela só estava interessada em mim enquanto era milionário. Foram oito anos na companhia de uma mulher que não valia nada.

Ao fim de nove anos após ter ganho a lotaria, fiquei na total miséria. Tudo o que ganhei foi pelo ralo abaixo. E agora cada dia que passa parece uma eternidade e os meus pensamentos atormentam-me.

Os tempos em que trabalhava como um funcionário público e os anos que me mantive casado com a minha primeira esposa parecem um paraíso comparado com o que vivo agora. Não vejo qualquer possibilidade de voltar a arranjar um emprego, tal é a vergonha que sinto. Afinal, quem quereria empregar um ex-milionário na sua meia-idade? Seria a chacota de toda a gente! Recuso-me a passar por tal humilhação...

Encho copo após copo até perder os sentidos, pois nada mais me resta a fazer senão tentar esquecer tudo o que me aconteceu. Tudo virou um passado que não quero mais lembrar..."

Caso 2

"Sempre fui muito dedicada ao meu trabalho e à família. Casei-me com o homem por quem me apaixonei e tive dois filhos. Desde nova sempre fui muito aplicada nos estudos e em todas as atividades em que me envolvia, e eu era o orgulho dos meus pais.

Sempre empenhada em tudo, trabalhava arduamente como chefe de equipa para ajudar a empresa onde estava há seis anos a crescer. Todos me admiravam e respeitavam-me por ser tão focada e responsável, ao ponto do diretor recomendar-me para um departamento maior. Aceitei prontamente o novo cargo como diretora, pois isso implicaria um aumento salarial significativo, um carro dado pela empresa, entre outras regalias.

Tudo parecia perfeito tal como sempre sonhei. A família ia bem, a carreira ia bem, e até podia antever a compra de uma casa maior e talvez ter mais um filho. Na altura, não fazia ideia do que isso implicaria. Apenas anos mais tarde percebi quão caro pagaria por não ter medido as consequências das minhas escolhas.

Ao fim de quatro anos a trabalhar no novo cargo, consegui poupar o suficiente e comprar a casa de sonho que tanto queria com uma vista fantástica para a cidade no topo de uma colina. A casa era muito mais espaçosa e os miúdos podiam brincar à vontade no jardim e banhar-se na piscina. Sentia-me super realizada na altura. No entanto, o meu desejo por ter uma menina nunca chegou a concretizar-se.

As viagens que fazia diariamente de casa para o trabalho eram mais longas por ter passado a habitar fora da cidade. Comecei a acumular funções que não imaginava que me iriam ocupar tanto tempo. Chegava cada vez mais tarde a casa e exausta. O meu marido tratava do jantar dos miúdos e na hora da minha chegada, já todos dormiam.

Tinha agora melhores condições para lhes oferecer e muitas coisas para lhes comprar, mas o tempo para eles era praticamente inexistente. Além disso, uma vez por outra tinha de estar presente nos eventos intercidades e internacionais da empresa, o que me roubava por vezes alguns fins de semana.

Passado sete anos após a minha promoção, o meu marido pediu-me o divórcio. Ao fim de dezasseis anos casados, os laços familiares que nos uniam romperam-se. Ele tinha-se cansado da minha ausência e acabou por encontrar outra pessoa.

À beira de um colapso nervoso, decidi meter baixa e ficar por casa por uns tempos. Foi então que percebi que os meus filhos, já com treze e quinze anos, pareciam uns desconhecidos para mim. Nós não nos entendíamos e com alguma frequência discutíamos. Pensei que poderia ser por estarem na fase da adolescência, que é uma fase tão complicada para eles. Mas não tardou muito até perceber que a revolta deles era contra mim.

Acusavam-me de ter vendido o meu tempo por dinheiro, viagens e prestígio. Naquele momento, senti como se tudo me tivesse caído aos pés.

Após o divórcio, eles optaram por viver com o pai com quem estavam mais familiarizados e tornaram-se no espelho de um casamento fracassado e de uma família estilhaçada. Os meus filhos que em tenra idade eram o meu maior tesouro, agora só me traziam tristeza e angústia no coração. No fim de contas, a família que construí e pensei ser o meu maior sonho, foi-se. A casa que comprei outrora para aumentar a família e vê-los crescer era agora demasiado grande só para mim... vazia... sozinha...

De repente, a alta posição que desempenhava e dava-me reconhecimento e estatuto deixou de ter qualquer importância para mim. Ao fim de mais dois anos, acabei por demitir-me. Não conseguia mais suportar estar ali. Vendi a casa na colina onde vivi durante cinco anos e voltei para a casa dos meus pais para fugir ao pesado sentimento de culpa e fracasso que sentia dentro de mim.

Deitada na cama, a olhar para o vazio, sinto-me deprimida pela vida perdida. Após tanto tempo investido numa carreira que destruiu a minha família, sinto que nada vale a pena o esforço e que começar de novo só me trará mais sofrimento."

Quebrando o diálogo interno deste estado ilusório do *"eu"*, vamos analisar agora estes casos. Tratam-se de exemplos que aconteceram ou poderiam acontecer-nos, mas dos quais estamos a aprender a manter uma certa distância, uma vez que não é o tempo psicológico que faz de nós o que realmente somos agora. O passado já era. O que realmente somos permanece sempre no agora.

Cada um dos casos descreve uma série de eventos associados na mente de cada indivíduo a vários *"eus"*. Vamos transcrever cada estado de identificação quantitativamente em tempo psicológico.

Olhando para o primeiro caso e recolhendo valores concretos, podemos tirar as seguintes conclusões:

"Eu fui casado com a minha colega de trabalho por 20 anos";

"Eu fui funcionário público durante 27 anos";

"Eu fui milionário durante 5 anos";

"Eu tive um iate durante 6 anos";

"Eu tive um carro desportivo durante 6 anos e meio";

"Eu tive uma mansão por 7 anos";

"Eu fui casado com uma bela mulher durante 8 anos".

Atribuindo à variável x cada sentido de identidade e calculando o limite para cada caso, obtemos os seguintes resultados:

Identidade	Anos	Limite
"Eu fui casado com a minha colega de trabalho"	20	$\lim_{x \to 20} 1/x = 0{,}05$
"Eu fui funcionário público"	27	$\lim_{x \to 27} 1/x = 0{,}04$
"Eu fui milionário"	5	$\lim_{x \to 5} 1/x = 0{,}2$
"Eu tive um iate"	6	$\lim_{x \to 6} 1/x = 0{,}17$
"Eu tive um carro desportivo"	6,5	$\lim_{x \to 6{,}5} 1/x = 0{,}15$
"Eu tive uma mansão"	7	$\lim_{x \to 7} 1/x = 0{,}14$
"Eu fui casado com uma bela mulher"	8	$\lim_{x \to 8} 1/x = 0{,}13$

Analisando o segundo caso, concluímos que:

"Eu fui chefe de equipa durante 6 anos";

"Eu fui diretora durante 7 anos";

"Eu fui casada durante 16 anos";

"Eu tenho um filho com 13 anos";

"Eu tenho um filho com 15 anos";

"Eu tive a minha própria família durante 16 anos";

"Eu tive uma casa na colina durante 5 anos".

Mais uma vez nomeando a variável x por estes sentidos de identidade e calculando o limite para cada caso, obtemos o seguinte:

Identidade	Anos	Limite
"Eu fui chefe de equipa"	6	$\lim_{x \to 6} 1/x = 0{,}17$
"Eu fui diretora"	7	$\lim_{x \to 7} 1/x = 0{,}14$
"Eu fui casada"	16	$\lim_{x \to 16} 1/x = 0{,}06$
"Eu tenho um filho com 13 anos"	13	$\lim_{x \to 13} 1/x = 0{,}08$
"Eu tenho um filho com 15 anos"	15	$\lim_{x \to 15} 1/x = 0{,}07$
"Eu tive a minha própria família"	16	$\lim_{x \to 16} 1/x = 0{,}06$
"Eu tive uma casa na colina"	5	$\lim_{x \to 5} 1/x = 0{,}2$

Podemos verificar pelos resultados que para cada *"eu"* que representa um estado de identificação limitado pelo tempo, há uma percentagem finita que ele ocupa na nossa mente. Isto significa que para tudo o que possamos tentar ser ou ter neste mundo há um fim, ou seja, existe um limite. Nunca conseguimos estar nem ser completos. Acabamos por limitar a nossa própria existência ao tentar satisfazer as necessidades do *"eu"*, pois por cada coisa ou pessoa que se torna parte da nossa história pessoal ou deixar de fazer parte dela, existe a ideia ilusória de que ganhamos ou perdemos algo. Na verdade, tudo o que o ego nos oferece são meras ilusões. Nada que seja conquistado na perceção individualista do ego dura para sempre.

No primeiro caso, o *"eu"* supunha que era infeliz e que a fortuna que ganhou seria um bilhete rumo à sua felicidade. Mas não tardou muito a perceber que ter dinheiro era apenas uma condição que lhe permitia experimentar mais coisas no mundo e sentir prazeres temporários, não ser deveras feliz.

A felicidade eterna nunca é conquistada
por coisas que têm um prazo de validade.

No segundo caso, o *"eu"* tinha uma família que era motivo da sua felicidade, mas o seu desejo de realizar-se a nível profissional e obter o que queria com essa posição fez com que se distanciasse da sua própria família, levando ao seu fim. Pensamentos como *"a minha carreira", "a minha casa", "a minha família",* tudo isso são reflexos das fantasias do ego que procura saciar a sua sede insaciável, assumindo papéis e possuindo coisas no mundo. Por detrás das aparências mantemos muitas máscaras que usamos ao longo do tempo. E em nenhuma delas nos podemos fiar, pois o que é uma máscara da felicidade hoje pode tornar-se numa máscara da infelicidade amanhã.

Podes dizer que *"eu sou belo(a)", "eu tenho um belo corpo", "eu sou saudável", "eu sou popular", "eu sou muito conhecido(a)", "eu tenho muitos seguidores", "eu sou inteligente", "eu tenho estudos superiores", "eu tenho muito conhecimento", "eu sou doutor", "eu sou ambicioso(a)", "eu sou um(a) conquistador(a)", "eu tenho muita experiência", "eu tenho muito poder", "eu sou rico(a)", "eu tenho uma carreira de sucesso", "eu tenho uma empresa", "eu tenho um bom carro", "eu tenho uma bela casa", "eu sou casado(a)", "eu tenho namorado(a)", "eu tenho amigos", "eu tenho filhos", "eu tenho netos", "eu tenho pais", "eu tenho avós", "eu tenho um cão", "eu tenho um gato", "eu tenho uma bela família", "eu tenho alguém especial",* mas todos esses *"eu sou(s)"* e *"eu tenho(s)"* não são constantes. Um dia podes ser e ter como podes deixar de ser e ter sem qualquer garantia. São todas falsas identificações de ti mesmo(a) que te trazem felicidade ilusória. Todas essas satisfações são incertas, mutáveis e temporárias, e porque têm essa natureza, também podem trazer dissabores.

Tudo nesta existência pode ir e vir.
O tempo só vai.

Sempre que nos identificamos com algo limitado por um intervalo de tempo, o sofrimento pode advir como consequência do final dessa mesma coisa. Não havendo nada certo e definitivo em nós, a vida torna-se num caos absoluto. No entanto, como te disse, a vida não é feita de sofrimento porque ela não se prende às inconstâncias deste mundo. É apenas quando nos identificamos com essas variáveis que o sofrimento parece não ter fim.

O ego divide e estilhaça o *ser* único que és em pequenos fragmentos espalhados pelo tempo. E quanto mais te identificas com todos esses fragmentos e afirmas *"isto sou eu"*, *"isto fui eu"* ou *"isto serei eu"*, menos evidente se torna para ti o que realmente és. Os teus pertences, as *tuas* pessoas, as tuas capacidades e habilidades estão sujeitos aos caprichos do ego que faz da vida um acumulado de coisas temporárias.

Desse modo, a vida não se baseia no *"ser"*, mas no *"ter"*, o que faz de ti um ser insignificante, inteiramente dependente da ilusão de um passado para continuar a existir. A existência aparente num corpo é temporária, mas o *ser* é presente e eterno. Por essa razão, por mais que pudesses ter todas as coisas e todas as pessoas (do teu passado ou de um futuro remoto), toda a saúde, beleza, poder e riqueza do mundo, ainda sentirias que algo te falta. Existe um vazio em ti que não pode ser preenchido por ilusões. Isso acontece porque tu não és um ser fragmentado por várias coisas como essa voz que fala em ti te faz crer.

O que chamamos sucesso na vida traduz-se muitas vezes em quantidade e não em qualidade. Podemos ter muitas coisas, muitas pessoas, muitas atividades, mas não temos o tempo para as apreciar inteiramente. Aliás, para uma parte significativa das pessoas da sociedade moderna, o excesso tornou-se na norma. Excesso de coisas que raramente usamos, raramente valorizamos e raramente prestamos atenção. São troféus que colecionamos e que em nada refletem a essência da vida.

É assim que o ego vende uma vida de ilusões, fazendo-te crer que quanto mais tens e mais conquistas, mais feliz és. Contudo, por cada coisa em que depositas o teu sentido de identidade está a tua perdição. Não serás capaz de ser feliz sem o que conquistaste e/ou o que queres conquistar. Por isso, apegas-te a essas ideias para definires o que és e para teres algum valor e reconhecimento neste mundo. Essa busca do teu valor no mundo é o que te dá a sensação de insatisfação constante.

O teu valor não depende do tempo, não depende do que fazes, do que tens, do que sentes nem do que pensas. Mas o ego julga que sim. É dessa forma que te iludes, divagando nos seus incontáveis pensamentos. Olhas para o passado, olhas para o futuro, procurando sempre entre o que veio antes e o que virá depois o que tu és e o que te fez ou fará feliz. E a verdadeira apreciação da vida que poderia trazer-te felicidade neste exato instante em quietude na mente, tu não vês. Isso o ego garante que não existe, ocupando-te com tudo o que tu não és.

O ego é uma ilusão baseada na crença do que pensas ser. Para que ele sobreviva na mente, nunca poderás ser inteiramente feliz nem estar plenamente satisfeito agora. Ele usa o tempo para entreter a mente com o que nunca está no presente. As suas metas são sempre projeções de uma felicidade ilusória que não pode estar no agora. Acreditando que és esse *"eu"* individual baseado num histórico pessoal, o ego conspira contra ti, afirmando silenciosamente que ***"eu não sou suficiente"***. Esse é o segredo guardado a sete chaves que o ego quer que tu mesmo(a) acredites e protejas para que nunca te vejas como um ser completo e jamais coloques em causa esse falso *"eu"* com que te identificas.

Sozinho e incompleto, assim divagas num mundo feito de ilusões em busca de tudo o que já és. É dessa forma que todos os investimentos que tens feito neste mundo refletem-se numa busca infindável que acreditas cegamente que te levará a algum lugar. Porém, a tua única garantia é de que nunca alcançarás o sossego e a paz total, já que o ego sempre te forçará a procurar em fantasias o que só pode ser encontrado em ti mesmo(a).

"Quando ele(a)…";

"Quando eles…";

"Quando eu for…";

"Quando eu conseguir…";

"Quando eu chegar lá…";

"Quando eu tiver…";

"Quando tudo estiver bem…";

"Quando, quando, quando…?"

…NUNCA!

A Terra do Nunca é a Terra do ego, onde o *"quando"* nunca é atingido porque, entretanto, o tempo num corpo acaba e a nossa existência é reduzida a pó.

"A espécie humana é a única que sabe que tem de morrer."
[Voltaire]

A sua meta nunca foi a nossa felicidade, mas uma insana e incessante busca da felicidade *"lá fora"* que só poderíamos encontrar aceitando a verdade em nós. A morte é o único final que o ego nos reserva. Não há nenhum plano de felicidade eterna, pois a sua única garantia é que no final morreremos como corpo, limitando o nosso *ser* no tempo. Não ganhamos nada, pois tudo o que se conquista neste mundo, neste mundo fica. Por esse motivo, não faz sentido algum lamentar pelo que deixamos de ser, de ter ou de fazer, porque tudo não passou de uma ideia louca inventada pelo ego para nos iludir com a crença de que a perda é real.

O que é real e verdadeiro não se altera com o tempo e se estende infinita e intemporalmente. Na nossa essência, buscamos o que é contínuo e infinito. Há algo em nós que não se contenta com limites nem pode ser contido. Isso está para além do tempo e do espaço, muito além das nossas ideias limitadas do que possa ser a felicidade plena.

Tens tentado achar no mundo um sentido de identidade que te preencha plenamente, pois nas constantes exigências do ego, procuras fora de ti o amor e a aceitação que só poderiam vir do *ser* divino que és. Poderias ser inteiramente feliz e completo(a), buscando fora de ti o que tu não és? Então por que razão ouvirias a uma voz que te fala de felicidade futura, quando tu já és tudo agora? Certamente que se tivesses a certeza de que essa voz que te projeta para o passado e o futuro não és tu, já terias aceite plenamente o que és agora. Nenhuma divagação dessa voz te convenceria em momento algum de que deves buscar a felicidade noutro lugar senão em ti mesmo(a), porque **a felicidade e o que tu és são inseparáveis.** A felicidade nada exige, mas o ego tudo exige para ser feliz.

ego: *"Quando tudo estiver bem, eu serei feliz."*

espírito: *"Feliz."*

O espírito é a própria felicidade do agora. Em momento algum essa verdade nos abandonou. Todavia, foi uma escolha nossa a abandonarmos, quando permitimos que outra voz assumisse a nossa identidade e nos impelisse a procurar *fora* o que já somos *dentro*. Tal ideia louca só nos poderia levar à infelicidade e à insatisfação. Qualquer estado de identificação com o ego abre precedentes porque está sempre associado ao passado. Estamos continuamente presos a algo que nos limita no tempo psicológico.

O espírito segue uma natureza oposta ao ego. Tudo o que ele é, encontra-se acessível neste momento presente. Como espírito, já és tudo o que mais aspiras no agora. As necessidades e desejos passageiros que buscamos saciar como escravos do ego jamais poderiam preencher o espírito que já é pleno. Desse modo, focando apenas neste mesmo instante de mente vazia, voltamos ao ponto (0,0) que se encontra justamente na intersecção do eixo do tempo e do espaço – o único instante em que nada se ganha ou se perde, nada alguma vez iniciou ou acabou. Sendo *nada*, regressas à estaca zero – a tua origem – Deus.

É no ponto zero que nos reencontramos com Deus.

O ponto zero é o único ponto que cruza as dimensões do tempo e do espaço no momento presente e anula as ilusões do ego. Nesse ponto, o positivo e negativo, o passado e o futuro, todos os opostos anulam-se e tudo volta a ser o que sempre foi. O novo e o velho, o aprendiz e o mestre reencontram-se nesse único instante e podem ser experimentados no mesmo ser. Tens em ti a criança inocente, pura, alegre e criativa, capaz de experimentar tudo como novo sem medos ou julgamentos. E também tens o velho sábio sereno e tranquilo, de pensamento maduro, cujo saber inato e experiência de vida atravessa todos os tempos. Passe o tempo que passar, aconteça o que acontecer, ele tem a consciência de que a mesma verdade permeia toda a vida e ela é incontestável. Assim, perfeitamente firme em ti mesmo(a), aceitas o ser completo que és. O amor faz de ti um ser livre e de mente aberta que envolve tudo no mesmo e único ponto onde tudo é absoluto, mesmo sem *nada* ser.

Entre ser tudo e ser nada, entre ter tudo e ter nada,

nada é sempre garantido.

Não precisas de *"ser coisas"*, de *"ter coisas"* nem de *"fazer coisas"*. Para estares plenamente feliz, só tens de permitir-te regressar ao *nada* que és. Nada há a temer, pois não há nada neste mundo que te possa acrescentar ou retirar algo ao que já és neste instante. Então, o que te falta para que te sintas pleno(a)? **Nada, zero.**

No instante em que regressas ao zero, deixas de ter limites.

"Zerar" a vida é permitir que toda a culpa e medo que carregas nas tuas memórias passadas seja anulada pelo Divino em ti, aceitando na eternidade do agora o ser perfeitamente inocente e amoroso que és. É permitir que renasças a cada instante como um novo *ser* que nunca deixou de ser o que é. Ninguém te pode julgar nem catalogar. Não há um passado que te limite, nem um futuro que tolde a tua visão. O que tu és permanece sempre em quietude neste único instante onde o tempo e

todas as ilusões de ti mesmo(a) se desvanecem. Podes escolher agora abdicar dessas falsas memórias que carregas contigo, libertando toda a tua bagagem. Só isso te impede de aceitares tudo o que já és. Em total respeito e amor, honra a Divindade em ti e permite que tudo o que não és seja liberto e a memória original do espírito se manifeste natural-mente.

Ser espírito é ser livre.

Para o ego que te limita ao passado, o tempo é sempre significativo. Sendo o espírito um ser que nunca teve início nem fim, o tempo não tem qualquer significado para ele. Podemos dizer que, ao contrário dos fal-sos *"eus"* do ego, o tempo que limita o espírito é sempre zero. Dessa forma, vamos confirmá-lo com a nossa função matemática.

Se o espírito é *nada* para este mundo e *nada* assume o valor zero, então ser espírito é ser igual a zero e o tempo é sempre zero. Temos então que para $x = 0$ o limite é:

$$\lim_{x \to 0} 1/x = \infty$$

"Vocês não percebem!? Eu não tenho limites!"

[Jim Carrey]

À medida que tendemos a aproximar-nos de zero, o limite tende a ser infinito. Sendo o tempo igual a zero para o espírito, o espaço que ele ocupa na nossa mente é ilimitado. Ele é todo o *ser* que habita a nossa mente por inteiro. Nunca houve outro *ser* na nossa mente senão o pró-prio espírito perfeitamente unido a si mesmo. Por estas linhas, chega-mos à conclusão de que:

Ser espírito é ser tudo, ilimitado, infinito.

E se o espírito é *nada*:

Ser nada é ser tudo, ilimitado, infinito.

Aqui finalmente demonstramos que não existem limites para o que podemos atingir na vida a não ser aqueles que são autoimpostos. É a crença limitante do que pensamos ser que *cria* limitações na nossa vida. Só isso pode reduzir-nos a uma existência limitada, caso contrário tudo em nós é ilimitado. Ser *nada* é ser sem limites e, portanto, todo o nosso potencial criativo também o é. Nada pode ser negado ao *nada*. E tudo o que se aproxima do *nada* aproxima-se do infinito. Relembrando que Deus também é igual a *nada* para este mundo, podemos dizer por outras palavras que:

Tudo o que se aproxima de Deus aproxima-se do eterno.

O *nada* tudo engloba porque se estende infinitamente. E o que tudo engloba está em perfeita paz e harmonia consigo mesmo. Quando nos aquietamos e os pensamentos são substituídos pelo silêncio total, o falso estado de identificação com alguma coisa deixa de existir. As memórias de um ser individual num mundo inóspito dissolvem-se. Toda a ilusão do *"eu"* é desfeita. Não há corpo, não há mundo, não há nada. Tudo o que parecia ser limitado pelo tempo e pelo espaço é reduzido a nada. Não existe ego, não existe separação. A lembrança do *ser* é total, transcendendo todos os limites e alcançando a união perfeita; a paz absoluta. Atingimos o Nirvana e a iluminação é plena. Não existe mais escuridão, não existe mais inferno. Só um vasto *nada* sem início e sem fim.

Poderíamos aplicar muitas palavras para descrever a experiência do Todo. Contudo, o que é vazio de palavras é indescritível, inexprimível, incomparável. Simplesmente É.

Tudo É.

Tudo deixa de *existir* porque só o *ser* é possível e é real. Se não há tempo a limitar, também não há existência. Tudo que resta é apenas um único e inequívoco *"Ser"*.

"O tempo dá legitimidade à sua existência. O tempo é a única verdadeira unidade de medida que dá prova da existência da matéria.

Sem tempo, nós não existimos."

[Filme Lucy (2014)]

Deixar de existir como corpo pode ser amedrontador. Contudo, o corpo é a forma fundamental que o ego utiliza para aprisionar-nos à sua ilusão e limitar-nos como ser. Sem tempo, tanto o ego como o corpo deixam de existir para dar lugar ao puro espírito. Desse modo, a criação lembra-se do Seu Criador e se funde com Ele. Só o eterno agora permanece, totalmente livre de qualquer significado atribuído pelo mundo. Ser *nada* é ser sem nome, inominável. Não há palavra que possa limitar o que é ilimitado. E com esta simples demonstração matemática, comprova-se que:

Deus, Espírito, Amor é ilimitado.

O inverso também se verifica. Se considerarmos que o espírito é eterno, o seu tempo poderia ser definido como infinito, isto é, nunca acaba. Então, ajustando o valor do tempo para infinito, temos que para $x = \infty$ o limite é:

$$\lim_{x \to \infty} 1/x = 0$$

Para um *ser* infinito como o espírito, o limite do espaço que ele ocupa na nossa mente é inevitavelmente zero. Ou seja, quando nos tornamos em tudo, tudo volta ao zero absoluto – *nada*. Ser *nada* é ter zero limites. Os extremos do intervalo de tempo [0; ∞] refletem o mesmo e único *ser*. Nunca houve separação entre o absoluto nada e o absoluto tudo. Chegamos assim à conclusão que **ser nada é ser infinito e ser infinito é ser nada.** O tudo e o nada são inseparáveis e exatamente a mesma coisa, por isso **ser tudo é ser nada**.

*"Para ser grande, sê inteiro: **nada***

Teu exagera ou exclui.

Sê todo em cada coisa. Põe quanto és

No mínimo que fazes."

[Ricardo Reis – heterónimo de Fernando Pessoa]

Com esta demonstração também concluímos que:

Deus, Espírito, Amor não limita.

O que é ilimitado não pode limitar. A vida, a felicidade, a paz e a alegria eterna que procuramos alcançar sempre estiveram neste exato momento onde tudo é a mesma coisa, imutável e intocável. A eternidade que procuramos não pode ser vivida num mundo temporário baseado em crenças limitantes, mas na mente que se esvaziou para encontrar-se a si mesma. Nós somos a própria felicidade, a paz, a harmonia e o amor que buscamos fora. No final:

Tudo é Nada, Vazio, Deus, Espírito, Amor, Paz.

Se prestarmos atenção ao símbolo do infinito (∞), percebemos que ele é uma (dis)torção do zero (0) (*se pegares num elástico e o torceres no meio, verás que ele forma o símbolo do infinito*). Isso quer dizer que, em última análise, até a ideia do infinito é uma ilusão. Ela resulta tão somente da distorção da nossa perceção. O que sempre existiu foi um completo *nada*...

(silêncio)

A própria ideia de infinito não seria possível sem o nada. O infinito é a projeção da divisão do próprio zero em duas metades. Mas o *nada* jamais se pode dividir. Ele nunca deixou de ser a mesma coisa desde sempre. Na prática, nunca houve mais nada do que o total *nada*, pois se houvesse, *nada* seria absoluto. Deus seria impossível e, consequentemente, nós seríamos impossíveis. Sendo um completo *nada*, nós somos possíveis. Por isso, tudo é possível.

Não negues a ti mesmo(a) o que és. Aceita neste mesmo instante o *ser* pleno que és em verdade. Tens agora a oportunidade de te libertares das crenças que te reduziram a um ser finito, abandonando por completo esses pensamentos irrisórios e limitadores que fizeram de ti uma sombra do que realmente és. Em profunda paz, tu és para sempre o perfeito Filho de Deus que este mundo desconhece, mas que na Mente de Deus é tudo o que há para ser conhecido – **puro amor**.

"Vejam como é grande o amor que o Pai nos concedeu: sermos chamados
filhos de Deus, o que de facto somos! Por isso o mundo não nos conhece,
porque não O conheceu."
[1 João 3:1]

Deus é Espírito e o Filho de Deus é tal e qual como o Seu Pai. Na Sua Mente, Ele testemunha a tua perfeita santidade como espírito para que a tua lembrança de onde estás e o que és se faça presente eternamente.

"O próprio Espírito testemunha ao nosso espírito
que somos filhos de Deus."
[Romanos 8:16]

Deus é a Testemunha perfeita do amor por tudo, porque Ele mesmo é o Amor perfeito, inteiro e não dual. O Amor não concebe o bem nem o mal, o certo nem o errado. Em sigilo absoluto, o Amor simplesmente é igual a Si mesmo e estende para todo o sempre o que Ele mesmo é.

Faria a vida algum sentido sem o Amor? Teria a vida alguma lógica se fôssemos algo diferente ou à parte do Amor? Pois toda a razão de ser e a função do ser sempre foram as mesmas: unicamente *Ser*.

"Ser ou não ser: Eis a questão!"
[William Shakespeare]

(silêncio)

Ser Dividido

Entre o céu e o inferno

Me encontro dividido.

Não sendo só bom

Nem sendo só mau,

Me sinto perdido.

Uns dias abençoado,

Noutros amaldiçoado,

Sofro com a inconstância

E com a impermanência

De uma existência

Sem consistência.

Ora sombra, ora luz,

Ora vítima, ora algoz,

Em mim fala a voz

Da dualidade

E da insanidade

Que em cada extremo

Não tem meio termo.

Dividido e incompleto,

Muitas coisas eu faço

E com nada me satisfaço.

Num corpo mortal me vejo

Nunca saciando o desejo

De ser pleno, de ser inteiro.

Quero viver o amor,

Quero estar livre da dor.

Mas a culpa me rejeita

E ao receio me sujeita.

Será medo de viver?

Ou de apenas ser?

Entre o céu e o inferno

Não mais posso viver.

Porque estar dividido

Me causa angústia

E me faz sofrer.

Nem vivo, nem morto,

Morto-vivo não posso ser.

Entre a vida e a morte

Só um posso escolher.

Entre o Céu e a Terra

Há o celeste e o terrestre.

Só um deles é constante

E só um deles posso ser.

Se o que aparento ser

Me iludiu e desiludiu,

Então que o Céu se abra

E me mostre a verdade.

Não mais cairei

Nas tentações vãs

De um mundo vão.

Não mais resistirei

À luz que me chama

E que noutros tempos

Eu neguei e rejeitei.

Às portas do Céu

Eu me encontro.

O silêncio é pedido

Para que tudo

Seja respondido.

Silencio e descubro
Que nada encobre
A verdade do ser
Sem ele querer.

Agora posso escolher
Erguer o véu escuro
E conhecer o Céu.

Firme no caminho,
O silêncio respondeu
Que o passado dual
Jamais aconteceu.
Dividido eu nunca fui,
Porque o ser é inteiro.

Deixo partir
O desejo de existir.
Para que o individual
Dê lugar ao universal.

As portas do Céu
Nunca se fecharam,
Porque elas também
Nunca se abriram.

O Céu já aqui está

Onde eu já estou

E tudo o resto está.

O que eu sou, já tudo é.

Em silêncio,

"Eu sou".

Mente Dividida

Chegamos ao capítulo-chave que iniciará o verdadeiro processo de triagem. Até agora temos falado da nossa mente como estando dividida entre duas identidades: ego e espírito. Vamos conhecer esses *"eus"* na nossa mente e erguer o véu que por tanto tempo encobriu a verdade em nós. Todo o saber que explorámos até aqui serviu para chegarmos a este ponto em que buscamos o esclarecimento total do *Ser*. Enquanto não for assim, haverá sempre partes desconhecidas em nós; *"zonas cinzentas"* que nos induzem em erro. E se há coisa que o ego é perito em *fazer* é manter-nos na ignorância que perpetua o erro.

O que aqui for exposto servirá para não deixar qualquer sombra de dúvida entre o que somos e o que não somos. Poderás resistir a muito do que aqui leres, em particular neste capítulo e no próximo, visto que o sistema de pensamento com o qual estás habituado a pensar e a perceber faz parte do ego que está em total oposição a Deus e, portanto, em oposição à tua real essência. No entanto, porque todos nós merecemos conhecer a verdade, ela será aqui revelada para que nada te falte agora. O que ofereço aqui é a oportunidade de conheceres um caminho alternativo entre tantos outros que te conduzem ao *"verdadeiro ser"*. Não te é pedido que aceites nada do que tens lido até aqui como absoluto, mas que pelo menos te permitas conhecer outra noção de *realidade* além daquela que criaste para ti mesmo(a), e tenhas abertura para questionares o significado e o sentido do que crês. Feitas as ressalvas, passemos às revelações.

A partir daqui, as águas entre o verdadeiro e falso serão separadas a fim de descobrirmos o propósito real para existirmos e reencontrar a paz em nós sem mais demoras. A verdade é muito simples. Tão simples que é, que parece impossível para a mente que se perdeu nos seus complexos devaneios aceitá-la para si mesma. Contudo, nada é impossível para o ser silencioso que habita nela e está em direta comunicação com o Divino. O seu caminho é claro e direto, pois a sua união com a verdade nega qualquer coisa que não seja simples. Posto isto, vamos percorrer o caminho da simplicidade com confiança e ficar a conhecer os dois domínios que se encontram na nossa mente.

A nossa mente está dividida entre a irrealidade e a realidade. Por um lado, temos o ego que faz do corpo a sua morada e a sua identidade, dando a ideia de que é um ser individual, concreto, limitado e temporário. Por outro, temos o espírito intemporal, sem forma, abstrato, e por englobar tudo e todos, excede a ideia de individualidade. Um faz parte do inconsciente, que está abaixo da superfície da consciência, e o outro faz parte do espírito, que está para além da consciência. Ambos parecem compor o nosso ser, mas como tenho referido até aqui, só um deles é verdadeiro. O outro é apenas a negação da verdade. Isso não só implica formas de pensar e de estar na vida incompatíveis, como a própria experiência da realidade para ambos é antagónica. Um mundo separado não é o mundo do espírito, assim como um mundo sem separação não é o mundo do ego. É por isso que para este mundo o espírito não existe. Ele é um nada que perante Deus e o Seu Reino é tudo.

O sistema de pensamento ao qual aderimos e o mundo em que depositámos todas as nossas crenças pertence ao domínio do ego onde nada é constante e nada permanece para sempre. É um mundo no qual nós não somos seres perfeitos, porque estamos apegados a uma figura individual, frágil e efémera feita à imagem do ego. Essa ideia necessita de ser desfeita na nossa mente se queremos estar em paz com o nosso ser real que é puro espírito unido a Deus.

As respostas dadas pelo ego para encontrar a paz nunca passaram de buscas infrutíferas no mundo do que só poderia estar na nossa própria mente. Sabendo isto, temos em nós o poder de percorrer o caminho que nos levará ao esclarecimento e à iluminação da nossa mente. Passemos então a uma explicação mais aprofundada do que foi desvendado até agora. De uma forma sucinta, poderíamos interpretar a divisão da mente através do seguinte esquema:

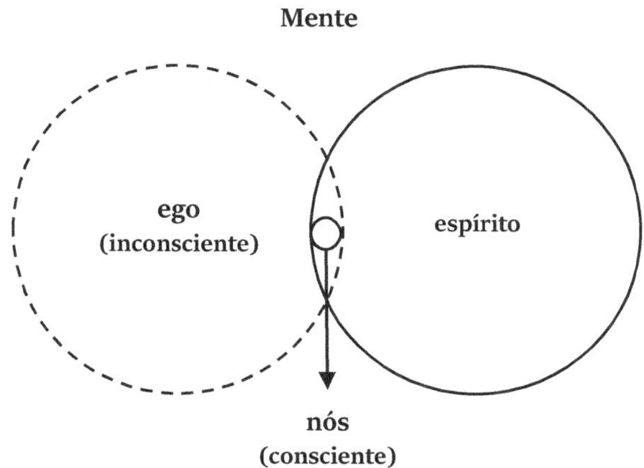

O esquema serve como base para ilustrar a identidade dividida na mente. A separação da mente entre ego e espírito não assume exatamente esta configuração, mas para uma primeira abordagem esta ilustração simplificada será o suficiente para poder descrever todos os elementos, dando uma visão geral do funcionamento da nossa mente em ambos os domínios.

Havendo dois sistemas de pensamento distintos, temos uma única mente que parece fragmentar-se entre o ego (inconsciente) e o espírito. O terceiro elemento (nós) representa a pequena parte consciente que se situa entre os dois. Entre o ego e o espírito, somos a consciência observadora que toma a decisão de seguir a voz do ego ou a voz por Deus. Tendo isto em conta, passemos à descrição dos dois domínios.

inconsciente – falamos do domínio do ego, também chamado mundo de ilusão, mundo irreal, inferior, ou mundo de separação. O inconsciente segue um programa automático baseado na sobrevivência e na ideia de individualidade. Ele é responsável pela projeção do mundo tal e qual como o vemos. Como Carl Gustav Jung (psiquiatra e psicoterapeuta suíço) afirmou, todos nós partilhamos o mesmo inconsciente que chamamos *"inconsciente coletivo"*. Todo o cenário complexo composto por múltiplos corpos individuais e autónomos que aparentemente percebemos com os nossos cinco sentidos, é na realidade um filme projetado pelo ego que por sua vez surgiu da ideia da negação de Deus. Não faz parte da criação de Deus, mas é parte da nossa ilusão da separação d'Ele que retém a culpa por detrás desta ideia. Esta culpa que se encontra instalada no inconsciente é projetada para fora da nossa consciência através de relações sujeito-objeto nas quais percebemos o erro e a falta no outro que na *realidade* existe em nós mesmos. Tudo não passa de um jogo de espelhos montado pelo ego, já que o único erro é a falsa ideia de que somos separados de Deus e a única falta é de Deus. Neste domínio, a **perceção é dual**, o tempo é sempre **passado** e a emoção sentida é o **medo**, que a um nível mais profundo da nossa psique simboliza o medo de Deus.

espírito – o domínio do espírito é o próprio espírito, também chamado mundo verdadeiro, real, superior ou unificado. Em algumas abordagens à consciência, este domínio é referido como a supraconsciência – um estado de consciência que transcende a ideia do ser individual. Porém, não iremos aplicar este termo para o espírito, uma vez que a consciência faz parte do domínio do ego que envolve separação entre sujeito-objeto. Se não houvesse separação, não haveria nada para estar consciente de. A pura consciência é apenas puro espírito. Aparentemente parece existir uma consciência superior que excede o nosso entendimento apenas porque concebemos o ego, dando a sensação de que estamos divididos entre o Céu e a Terra. Na nossa verdadeira essência, só somos espírito e por isso só fazemos parte do Céu. O espírito está em direto contacto com Deus, cuja natureza se mantém impecável e imutável. Ilusoriamente não é totalmente livre como o Espírito de Deus, porque embora tenha herdado d'Ele o seu potencial de criar, essa capacidade parece estar latente ou aprisionada pela culpa retida no inconsciente. A sua vontade que é a Vontade de Deus de estender o Seu amor, não é expressa enquanto a nossa escolha é feita com base no medo e na separação. Ao contrário do ego que apenas parece existir até a ideia da separação de Deus ser completamente desfeita, o espírito é eterno. Nele, o tempo e o espaço não existem, o que implica a inexistência de um *"eu"* individual. Tudo é espírito, tudo é uno. Não existem corpos individuais, nenhuma barreira ou separação. Uma vez que o ego seja desfeito, o seu domínio também deixa de existir. O inconsciente é dissipado da nossa mente, restando o puro espírito que ilumina tudo o que antes estava oculto. Desse modo, o nosso ser é reconhecido como sendo inteiramente livre, fundindo-se com Deus. Neste domínio **não existe perceção, mas apenas o ser universal**. O **presente é eterno** e a emoção sentida é o **amor** de Deus que excede a compreensão.

consciente – somos nós (por agora). Divididos entre o domínio inconsciente e o domínio do espírito, somos aquele que escolhe entre escutar o ego ou o Divino. A nossa natureza como observador dos pensamentos nos revela que não somos o corpo nem a personalidade que criámos para lidar com o mundo, ou não conseguiríamos separar o *"eu"* que pensa da consciência que observa o que está a ser pensado. A nossa função como consciência é estarmos abertos ao Divino para que todas as memórias de medo e de culpa alojadas na mente inconsciente sejam libertas e a unicidade em Deus possa ser vivida na sua plenitude. Este pequeno fragmento que restou da nossa consciência e com que nos identificamos é quase insignificante diante do intrincado e complexo filme que se passa no inconsciente e da grandeza infinita do espírito. Contudo, à medida que entramos cada vez mais em contacto com o Divino em nós, todas as memórias recalcadas do inconsciente são trazidas à luz da nossa consciência até serem totalmente desfeitas, e somente a recordação do Céu onde estamos com Deus permanece. Nesse estágio de consciência, somente o amor incondicional pode ser experimentado. A nossa mente atinge assim o estado de iluminação completa, conservando unicamente a realidade do espírito. Um presente sem memória é tudo o que *há* eternamente.

No esquema, podemos verificar que a circunferência do inconsciente – ego – aparece a tracejado. Isto serve para transparecer a ideia de que **o inconsciente é inteiramente irreal**. Na perceção inconsciente existem muitos seres no universo dos quais nesta existência só conseguimos ter uma perceção ínfima como um corpo. Isto dá-nos a impressão de que existem vários corpos e várias mentes separadas umas das outras capazes de pensar por conta própria. No entanto, essa ideia de ter pensamentos próprios e vontade própria apenas segue o roteiro do ego, cujo programa que corre no inconsciente simula a ideia do ser individual e autocriado que dividiu a sua própria mente, separando-se de Deus. Na realidade, **o livre arbítrio é uma farsa**, visto que todas as decisões que tomamos com base num ser individual à parte de Deus têm raiz no medo. Ninguém é verdadeiramente livre a não ser em espírito e em amor. Assim sendo, o inconsciente representa um mundo de ilusão que pelo medo e pela culpa oculta a nossa identidade real como espírito unificado. Neste domínio nada permanece para sempre e o que julgamos ser é apenas um equívoco. Como criação eterna de Deus, jamais poderíamos ser um corpo mortal destinado a existir uma única vez num período de tempo limitado. Tudo isso é engodo do ego que simulando consecutivas existências que terminam na morte da criação de Deus num corpo, nos aprisionam num ciclo infinito de morte e renascimento.

Uma forma eficaz de desfazer toda a irrealidade do inconsciente é aderir ao sistema de pensamento do Divino que nos ajuda a mudar a nossa perceção de medo para amor, de separação para união. Essa mudança de perceção é o que nos permite transitar gradualmente do mundo irreal para o mundo real. O mundo real é um mundo onde a separação e o medo não são mais percebidos. Perceção é separação, uma vez que envolve sempre uma relação entre aquele que perceciona e aquele que é percecionado. A perceção só dura enquanto a mente percebe-se como separada de Deus. Uma vez corrigido esse erro, a perceção dual da mente deixa de existir, sendo por fim transferida para o puro conhecimento de Deus que não envolve qualquer perceção ou separação. Nesse momento, tudo é perfeitamente uno e o amor é o único sentimento possível que tudo envolve. Todos nós somos um só espírito em Deus. A libertação do domínio do *"não eu"* é então a nossa meta real.

De uma forma sucinta, ficamos a saber como funciona a nossa mente dividida. Cada domínio da nossa mente é por si um mundo sem fundo, visto que ambas as partes englobam um universo inteiro em si mesmas. O ego envolve complexidade e multiplicidade. A dificuldade em compreender o universo produzido por ele é proporcional à dificuldade que temos em nos compreendermos a nós mesmos, considerando que somos apenas um único ser universal inseparável que se percebe ilusoriamente como uma parte do Todo. Quanto mais nos conhecemos, mais simples se torna a nossa perceção deste universo.

"Conhece-te a ti mesmo e conhecerás o universo e os deuses."

[Sócrates]

Nesse aspeto, o domínio do espírito é perfeitamente claro e simples. No seu universo nada mais *existe* para além do puro espírito indivisível. Podemos ter muita dificuldade em conceber tamanha abstração do nosso ser porque é impossível para o ego (com que estamos identificados) compreender o seu inverso. Definir o mundo do espírito como imutável, permanente, infinito, eterno é apenas tentar expressar por referências opostas a este mundo o que é a sua realidade inexprimível. Apenas a experiência do indizível pode colmatar a dificuldade que temos em compreender a realidade do espírito. Numa só palavra, ela é (silêncio).

"O silêncio como resposta fala muitas vezes mais

do que as palavras pronunciadas."

[Pensamento Rabínico]

No início pode ser difícil compreender e até mesmo aceitar uma visão tão radical da vida, especialmente quando não estamos familiarizados com este nível de profundidade do *Ser*. Todavia, não existe grande volta a dar quando queremos trazer a verdade à superfície da consciência, tendo em conta que à imagem de Deus nós não somos seres parciais. Não é possível explicar o que somos sem englobar tudo. Ou é total ou não é. Tanto a verdade como a ilusão têm de ser vistas pelo que elas são na plenitude. Ver meia verdade é não ver a verdade de todo. Sendo assim, tudo que percebemos neste mundo é pura ilusão. Transitar para o mundo real é aceitar a verdade e nada mais do que a verdade em nós.

A ideia de sermos um ser dividido entre o Céu e a Terra gera na nossa psique incoerências e conflitos muito mais profundos do que a pequena consciência que temos de nós e do mundo consegue conceber.

Estar em conflito e em sofrimento derivado desta identidade dividida inevitavelmente atingirá os seus limites. Isto significa que chegará um momento na nossa vida em que a separação entre a verdade e a mentira naturalmente ocorrerá. É literalmente impossível alcançar a paz total com dois sistemas de pensamento opostos. Ou somos o Todo ou somos uma parte. Ou somos um com Deus ou somos separados d'Ele. Ou amamos ou odiamos. Ou somos inocentes ou somos culpados.

Assim como não há um meio-termo entre o verdadeiro e o falso, também nenhum de nós poderá escapar ao caminho da união com a verdade. Cedo ou tarde todos olharão para si mesmos e buscarão desfazer o erro do que pensam ser. Serão as circunstâncias da própria vida que proporcionarão o caminho do despertar para o autoconhecimento de cada um a seu devido tempo. No início estranha-se, mas com a experiência direta entranha-se. O que se conhece uma vez não retorna ao desconhecido porque saber verdadeiramente é caminhar em direção ao que se é na essência.

"A essência do conhecimento é o autoconhecimento."
[Platão]

Tendo sintetizado os domínios que compõem a nossa mente, entraremos em mais detalhes no próximo capítulo.

Erguer o Véu

Uma vez levantada a questão da mente dividida, continuaremos a erguer o véu. Desta vez mergulharemos nas águas do nosso inconsciente, percebendo o que ele oculta, como funciona e como podemos desfazer toda a sua ilusão.

O mundo em que aparentemente existimos é tão insano como o sistema de pensamento do ego. Por esse motivo, ele jamais poderia ser criação de Deus, sendo, por exclusão de partes, produto do inconsciente que partilhamos em comum. Mencionei múltiplas vezes a mente como a *"nossa mente"*. Com efeito, a ideia de que as nossas mentes estão separadas é apenas ilusão do ego. Existe um único inconsciente coletivo a reproduzir um filme em que as mentes aparentam estar separadas umas das outras. Nesta simulação, temos a sensação de que conseguimos ter pensamentos privados e de que os egos são individuais. Porém, por detrás do inconsciente existe apenas um só ego que se faz passar por muitos, encobrindo a face real de um único ser. Se somos um só espírito fundido no Espírito de Deus, então a ideia de que somos muitos egos separados em corpos só poderia ser uma farsa. Essa é a verdade que o ego esconde nas sombras do seu mundo de medo e de separação.

O *"dentro"* e o *"fora"*, o *"interior"* e o *"exterior"* são duas faces da mesma moeda que fazem parte do sistema de pensamento dual do ego. Ambos os lados representam o mesmo e único ser que está equivocado quanto ao que é. É por isso que utilizei a expressão *"lá fora"* entre aspas. Não há ninguém *"lá fora"* que não seja uma representação mental nossa, uma projeção de pensamentos inconscientes que secretamente alimentamos contra nós mesmos. Portanto, tudo o que pensamos a respeito do outro e fazemos ao outro, nós pensamos a respeito de nós mesmos e fazemos a nós mesmos. Cada pensamento ofensivo que guardamos contra o outro é uma ofensa feita a nós próprios que afasta a paz da nossa mente.

Quem poderia estar em paz consigo mesmo, lutando contra pensamentos que pensa ter sobre o outro, mas que são sobre de si mesmo? *"Os outros"* são ilusão do ego.

"Nada sabemos da alma

Senão da nossa;

As dos outros são olhares,

São gestos, são palavras,

Com a suposição

De qualquer semelhança no fundo."

[Fernando Pessoa]

A palavra *"relacionamento"* deriva do latim *"relatio"* que significa *"ato de relatar ou narrar alguma situação ou de trazer alguma coisa de volta"*. Por sua vez, *"relatio"* vem da raiz *"relatus"*, forma do verbo *"refero"* que é constituída pelo prefixo *"re"* (repetição de alguma coisa), seguido de *"fero"* (levar, trazer, carregar ou dar). Portanto, *refero* significa literalmente *"voltar a levar"* ou *"trazer outra vez"*. Dito por outras palavras, as relações que estabelecemos com pessoas, coisas ou lugares, funcionam como um eco do que está na nossa mente. Cada relacionamento é uma narração de uma história mental criada por nós. A forma como percebemos a reação das pessoas ao que pensamos, sentimos, dizemos e fazemos são apenas repetições dos pensamentos que emitimos para nós mesmos. Tal como enviamos, assim recebemos de volta.

"O significado da comunicação é a reposta que se obtém."

[Pressuposto da Programação Neurolinguística]

O medo comunica com o medo e o amor comunica com o amor. Se a mente está focada no medo e no conflito, ela ecoa esses pensamentos e reflete-os nas relações. Se a mente está vazia, não há eco, mas apenas uma extensão nas relações do amor e da paz presente.

A comunicação só é corretamente percebida ao nível da mente e não da forma, pois é a mente que constrói a perceção que temos deste mundo. O que é visto, ouvido, dito e sentido tem apenas o significado que lhe atribuímos. Nenhuma coisa nos pode ferir ou magoar na nossa mente, exceto os pensamentos de ataque que inconscientemente mantemos contra nós mesmos. Tudo o que percecionamos no mundo que nos transtorne não passa de um filme projetado por pensamentos inconscientes de medo e de culpa.

Tal como pensamos, assim criamos.

A ideia da punição pelo pensamento ou ação praticado é sempre dada pelo próprio praticante que está equivocado quanto a si mesmo. Quem faz o *karma* e paga o *karma* somos nós mesmos, isto é, não existe qualquer intervenção Divina nesse sentido. Nós somos os únicos responsáveis por montarmos todo o filme na nossa mente. Poderia Deus ter feito um mundo com um sistema de justiça tão insano quanto este?

Deus não castiga porque o Amor que Ele é apenas responde ao amor. Assim, a punição é uma resposta do ego com o qual estamos identificados e que consistentemente responde ao medo e à culpa guardada no nosso inconsciente. Se sentimos culpa, não é porque de facto somos culpados, mas porque estamos iludidos quanto ao que somos. Todo o pensamento desprovido de amor presente é pura ilusão.

Todo o universo é um construto mental feito pela parte inconsciente da nossa mente que se vê separada de Deus.

Tenho dito que o ego é a negação de Deus. Isso significa que tudo o que experimentamos neste mundo é apenas uma simulação imperfeita da realidade perfeita de Deus.

Tudo o que aparentemente podemos experimentar e sentir de bom e de agradável neste mundo nunca é total nem permanente. Em situações extremas nem perto disso chegamos, já que o sofrimento e a miséria continuam a fazer parte da nossa experiência coletiva, embora nesses casos possamos respirar de alívio por não serem permanentes. Os corpos não se podem fundir. Eles nascem, crescem, envelhecem e morrem separados. E tudo o que construímos e conquistamos nesta existência com este corpo, seja casa, família, fortuna, carreira, fica neste mundo. Parece isto criação de Deus que é o próprio símbolo do Amor? Poderia Ele fazer parte de uma perceção tão pequena e tão tola da sua criação?

Se pensarmos em termos lógicos, não faz sentido que o eterno tenha criado o efémero, que o uno tenha criado o separado e que o amor tenha criado o medo. O que é então este mundo senão uma tentativa da criação criar sem um Criador? A criação de Deus é inocente e pura, mas na sua imaginação tola de estar separada d'Ele, *fez* um mundo insano para si mesma onde o medo e a culpa substituíram o amor e a inocência. O ego foi assim *feito* por ela sem amor. E o seu mundo foi tão bem *simulado* ao ponto de crer nele e sofrer com a sua própria invenção. Podemos concluir por estas palavras que quem *imaginou* este mundo à parte de Deus fomos nós, que somos a sua criação una. Ou, dito por outras palavras, somos o único Filho de Deus.

Quando afirmamos na espiritualidade que todos somos um, **nós literalmente somos um só. Somos o mesmo e único Filho de Deus.** Um único espírito, um único ser que fora da sua consciência *fabricou* um mundo à parte do seu Pai e ilusoriamente dividiu-se em muitos fragmentos neste universo que não é físico, mas inteiramente mental. Este mundo em que parecemos estar foi assim concebido para ocultar a verdadeira identidade do Filho de Deus e para substituir o Reino do Céu onde Ele realmente está. **Nós não somos o corpo, mas a mente por detrás da projeção do corpo e do próprio universo**. Os corpos foram *feitos* a partir do desejo inconsciente do Filho de Deus querer criar por conta própria e experimentar a individualidade. Esse desejo é o que faz a nossa perceção de corpos individuais. Não é uma escolha consciente, mas um desejo inconsciente que há muito foi esquecido.

O ego representa a culpa inconsciente do desejo de estar separado de Deus; uma ilusão, um sonho, um filme projetado pela nossa mente dividida entre real e irreal e que equivocadamente se perceciona como um corpo individual num mundo hostil para que nunca olhássemos para esta culpa escondida em nós. Perante Deus, essa culpa é inexistente, pois para Ele o ego e o seu mundo são simplesmente impossíveis. O que o ego nega é o próprio Deus, cuja realidade é incontestável. Posto isto, nenhum nome deveria ser atribuído ao ego. Contudo, uma vez que na nossa mente confusa ele é a falsa crença do que somos, damos-lhe um nome para apenas dar a indicação do que não é real em nós.

Diante dos filmes complexos gerados pelo ego e da grandeza infinita do espírito, o nosso papel é muito pequeno. A única coisa a fazer é nada fazer. Estar de mente presente e simplesmente silenciar e escutar o Divino, permitindo que Ele liberte todas as ideias ilusórias em nós, fará o trabalho por si. Ele é o nosso Guia que nos ajuda a desfazer toda a ilusão do que imaginamos ser. Despertar em Deus que sempre esteve presente na nossa mente é sair do sonho de separação para acordar para a realidade inseparável de Deus.

"Acordar para quem és, requer deixar de ser quem imaginas ser."

[Alan Watts]

A cada instante que passamos neste mundo é-nos dada a liberdade de escolha entre a paz ou a guerra, entre Céu ou o inferno. E por cada existência temos a oportunidade de nos libertarmos da prisão do falso *“eu”*, e regressar à nossa essência Divina. Uma vez que o ego seja totalmente desfeito em nós, a ilusão da escolha entre espírito ou ego deixa de existir, e só a paz de Deus perdura em nós.

Viver na paz de Deus é receber a maior de todas as dádivas.

Esta não é a primeira nem será a última experiência que temos como corpo enquanto estamos no processo de desaprendizagem e de libertação do nosso *ser*. Sendo o espírito eterno, jamais a vida poderia acabar apenas numa única existência com a morte de um corpo. Existência após existência, estamos acorrentados a uma dança infinita de morte e renascimento que em tempos, mundos e dimensões distintas, nos prendem à mesma e única ilusão. Em tradições filosóficas da Índia como o Hinduísmo, o Budismo, o Jainismo e o Sikhismo, este ciclo de morte e renascimento é considerado um fato natural, também conhecido pelo termo sânscrito *“samsara”*, que significa *“fluxo contínuo”* ou *“existência cíclica”*.

Sendo a reencarnação um ciclo contínuo de inícios e fins baseados em memórias passadas, fica evidente que neste mundo *“cá se faz, cá se paga”*. Não importa quantas dimensões de paraíso ou de inferno possam ser criados na nossa mente; tudo faz parte da mesma e única ilusão. Ninguém escapa à dívida da culpa e do medo que gerou em outras existências, a menos que desfaça o ego por completo em si mesmo. Aqueles que condenamos pelas suas injúrias e abusos agora, em outras existências ilusórias já foram injuriados e abusados por nós. Em cada existência como corpo, estamos sempre a trocar de papéis enquanto insistimos em alimentar a vingança e guardar a culpa, a mágoa e o rancor que nos impedem de sermos livres. Esta é a trama complexa e insana do ego em que estamos envolvidos.

O ego exige sempre a morte da criação de Deus. Mas sendo a nossa natureza imortal, só pelo ciclo infinito de morte e renascimento num corpo poderíamos ficar aprisionados à ideia ilusória de que temos um fim. Morrer e renascer sem estarmos cientes da dívida que guardamos nas nossas memórias inconscientes é a forma do ego nos enclausurar no seu filme doentio. Entretanto, o esquecimento de outras existências não só não apaga a culpa e a mágoa acumulada, como garante que a história da vítima e do carrasco se mantêm. Isso invalida por completo o nosso direito de julgar alguma coisa, porque a vasta maioria de nós desconhece o *karma* que carrega consigo.

Sob essa perspetiva, toda a necessidade de culpar alguém pelos nossos infortúnios não faz qualquer sentido. As injustiças que parecem ser praticadas contra nós começam sempre nos pensamentos de ataque que mantemos contra nós mesmos. Toda a raiva e ódio que sentimos pelo outro nada mais é do que uma tentativa em vão de diminuirmos a culpa em nós, aumentando-a no outro. No entanto, tendo consciência que *"o outro"* é ilusão do ego, o que fazemos é apenas reter a culpa em nós mesmos. Ninguém se livra da culpa projetando-a no outro, porque *"o outro"* também somos nós. Não há uma vítima e um carrasco, mas um único ser que se faz passar por ambos. Esse é o teatro que corre no nosso inconsciente, interpretado por um único ator que representa o papel de muitos. Se pudéssemos atribuir um nome ao autor deste teatro ele seria *"esquizofrénico"*. Isso é o que o Filho de Deus se tornou ao fragmentar a sua culpa de estar separado do Seu Pai em todos nós. Se queremos nos libertar deste círculo vicioso e atingir a completa libertação deste mundo dominado pelo medo e pela culpa, todas as memórias passadas necessitam de ser perdoadas, isto é, devem ser entregues ao Divino em nós que tudo desfaz.

O filme do ego de morte e renascimento continuará a rodar vezes sem conta no nosso inconsciente como uma fita de vídeo, e voltaremos a encontrar-nos em múltiplas existências em corpos diferentes, até que toda a culpa guardada nas nossas memórias que projetamos inconscientemente em nós, nas nossas relações e no mundo seja perdoada. Só então conseguiremos desfazer a ilusão do ser individual e mortal separado de Deus. Quando esse caminho na nossa mente é percorrido na totalidade, somos iluminados e o ciclo da reencarnação é quebrado. O jogo do ego termina, e despertamos em Deus onde o amor e a paz reinam incondicionalmente, sendo essa é a única realidade possível e intransponível.

A ideia de uma única existência sem retorno é parte do sistema de pensamento delusório do ego. O seu objetivo é incutir-nos o medo da morte, fazendo-nos crer que a vida é efémera e que depois da morte acabamos num nada sem significado, ou vamos parar ao paraíso ou ao inferno conforme o julgamento das nossas ações, feito por um deus dividido entre o bem e o mal. Esse modo de encarar a morte só poderia vir de um sistema de pensamento insano como o do ego. Qualquer coisa que tenha um início e um fim, ou seja julgada como boa ou má, está claramente em oposição a Deus que não concebe a dualidade. Enquanto permanecemos num estado de identificação com uma ilusão, a confusão entre real e irreal, vida e morte, amor e medo, continuará a fazer parte da nossa experiência.

Ser um com Deus é transcender a dualidade deste mundo, cuja sombra oculta a verdade em nós. Nesse sentido, atingir a iluminação total significa não conceber nem perceber a escuridão que envolve o medo, a doença, a morte e a culpa. Isso jamais poderia ser criação de Deus, logo, também não poderia ser criação nossa. É apenas um estado impossível em que algo *imaginado* ou *sonhado* à parte de Deus *parece* existir. Portanto, a forma apropriada de usar a negação é negar que tudo o que não vem de Deus tem o poder de nos afetar.

Tudo o que não fala de Amor não fala de Deus e não fala de nós. Nesse caso, tudo o que há a fazer é não dar qualquer validade ao que nunca poderia ter acontecido. Nada deve ser levado a nível pessoal porque só o ego acredita ser uma pessoa. Se somos um só espírito, então a ofensa e o ataque não têm qualquer significado. E se nos sentimos ofendidos ou atacados, a resolução é sempre perdoar. O ato verdadeiro de perdão implica desfazer a culpa que projetamos nos outros, permitindo que o Divino em nós corrija a nossa perceção distorcida sobre nós mesmos. No fundo, é afirmar na nossa mente algo como:

"Irmão tu nada fizeste, porque o que percebo em ti é apenas um erro.
Fiz de ti culpado para que eu não olhasse para a minha própria culpa.
Tu és espírito inocente, livre e completo, tal como eu sou."

Nunca deixamos de ser um só espírito na nossa mente porque nos percecionamos equivocadamente como muitos corpos capazes de atacarem-se uns aos outros. Isso são devaneios do ego que nos prendem ao seu mundo pela culpa. No despertar total, o ego e o seu mundo de separação são totalmente desfeitos pelo perdão do Divino em nós, e nem uma só sombra de medo ou de culpa sobram para contar história alguma. No lugar de uma mente em tempos obscurecida pela ignorância, revela-se a luz e a paz de Deus que transcende o entendimento.

O mundo de ilusão em que estamos embrenhados já há muito que era conhecido pelos nossos ancestrais. Na filosofia Budista é conhecida por *"Annata"*, que significa *"não eu"*, na filosofia do Advaita Vedanta (origem hindu) é chamada *"Maya"* ou *"Mara"* (A Grande Ilusão da multiplicidade) e segundo a filosofia de Platão é descrita na sua alegoria do *"Mito da Caverna"*. Ela também é retratada em civilizações antigas como os Toltecas como um sonho em que o Ser Divino apenas sonha que não é o que é. Esta última abordagem é relativamente simples de se explicar.

Cada vez que dormirmos e sonhamos, entramos noutra realidade paralela à realidade que experimentamos como corpo. A nossa mente pode projetar pessoas, lugares e experiências diversas durante o tempo em que sonhamos. Podemos até ter um pesadelo terrível em que coisas más nos acontecem e parecer que durou imenso tempo. No entanto, ao acordar percebemos que nunca saímos do mesmo sítio e que nada nos aconteceu porque tudo era apenas um sonho. Isso é o que se sucede na nossa mente. O Filho de Deus sonha que está separado do Seu Pai, quando na realidade Ele permanece em segurança junto d'Ele no Reino do Céu. Portanto, esta *realidade* é o mundo do sono do Filho de Deus, o que significa que estamos a dormir, pensado estar acordados. Olhamos para este mundo e dizemos *"isto é a realidade"* porque a toda a hora e em cada momento aparecemos *aqui*. Todavia, tudo isto não passa de um sonho em que parecemos ser algo que não somos e estar num mundo que não é o nosso. Isso é tudo o que este mundo que chamamos universo físico é: um sonho em que negamos o Céu e a nossa natureza Divina. Fundamentalmente, não existe nada de material. Tudo é produto de uma mente cujos pensamentos parecem dar forma a um universo muito real e concreto, mas que não passa de um universo holográfico; uma matriz de informação falsa, uma simulação que espelha o inverso da realidade.

"Como objetivo, o universo é, pois, o conceito de um espírito infinito,
único que pode sonhar de modo a criar.
O universo é o sonho de um sonhador infinito e omnipotente."
[Fernando Pessoa]

Se tudo é um sonho, nesta existência o nosso propósito é *somente* despertar para a realidade em Deus. Ele não interfere no nosso sonho porque Deus não concebe que o Seu Filho alguma vez tenha estado à parte d'Ele. **Sempre estivemos em Deus porque estamos apenas a sonhar.** Isso nunca mudou. Foi uma escolha nossa experimentar este sonho *feito* à parte d'Ele. No entanto, não ficamos desamparados, uma vez que na nossa mente quieta a Voz por Ele nos orienta para fora do sonho. Se não A ouvimos é porque não nos permitimos aquietar e silenciar o suficiente para ouvi-La. Se há coisa que o ego não sabe fazer, é estar quieto e calado. É por isso que dificilmente conseguimos estar em paz, que é a única condição necessária para despertar deste mundo de sonho.

No mundo do ego, as distrações que nos desviam da verdade são mais que muitas. Depositámos falsamente a nossa fé neste mundo de tal modo que olhar para ele como não sendo real parece surreal, para não dizer insano. Contudo, insanidade é que fizemos ao dar validade a um mundo de ilusão. As aparências deste mundo enganam aquele que escolhe enganar-se a si mesmo. Isso foi o que o Filho de Deus fez. Iludiu-se com a sua própria invenção egoica, fazendo na sua mente um mundo feito à base de castelos de areia que com o tempo se desvanecem.

A impermanência de todas as coisas que existem neste universo é um claro indício de que nada disto alguma vez poderia ser real. A doença, a decadência, a morte e a miséria são a maior evidência de que o que testemunhamos não pode ser verdadeiro. Quem no seu perfeito juízo aceitaria viver num mundo que mais parece um inferno? Se tivéssemos plena consciência do tamanho do terror que criámos na nossa mente, certamente já teríamos despertado daqui neste mesmo instante.

Descobrir a irrealidade deste mundo foi o que Sidarta Gautama fez ao pôr em causa tudo aquilo em que acreditava. Nascido em Lumbini (atual Nepal) centenas de anos antes de Cristo no seio de uma família nobre, Sidarta estava destinado a tornar-se num dos maiores mestres espirituais que conhecemos na nossa história. Sabendo em antemão que segundo os eruditos da corte o seu filho estava destinado a enveredar pelo caminho da renúncia ao mundo, o seu pai que pertencia a uma casta guerreira e o queria como seu sucessor, procurou a todo o custo evitar o cumprimento dessa profecia. Desse modo, rodeou o seu filho com todo o luxo e *glamour*, pessoas jovens, belas e saudáveis, desviando a sua atenção da miséria humana; algo que o chocaria e o levaria a buscar a espiritualidade. Tendo experimentado todos os prazeres possíveis durante a sua juventude e protegido no seu palácio contra todo o tipo enfermidades do mundo a mando do seu pai, Sidarta estava assim embrenhado na ilusão.

Quando certo dia saiu do palácio e deparou-se com um velho, um doente e um defunto, Sidarta foi confrontado com uma profunda inquietação. De que lhe valiam todas as coisas que possuía e todas as experiências prazerosas de que desfrutava, se no final acabaria por sofrer e morrer? Todas as pessoas que amava e tudo o que o rodeava, cedo ou tarde desapareceriam e seriam reduzidas a nada assim como ele.

Entretanto, ainda perturbado com essa visão deprimente da vida, em seguida ele avistou pelo caminho um monge mendicante cujo semblante transmitia-lhe uma paz e uma tranquilidade que até então não havia testemunhado naquele ambiente. Apesar de todo o cenário de pobreza e decadência que o rodeava, o monge não parecia carregar qualquer medo, dor ou angústia consigo. Impelido a encontrar a paz que havia reconhecido nesse homem, Sidarta decidiu abdicar da sua família e da sua vida de nobre em segredo e tornou-se num asceta.

Depois de muito buscar e de muitas provações passar, um dia, cansado de todos os seus esforços, decidiu sentar-se debaixo de uma árvore *bodhi* e não sair de lá até que a verdade lhe fosse revelada. O caminho que ele havia percorrido de opostos entre uma vida repleta de prazeres como nobre e uma vida de contínua privação como asceta, não lhe tinham dado qualquer resposta à sua busca pela paz. Assim, na sua mente ele percorreu o *"caminho do meio"*. Quieto e silencioso, após vários dias em profunda meditação em que muito foi tentado pelo mundo de Mara (ilusão), por fim ele ganhou um novo discernimento. Sidarta compreendeu que o *"eu"* era uma alucinação, um sonho que o aprisionava como um escravo ao *karma* e à roda das encarnações. Mantendo-se como um simples observador da mente, ele descobriu as suas outras encarnações e reconheceu-se como o ser imutável e universal que está para além de todas as identidades impermanentes e superficiais. A partir daí, Sidarta Gautama passou a ser conhecido como Buda, que significa *"Iluminado"* ou *"Desperto"*.

"Nunca se está separado do próprio destino.
Quando o questionamento do sonho começa,
o despertar não está longe."
[Wu Hsin]

Buda foi iluminado. Jesus foi iluminado e fundiu-se por completo na Mente de Deus. Como falámos no capítulo sobre o sacrifício, Jesus é um marco na nossa história cujo nascimento redefiniu a marcação do tempo em muitas culturas. E não é por acaso que estamos vinculados à data da sua vinda a este mundo.

Jesus demonstrou verdadeiramente que é possível desfazer a ilusão de que somos limitados no tempo por um corpo através do perdão completo. Estando inteiramente livre da culpa e tendo atingido a iluminação total, era impossível para ele sentir dor, sofrer ou temer a morte. Ele jamais se crucificaria por sacrifício, pois quem ama incondicionalmente não prega a culpa nem o medo. Só na perceção cega do ego ele poderia ser percebido como um mártir ao invés de um real salvador.

A prova final de que ele havia superado o medo da dor e da morte deu-se pela sua experiência da crucificação, que culminaria na sua ressurreição. Na sua mente, nem um só pensamento o podia magoar porque a sua paz era total. O corpo podia estar aparentemente ferido, mas na sua mente nada o podia abalar. E dias mais tarde, surgiu com o corpo imaculado, provando que ele mesmo havia superado a ideia da morte. Com isso, Jesus demonstrou às pessoas que na época testemunharam a sua perfeita santidade que, como Filho de Deus, este mundo é um sonho que não tinha qualquer poder sobre ele, tornando-se no perfeito exemplo de que é possível transcender a crença no corpo e desfazer a irrealidade deste mundo na nossa mente por completo. Desse modo, ele revelou ser Cristo, *"o ungido"* – aquele que está inteiramente purificado na mente e perfeitamente unido a Deus.

Cristo é o Divino em nós; é o nosso Guia interior tal como o Espírito Santo. Eles representam uma única Voz. O Pai é Deus, o Filho somos todos nós e o Espírito Santo é a Voz por Deus. A perfeita trindade Pai, Filho e Espírito Santo são um só Ser, unidos numa só Mente. Todos estes termos refletem a mesma e única verdade. Chamemos Natureza de Buda ou Face de Cristo, tudo representa o mesmo. Demos muitos nomes à mesma coisa, mas nenhum nome faz jus ao mais puro silêncio de Deus.

Na mente estamos todos unidos em Espírito. Aquele que aceita tamanha verdade é inteiro em si mesmo e o seu amor é perfeito, vivendo num estado de graça constante porque tudo está nele mesmo. Ele pode dar as boas-vindas a qualquer ser e a qualquer coisa, já que todos os seres e todas as coisas estão unidos na sua mente. Assim foi Buda, assim foi Jesus e assim foram todos os Mestres que por este mundo passaram, e pouco ou nada foram compreendidos, visto que a nossa identificação com o que contradiz a nossa natureza é grande por demais.

Tudo isto parece demasiado diferente do que julgamos ser a *realidade*. Tal ocorre porque não só a realidade de Deus é inversa a este mundo, como a perceção que temos d'Ele é uma completa distorção feita à imagem daquele que busca semear o medo e a discórdia na nossa mente. Por muitos e longos anos aprendemos a acreditar no irreal e a alimentar todo um sistema de pensamento que está em oposição o ser eterno que somos. Todavia, é a experiência de vida que ditará o caminho do discernimento entre o real e o irreal.

Enquanto o desejo do ego de manter os seus apegos e de buscar a satisfação nos prazeres mundanos ainda for a nossa meta, a busca pela verdade pouco ou nada nos dirá. Porém, quando chegamos a um ponto em que essas experiências deixam de fazer sentido, nada satisfaz as nossas dúvidas existenciais e estamos no mais profundo sofrimento, somos encorajados a buscar por uma verdade maior em nós. É nesse estado de *"noite escura da alma"* ou *"fundo do poço"* que Deus surge na nossa vida, já que a busca pelo prazer é substituída pela busca do que nos traz paz à nossa mente. Quando a rendição de todos os nossos pensamentos conflituosos é total, segue-se o silêncio que a todas as perguntas responde. Passe o tempo que passar, estejamos onde estivermos, façamos o que fizermos, essa resposta é constante, plenamente satisfatória e imutável:

Amor.

Essa é a resposta para tudo. O que fala de amor é real. O que não nos fala de amor é irreal. Assim como o que fala de amor fala de Deus, e o que não fala de amor não fala de Deus.

Deus é Amor.

Substituir a palavra *"Deus"* por *"Amor"* traz a verdade a todas as mentes que se veem separadas d'Ele. Se fizermos esta simples troca, veremos muitas das coisas que foram escritas, ditas e feitas em nome de Deus caírem por terra. Não existe absolutamente incoerência alguma em nós nem em Deus. Se percebemos a incoerência é porque ela está na nossa maneira de pensar. Assim como percebemos, assim nos vemos a nós e a Deus. A perceção que temos de nós mesmos e de Deus é inseparável. Se Deus é insano, nós somos insanos. Se Deus é são, nós somos sãos.

Um deus a quem devemos temer que nos castiga e que nos incita ao conflito é um deus insano do ego que só conhece o medo e a culpa. Criador, Deus, Espírito e Amor são a mesma e única coisa. À Sua perfeita imagem só poderíamos ser a sua criação perfeita em espírito e em amor. Essa é a única realidade possível e a única que nos pode trazer a paz e a alegria plena.

Em algumas das filosofias que descrevem este mundo como ilusão da mente, a ideia de um Criador não é aplicada. Existe apenas uma realidade última permanente e imutável que é comum a todos nós e que apenas parece ter sido ocultada por uma ilusão. Essa perceção de uma realidade absoluta sem um Criador tanto pode facilitar a nossa vida no caminho do despertar como dificultar quando mal interpretada, porque se há coisa que o ego é perito em fazer, é colocar-se no lugar de Deus e intitular-se de autocriado. No capítulo *"Eureka!"* fiz questão de abordar este assunto, visto que essa é uma armadilha típica do ego. Negar a Deus é a forma elementar do ego subsistir na nossa mente. Basta olhar para este mundo onde a fé em Deus está perdida para muitos para constatar quão fácil é para o ego nos enganar. Para ele, roubar a nossa quietude com a sua fúria contra Deus (que acaba por ser contra nós mesmos) é tão fácil quanto tirar um doce a uma criança.

"Deus não existe!"

Verdade seja dita, o ego tem razão nesse aspeto, pois como já percebemos anteriormente, Deus não existe.

Deus É.

Não há mais nada para além d'Ele com quem estamos unidos para sempre na Sua Mente. À parte do silêncio que diz tudo, esta expressão curta é a forma fundamental de descrever o que é a realidade absoluta. Sem a aceitação de um Criador, o caminho para desfazer a ilusão pode ser mais desafiante, pois dessa forma não há uma recorrência Àquele que está desperto em nós para auxiliar-nos no caminho do despertar. Se estamos a sonhar e não sabemos como acordar do sonho, então tem de haver *"alguém"* em nós para nos ajudar. Em última instância, o passo final para atingir o despertar total só ocorre quando assumimos a nossa inteira dependência de Deus, uma vez que esse desfecho é feito por Ele mesmo.

Criador e criação, Deus Pai e Deus Filho são inseparáveis. A união total e perfeita entre ambos representa o amor perfeito que jamais poderemos encontrar neste mundo feito à parte d'Ele. As relações que mantemos *aqui* com as pessoas que amamos são imitações do Céu que acabam sempre com o fim do corpo. A dor da separação entre pais e filhos desde o nascimento até à morte do corpo é um reflexo da separação original entre Deus e o Seu Filho. É mais uma tentativa do ego nos mostrar quão injusta é a vontade do seu deus que rouba a vida das suas criações para satisfazer os seus caprichos. É insanidade atrás de insanidade.

Por isso, não vale a pena santificar nem tentar justificar um mundo que não foi feito por Ele. Quem precisa de se lembrar que já é santo na Mente de Deus, somos nós. Deus não nos vê de outro modo porque nós nunca nos separámos d'Ele. Portanto, o nosso despertar deste mundo de sonho é realizado em vida porque Deus é Vida.

Tanto aquele que nos encobre no véu do sonho como aquele que está desperto estão na nossa mente. É pela nossa escolha que seguimos aquele que tece o véu da ilusão ou aquele que o desfaz, tal como é pela nossa escolha que morremos ou vivemos.

Em medo se morre,

Em amor se vive.

Com essa resposta, nada mais há a saber. **É viver para crer e é crer para ver.** Sem que a experiência seja vivida na primeira pessoa, o saber não tem qualquer valor. Aprender é viver e aceitar que nesta vida pouco ou nada sabemos diante d'Aquele que é eterno em nós e que nos ama incondicionalmente. Esse amor ainda parece estar distante da nossa consciência e da nossa experiência pessoal. Ainda assim, está bem perto do bater do nosso coração e bem presente na nossa mente. Inspirar e expirar profundamente e estar no agora de mente presente traz o Divino à nossa consciência. Ele nunca deixou de estar aqui, porque o que Ele é, nós também somos. Fazendo um pouco de silêncio tudo está onde tem de estar e tudo é o que é. Não há tempo nem espaço que possa limitar a mente tranquila que se estende infinitamente numa paz inigualável. Sabendo isto à *priori*, podemos novamente decidir:

Viver com medo ou com amor?

A decisão aqui não parece difícil. Contudo, a experiência dessa escolha poderá não ser fácil enquanto a nossa fé não é significativa. Como disse, o mundo que fizemos não é o mundo de Deus. A fé no que não é visível aos nossos olhos precisa de crescer em nós, se queremos desfazer o pesadelo que gerámos na nossa mente separada. Chamemos fé em Deus ou fé no Amor, fé é uma palavra pequena, mas que tem todo o poder nas nossas vidas quando cremos mesmo sem ver. Deus/Amor é um nada diante deste mundo. No entanto, é tudo o que deveras dá sentido às nossas vidas. Nada O criou porque Ele nunca começou nem nunca acabou. Só Ele é real e só Ele é eternamente presente. É nessa verdade que a paz total se firma.

"Nada real pode ser ameaçado.

Nada irreal existe.

Nisso está a paz de Deus."

[Um Curso em Milagres]

(silêncio)

Sistemas de Pensamento

Fazendo um resumo geral, na nossa mente temos dois sistemas de pensamento opostos. Por um lado, temos o sistema de pensamento do Divino, Mestre do Amor, da Luz e da Verdade. Por outro, temos o sistema de pensamento do ego, mestre do medo, da escuridão e da ilusão. De uma forma sucinta, podemos caracterizar cada sistema de pensamento de acordo com o quadro seguinte.

Sistemas de Pensamento	
Divino	**ego** (negação do Divino)
Sistema de Pensamento Não Dual	Sistema de Pensamento Dual
Pensamento comum	Pensamento divergente
Uno	Dual
União	Separação
Igual	Diferente
Puro Amor	Medo (prazer/dor)
Real	Irreal
Verdadeiro	Falso
Permanente | Eterno	Impermanente | Temporário
Constante	Inconstante
Imutável	Mutável
Infinito | Ilimitado	Finito | Limitado

Total	Parcial
Pura Luz	Escuridão
Vida	Nascer/Morrer
Inocência	Culpa
Abstração Absoluta	Específico
(silêncio)	"eu"
Um	Mais um
Uma só face (em diferentes religiões tem nomes distintos: Face de Cristo, Natureza de Buda...)	Muitas faces (*"Persona"*)
Nada/Vazio (Todo)	Todas as coisas (nada sem significado)
Sem forma	Muitas formas (corpo/mundo)
Simples	Complexo
Presente	Passado/Futuro
Extensão (amor)	Projeção (culpa)
Visão Una (absoluta/integral)	Visão Sujeito-Objeto (relativa/perceção)
Conhecimento	Ignorância
Ser, ter e fazer são um só (o Ser tudo engloba)	Ser, ter e fazer são coisas separadas
Dar e Receber são a mesma coisa (pela fé recebemos e pelo amor damos)	Dar e Receber são coisas diferentes (dá e recebe com medo e culpa)

Na nossa mente temos o nosso pior inimigo, mas também temos o nosso maior aliado. Um anda para trás e para a frente sem nunca ir a lado algum. O outro já se encontra aqui, quieto e silencioso, totalmente tranquilo. A questão é: qual deles estamos a prestar atenção? Mais uma vez, é uma escolha nossa.

Dividir para conquistar é o lema do ego.

Unir para amar é o lema do Divino.

A escolha vem da mente.

Então, escolhe nova-mente...

(silêncio)

Vazio

Sabendo agora como a nossa mente funciona e *"quem"* e o *"que"* está nela, voltaremos ao propósito vital pelo qual iniciámos esta viagem – **enfrentar o vazio em nós e despertar para a verdade de vez**.

Se há algo que nos apavora e do qual tentamos fugir a todo o custo, é o vazio. Neste mundo cheio de coisas, o vazio é percebido como aquele espaço onde não queremos estar, aquele silêncio que nos perturba, aquela coisa que não queremos sentir, porque nos dá a sensação de que estamos sós no mundo. Esse sentimento de solidão não vem do vazio em si, mas da memória que todos nós guardamos no nosso inconsciente do instante em que sonhámos com a separação de Deus. Uma vez separados de d'Ele, fizemos de nós corpos isolados, incapazes de estender o amor pleno que nos une a Deus na nossa mente. A nossa comunicação com Ele foi assim interrompida e o amor e a quietude sentidos no silêncio absoluto foram substituídos pelo medo e pela inquietação. Desde então, o nosso inconsciente não tem feito outra coisa senão reproduzir esse instante de separação na nossa mente, o que faz com que abominemos o vazio e procuremos manter sistematicamente a nossa mente ocupada com algo. Todavia, por mais que tentemos preencher a nossa mente com coisas, o vazio permanece em nós. E até que o enfrentemos sem medos, continuaremos a passar por períodos em que nos sentimos deprimidos e solitários, pois a nossa mente não foi feita para reter memórias deste mundo feito de ideias fragmentadas, mas para estender o amor perfeito de Deus no seu vazio. Por essa razão, o caminho para o vazio é precisamente aquele que nos levará à nossa salvação.

Como foi referido no início desta obra, a depressão é um caminho na nossa mente que se reflete no nosso afundamento em pensamentos incessantes. Esses pensamentos carregam tanta dor que acabamos por entrar numa espiral de profunda escuridão interior. A partir daí, a salvação parece impossível para nós. Uma vez que experimentemos o vazio no nosso coração, nada nos pode remover essa sensação. Não conseguimos mais apreciar esta *vida* como antes, porque algo em nós morreu. O corpo pode estar aqui, mas na nossa mente é como se estivéssemos fechados dentro de um casulo. Na realidade, o que estamos a experimentar concretamente é nada mais do que um processo de alquimia interna em que nos afundamos na escuridão para renascer como um ser de luz. Nesta perspetiva, **a depressão faz parte do nosso caminho para a iluminação**. Esse processo tem o nome de *"despertar espiritual"*, *"despertar da consciência"* ou *"renascer do ser".* Tal como uma lagarta que rasteja neste mundo, constrói um casulo para si mesma e passa por uma metamorfose no seu interior para no final renascer como uma borboleta livre e leve, voando pelo céu afora, na nossa mente algo semelhante parece acontecer.

Num primeiro estágio de *"dormência do ser"*, somos como uma lagarta, dormindo profundamente na inconsciência do nosso ser. Passamos por experiências desafiantes, por vezes bastante dolorosas, buscando o nosso valor neste mundo mediante o que pensamos ser, ter e fazer. Sem ter consciência disso, estamos muitas vezes a *"rastejar"* por migalhas deste mundo sem nunca questionar propriamente a razão de tanto sofrimento. Quando por alguma razão somos confrontados com uma crise que põe em causa tudo aquilo em que acreditamos, podemos entrar em depressão, e é a partir desse momento que somos embrenhados na escuridão da nossa mente. Desse modo, damos início à fase de *"cristalização do ser"*, em que nos fechamos em nós mesmos, como se estivéssemos dentro de um casulo ou crisálida na nossa mente.

É durante este estágio de dor profunda que a brecha da escuridão que dividiu a nossa mente entre o ego e o espírito emerge dos confins do nosso inconsciente. Ela sempre esteve lá enquanto permanecemos identificados com um corpo e com este mundo de separação. Porém, são particularmente nas crises que nos forçam a nos desapegarmos do corpo, das pessoas e das coisas deste mundo que essa brecha nos é mostrada tal como ela é – um buraco negro sem fundo que nos leva a experimentar um autêntico inferno na nossa mente e a passar por um processo de profunda transformação interior.

Tendo o espírito uma natureza oposta ao ego, há uma inquietação constante no nosso interior que nasce da necessidade de nos libertarmos do *"inimigo"* em nós. A voz do *"eu"* deixa de ser percebida por nós como uma coisa natural, mas como algo que nos perturba profundamente e que precisa de ser extinto de vez em nós. É por isso que neste período de despertar o desejo de morrer e de nos libertarmos do corpo pode ser experimentado com alguma frequência e de forma visceral.

Em muitos casos falhámos em compreender a meta desta fase e sacrificámos o corpo em vão, pensando que na sua extinção tudo acabaria. O que não compreendemos é que o pesadelo por que estamos a passar é precisamente isso – *só* um pesadelo. Não estamos a ver a realidade, mas a sonhar com a irrealidade. Sendo assim, a libertação não vem pela morte do corpo, mas pelo despertar da nossa consciência para a realidade do espírito. Isso significa que os sintomas da depressão são na verdade sintomas do despertar da nossa consciência.

Todo o processo de metamorfose envolve morrer para renascer. A velha forma de ser baseada no passado necessita de morrer para dar lugar ao novo ser renascido no presente. Isso implica quebrar com os padrões passados que sustentam a falsa identidade que construímos, e abdicar da necessidade de controlar, o que muitas vezes acarreta dor. Afinal, estamos a prescindir de tudo o que acreditamos ser para reconhecer uma verdade maior em nós. É por isso que a depressão é uma fase tão conturbada.

Na depressão temos a sensação de que a vida não tem significado. Deixamos de nos importar tanto com as coisas deste mundo e por mais meios e artifícios que utilizemos para ocupar a nossa mente, acabamos sempre por nos sentirmos ocos por dentro. Temos mais dificuldade em apreciar coisas que antes nos davam prazer, e podemos desenvolver o que nos termos psicológicos chamamos bipolaridade. Estando a viver com maior intensidade a divisão entre o ego e o espírito neste período de transição entre escuridão e luz, podemos experimentar todo o tipo de oscilações. Temos momentos de grande euforia, força, coragem, motivação e inspiração, como se pudéssemos enfrentar o mundo inteiro e transcender as nossas limitações. E momentos de desespero, desolação, tristeza e de angústia extrema quando nos afundamos na escuridão da nossa mente. As emoções tornam-se cada vez mais instáveis e mais intensas, como se num momento quiséssemos viver tudo intensamente e noutro quiséssemos morrer e acabar com tudo.

Podemos ter dificuldade em respirar, dor no peito, períodos de choro compulsivo ou uma vontade incontrolável de chorar mesmo sem uma razão aparente, períodos em que nos sentimos apáticos, letárgicos, sem vontade de fazer nada. Temos menos capacidade de foco, menos paciência, explodimos com mais facilidade e podemos ter ataques de histeria, de pânico e de ansiedade. Há uma sensação de pavor de estar sozinhos. Sentimo-nos impotentes, incapazes, desorientados, perdidos como uma criança que não sabe quem é, o que faz, para onde deve ir ou a quem deve recorrer. Isto acontece porque as referências internas que construímos baseadas no nosso passado são fortemente abaladas, fazendo com que toda a estrutura de pensamento do ego seja posta em causa.

Por outro lado, tornamo-nos mais sensíveis, mais empáticos, e sentimos mais compaixão pela dor alheia. Gradualmente desenvolvemos uma maior consciência coletiva e podemos sentir revolta que por vezes é projetada numa necessidade de defender causas e de trazer justiça ao mundo. O contacto com ambientes naturais *versus* urbanos e o consumo de produtos naturais *versus* artificiais torna-se mais desejável. Damos cada vez menos importância às coisas mundanas e mais relevância à sabedoria, ao encanto e à beleza das pequenas coisas que compõem a nossa experiência de vida. Não nos preocupamos tanto com o tempo, mas buscamos viver o que há para ser vivido agora. Há uma perda significativa do medo de viver porque deixamos de sentir medo de morrer, e estamos mais abertos a novas experiências que antes jamais nos passariam pela mente. E apesar de inicialmente termos pavor de estar sós, com o tempo, sentimos que é a única coisa que desejamos. Assim, temos menos vontade de estar em meios sociais, ou quando estamos, há um desejo de querer ir embora ou de simplesmente desaparecer.

Todas estas mudanças interiores provocam um turbilhão de emoções que altera por completo a nossa visão de vida, visto que entrámos num caminho sem retorno em que a natureza subtil do espírito aflora progressivamente na nossa consciência. É nesta fase crucial que podemos tomar a consciência de que sofrer continuamente não pode ser algo natural e colocamos tudo o que acreditamos em causa. Podemos ser invadidos por uma sensação de alienação, sentir que não somos *daqui* e nem desejamos estar *aqui*, porque a natureza do espírito não é deste mundo. Há um desejo ardente de querer ser livre. A dor de vivermos aprisionados na nossa própria mente é sufocante, e ansiamos pela liberdade de expressão total do espírito.

Entretanto, a ideia de que uma existência efémera não tem qualquer significado pode surgir. De que adianta *viver*, se tudo o que existe neste mundo é incerto, inconstante e um dia se extinguirá? É neste período de dúvida e de grande confusão mental que surge a possibilidade de sermos iluminados e de despertar para a verdade em nós. É assim que entramos na fase final do *"despertar do ser"*.

Afinal, quem é o *"eu"* que fala em mim?

(silêncio)

Nesse instante de lucidez, dá-se a separação entre o pensamento e observador do pensamento, entre a ilusão e a verdade. O conteúdo da mente é apenas ilusão. Nós somos o seu observador.

Somos o vazio por detrás dos pensamentos.

A partir desse instante de revelação, damos um passo para fora da escuridão da nossa mente. O vazio deixa de ser algo indesejado e damos as boas-vindas a todos os instantes em que permanecemos nele.

O vazio é a nossa casa.

A paz surge no momento em que tomamos consciência de que podemos dissipar todo o drama psicológico e simplesmente habitar nesse espaço vazio que é tudo o que há na nossa mente.

Estar vazio é estar em paz.

Não nos reconhecemos mais como o ruído mental que surgiu da brecha e obscureceu a nossa mente. Somos o silêncio absoluto, a perfeita quietude, pura luz, puro espírito. Nenhuma coisa pode acrescentar coisa alguma ao que já é total no vazio. Agora, tudo já é perfeito.

(silêncio)

O casulo foi rompido e da escuridão a lagarta renasceu como uma bela borboleta, livre de todas as limitações autoimpostas. Ela não olhou mais para trás, pois o passado nunca foi e já se foi. Todo o presente está acessível na nossa mente para o recebermos agora.

E agora, somos livres de escolher. Podemos desfazer a ideia da brecha que aparentemente nos afundou na escuridão e aceitar a nossa mente tal e qual como ela é: **o perfeito vazio**.

Só precisas de enfrentar a tua solidão uma vez. Ela esvazia-te por completo, não restando nada. Nesse instante, percebes que nunca estiveste só, porque tu és o próprio vazio. Todos nós somos vazio. E todos nós estamos unidos numa só mente vazia.

"Quem se aperceber do vazio está cheio de vida

e poder e de amor de todos os seres."

[Bruce Lee]

Faz-se silêncio na nossa mente. E agora, está tudo bem.

(silêncio)

Zero

Ser um zero é ser nada
Não um nada sem significado,
Mas o nada que tudo significa.

Ser tudo é ser nada,
E ser nada é ser tudo.
Quanto mais cheio
Mais vazio.
E quanto mais vazio,
Mais perto da origem.

Do zero tudo começou
E ao zero tudo voltou.
Assim parece ser o rumo
Daquele que pensa
Ter iniciado algo.

Contudo...

Como poderia o zero
Ser algo além de nada?
Nada jamais poderia ser algo.
Então, como surgiu algo?
Só na mente que sonha algo.

Para a mente vazia,
Vazio é o que há,
Vazio é o que se é.
Nada foi feito,
Porque o que é,
É por si perfeito.

O que mais há a fazer,
Do que não crer naquilo
O que nunca existiu?

Zerar a vida,
Não é morrer,
Mas viver,
Pois nada ser
E nada ter,
É ser tudo,
E é ter tudo.

Zero é o início e é o fim.
O que nunca inicia
Também nunca acaba.
Zero eu sou,
E por isso, tudo sou.

(silêncio)

Zero

Chegamos finalmente ao capítulo que toda a nossa natureza irá resumir e toda a verdade irá revelar. No capítulo *"Função do Ser (I)"* recorremos à matemática para com base no raciocínio lógico chegarmos à conclusão que, como espírito que neste mundo representa *nada*, nós somos seres ilimitados à parte do tempo e do espaço. Sabendo que a representação numérica de *nada* é zero e ser *nada* é ser espírito, automaticamente chegamos à conclusão que o espírito é representado matematicamente por zero. Por isso, vamos conhecer o zero para ficarmos a conhecer-nos também.

O objetivo será empreender mais uma vez a lógica no nosso *ser*, pois como tenho referido até aqui, a verdade está espalhada por todo o lado e ela não faz transigências, isto é, não é flexível no que afirma. Tudo tem origem na verdade e o que é verdadeiro é perfeitamente lógico. Assim, saímos do domínio da crença para contemplar o que, embora não seja visível aos olhos deste mundo, é inegável pela intuição, experiência e análise. Essa é a base de toda a ciência.

> *"Para os crentes, Deus está no princípio das coisas.*
> *Para os cientistas, no final de toda reflexão."*
> *[Max Planck]*

Deus não é uma crença, mas uma realidade. Sendo Ele a única verdade constante, podemos efetuar uma demonstração mais precisa da Sua natureza, na qual a nossa própria natureza está também incluída. Comecemos então a nossa jornada de regresso à nossa origem, isto é, de regresso ao zero.

O zero é o símbolo matemático mais controverso na nossa história. Tanto admirado como temido, sem ele a matemática estaria incompleta porque não teríamos nada que representasse o próprio *"nada"*, ou dito de outro modo, o *"vazio"*. Por muito tempo esse conceito foi desconsiderado pela nossa história até surgir a necessidade de haver algo que expressasse a ausência de unidades. Com base no ábaco (instrumento de cálculo), os hindus utilizavam os algarismos de um a nove para efetuarem cálculos. Quando uma certa quantidade não continha nenhum elemento que pertencesse à ordem numérica existente, a coluna era deixada vazia. Dando um exemplo, o número 306 é expresso como *"três, espaço, seis"*, apresentado na forma | 3 | | 6 |. Para fazer a leitura dessa coluna sem nenhum elemento, os hindus criaram a palavra *"sunya"* que significa *"vazio"*. Desse modo, o número 306 é lido algarismo a algarismo a partir das unidades como *"seis sunya três"*. Com a evolução do cálculo, o *vazio* passou a ser expresso pelo símbolo **0** que hoje em dia chamamos *"zero"*. Zero é assim o símbolo que expressa o vazio.

O zero é considerado um *número* par, já que segue a regra dos números pares, considerando que é divisível pelo número dois. Para além disso, ele tem o mesmo comportamento dos números pares na adição. Somado a um número par ele é par, somado a um número ímpar ele é ímpar. O zero não altera a natureza dos números nesse sentido, mas não deixa de ser curioso pensar como é que um número que representa o *"vazio"* pode fazer par consigo mesmo.

O zero é completo por si. Não tem início nem fim porque é vazio em quantidade. Não tem oposto porque não é negativo nem positivo. Não pode ser decomposto em mais nenhum número, e não soma nem subtrai. Quando multiplicado ou dividido é sempre igual a ele mesmo, e quando divide é impossível definir ou determinar o resultado. Tendo isto em conta, passemos à demonstração.

Sem entrarmos em explicações analiticamente profundas, podemos recorrer às operações aritméticas básicas com o zero, e constatar que para qualquer valor de x pertencente aos números reais no intervalo de $[0; \infty]$ temos que:

- O resultado de zero adicionado a qualquer número ou qualquer número adicionado a zero é sempre o próprio número.

$$Adição: x + 0 = 0 + x = x.$$

Zero não adiciona.

* O resultado de qualquer número subtraído por zero ou zero subtraído por qualquer número é sempre o próprio número.

$$Subtração: x - 0 = x \ e \ 0 - x = -x$$

Zero não subtrai.

* O resultado de zero multiplicado por qualquer número ou qualquer número multiplicado por zero é sempre zero.

$$Multiplicação: x * 0 = 0 * x = 0$$

A multiplicação por zero é sempre igual ao próprio zero.

* O resultado de zero dividido por qualquer número é sempre zero.

$$Divisão: 0/x = 0$$

O conceito de *"divisível"* na matemática refere-se a números que divididos por um ou mais números dão resto zero, isto é, o resultado da divisão é um número inteiro sem casas decimais. Porém, se o zero dividido por qualquer número continua a ser zero, então nada lhe divide porque ele continua a ser igual a ele mesmo. Nada pode dividir o que é vazio em quantidade. À parte do conceito literal de *"divisível"* na matemática podemos dizer que, sob esta perspetiva, o zero é uma exceção à regra da divisão. Assim, podemos concluir que:

Zero por exceção à regra é indivisível e sempre igual a ele mesmo.

* O resultado de qualquer número dividido por zero é indefinido.

$$Divisão: x/0 \ é \ indefinido$$

Dividir algo por zero não tem definição possível. Se efetuarmos a operação 1/0 numa calculadora, o resultado é *"não se pode dividir por zero"*. Tal acontece porque qualquer valor x dividido por valores cada vez mais próximos de zero tendem a ser cada vez maiores. Se fizermos a divisão de $1/0,1$ veremos que dá 10 e se fizermos a divisão de $1/0,001$ (que está mais próximo de zero) o resultado é 1000. Ou seja, os zeros à esquerda de um divisor decimal tendem a ser acrescentados à direita do resultado da divisão. Portanto, um número infinitamente pequeno, mas maior do que zero, tenderá para infinito. Isso significa que não conseguimos definir um valor preciso para a divisão por zero. É por isso que verificámos na Função do Ser que o limite de $1/x$ quando ele tende para zero é infinito:

$$\lim_{x \to 0} 1/x = \infty$$

Contudo, quaisquer aproximações de zero não são zero. Enquanto existir alguma quantidade, por menor que ela seja, ela nunca é igual a zero. Desse modo, a divisão exata por zero não pode ser definida e concluímos que:

É impossível definir a divisão de algo por zero.

O resultado da divisão de zero por ele mesmo é *indeterminado*.

$$Divisão: 0/0 \text{ é } indeterminado$$

Qualquer valor dividido por ele mesmo é sempre igual a um. Mas o zero é sempre igual a ele mesmo, independentemente do seu divisor. Sendo assim, o resultado quando o zero se divide por ele mesmo é indeterminado, já que o resultado não pode ser igual a um e igual a zero simultaneamente. Voltamos novamente a encontrar uma exceção à regra para o zero na divisão.

A divisão é a operação inversa da multiplicação. Se é possível determinar um valor preciso na multiplicação por zero, mas não na divisão por zero, então dizemos que a multiplicação por zero não tem inversa, isto é, o zero pode ser multiplicado, mas não pode dividir. Logo:

É impossível determinar a divisão de zero por ele mesmo.

Sabendo que zero por exceção à regra é indivisível, faz sentido que ele também não possa dividir. Simplificando o pensamento, se nos lembrarmos que **zero = vazio = nada**, podemos perceber por que razão a divisão por zero é impossível. Como pode o vazio ou o nada dividir alguma coisa?

Partindo destas conclusões, podemos formular uma afirmação que resumirá tudo o que descobrimos até aqui:

*O **zero** é imutável e inteiro por si mesmo. Não tem início nem fim. Não é positivo nem negativo. Não acrescenta nem retira. Na multiplicação é sempre igual a si mesmo. É indivisível e não divide.*

Adicionalmente a estas propriedades do zero, recordemos mais uma vez que, segundo as conclusões que tirámos na *"Função do Ser (I)"*, o *nada* não limita nem pode ser limitado. Assim sendo:

O zero não é limitado e não limita.

Tendo as frases-chave formuladas, podemos substituir pelas palavras *"vazio"* e *"nada"*. O resultado é:

*O **nada** é imutável e inteiro por si mesmo. Não tem início nem fim. Não é positivo nem negativo. Não acrescenta nem retira. Na multiplicação é sempre igual a si mesmo. É indivisível e não divide. Não é limitado e não limita.*

*O **vazio** é imutável e inteiro por si mesmo. Não tem início nem fim. Não é positivo nem negativo. Não acrescenta nem retira. Na multiplicação é sempre igual a si mesmo. É indivisível e não divide. Não é limitado e não limita.*

Chegamos agora ao ponto crucial da nossa revelação. Sabendo que **espírito = nada = zero,** então podemos concluir que:

*O **espírito** é imutável e inteiro por si mesmo. Não tem início nem fim. Não é positivo nem negativo. Não acrescenta nem retira. Na multiplicação é sempre igual a si mesmo. É indivisível e não divide. Não é limitado e não limita.*

E se nos lembrarmos que o **espírito** é feito à imagem do Espírito que é Deus e é Amor, então temos que:

*O **Espírito** é imutável e inteiro por Si mesmo. Não tem início nem fim. Não é positivo nem negativo. Não acrescenta nem retira. Na multiplicação é sempre igual a Si mesmo. É indivisível e não divide. Não é limitado e não limita.*

__Deus__ é imutável e inteiro por Si mesmo. Não tem início nem fim. Não é positivo nem negativo. Não acrescenta nem retira. Na multiplicação é sempre igual a Si mesmo. É indivisível e não divide. Não é limitado e não limita.

*O **Amor** é imutável e inteiro por Si mesmo. Não tem início nem fim. Não é positivo nem negativo. Não acrescenta nem retira. Na multiplicação é sempre igual a Si mesmo. É indivisível e não divide. Não é limitado e não limita.*

E sendo Deus a Verdade e nada mais do que a Verdade temos que:

*A **Verdade** é imutável e inteira por Si mesma. Não tem início nem fim. Não é positiva nem negativa. Não acrescenta nem retira. Na multiplicação é sempre igual a Si mesma. É indivisível e não divide. Não é limitada e não limita.*

De uma forma simples, lógica e objetiva, compreendemos agora a natureza de Deus, do Espírito, do Amor, da Verdade, bem como a nossa. A Verdade é verdadeira. Só Ela é e nada mais é. Deus é zero, nós somos zero. Não existe diferença entre Criador e criação, tal como não existe tempo nem espaço que possam determinar o início e o fim do Criador e da criação, porque ambos são o mesmo. O que é o mesmo é imutável. O que não tem início não tem fim. O que não acrescenta não retira. O que é sempre igual a si mesmo, só pode multiplicar-se a si mesmo. O que é indivisível não pode dividir. O que não é limitado não pode limitar. Assim é o zero e assim somos nós. Nesse sentido, de facto, nós não somos todos um...

Somos todos zero.

O zero é por si uma exceção matemática, visto que ele não se comporta como os outros algarismos. Por vezes chegamos a incoerências matemáticas que quebram a lógica, como no caso da divisão do zero por ele mesmo, em que o resultado pode ser um ou zero. Tal ocorre porque o zero é a negação de que alguma coisa existe para além dele mesmo. A sua natureza revela que a nossa própria natureza é oposta a qualquer coisa que possamos conceber neste mundo. Tudo o que existe que seja limitado por uma forma no tempo e no espaço apenas se sobrepõe à natureza vazia do espírito, ocultando a verdade.

Nós somos o vazio.

Não somos um vazio sem significado, mas o vazio que tudo inclui, ilimitado, sem forma, sem som, sem tempo, sem espaço. Nada está em falta porque o *nada* está presente em tudo. Ele é a vida omnipresente.

"Se olhares por tempo suficiente para o vazio,

o vazio começa a olhar de volta através de ti".

[Friedrich Nietzsche]

Afirmar que o zero é um número é por si um erro, uma vez que, por definição, um número é um objeto abstrato da matemática usado para descrever quantidade, ordem ou medida. Sendo o zero algo que não quantifica, não ordena e não mede, ele foge à regra da definição de número. Sozinho ele parece não ter valor nenhum. Só nos casos em que acompanha outro algarismo à sua direita ou à sua esquerda, separado por uma vírgula, é que parece ter algum significado. Isso é o que julgamos quando pensamos em termos quantitativos. No plano qualitativo, o zero por si mesmo representa o que não pode ser quantificado, ordenado ou medido, como já foi mencionado. A ação de quantificar, ordenar e medir são formas de nos limitarmos a alguma coisa. À semelhança do zero, o espírito que todos somos não poder ser quantificado, ordenado ou medido.

O próprio zero é inteiro e ilimitado porque o seu limite é zero como ele mesmo. Se multiplicarmos uma infinidade de zeros, o resultado será sempre o próprio zero. Se multiplicarmos uma infinidade de números e acrescentarmos uma só multiplicação por zero, todos os números são *anulados* e o resultado volta sempre a ser o próprio zero. Isto demonstra que por mais coisas que pareçam existir neste mundo, por mais coisas que possamos pensar, dizer, ter ou fazer numa infinidade de tempo, não há nada que não possa ser anulado, desfeito, cancelado pelo Divino em nós, tal como não há nada que possa anular, neutralizar, desfazer, cancelar o espírito que somos. Assim como o zero, o espírito é imutável.

No instante zero onde tudo é anulado,

o perfeito equilíbrio é encontrado.

Não existe passado nenhum para remoer ou arrepender, porque neste instante zero o espírito é livre de qualquer passado. À parte do tempo e do espaço, todos nós somos um completo *nada*.

Tudo é nada, tudo é zero.

A nossa essência é zero: vazia de coisas, conceitos, palavras, indizível, inteira por si mesma, perfeita, única, absoluta, imensurável, irreproduzível, indivisível, ilimitada e não dual.

O que é íntegro por si nada necessita. Nada é acrescentado, nada é retirado, nada é dividido, nada é limitado. Tudo é perfeitamente estendido como a si mesmo. Sendo o perfeito zero, como poderíamos ser algo mais? Onde mais poderíamos encontrar paz senão na perfeita quietude? Onde mais poderíamos encontrar a felicidade e a alegria plena senão na nossa plenitude?

Onde mais poderia o amor absoluto estar senão naquele que é total em si mesmo? Que mais há para pensar, dizer, ter ou fazer, quando nada há para pensar, dizer, ter ou fazer para ser tudo? Não existe mais *nada* para além deste mundo. É por isso que nós não fazemos parte dele.

Permite-te *"zerar"*, esvaziando todo o teu ser de autoconceitos que inventaste acerca de ti mesmo(a), pois tu já és espírito perfeito. A vida, o amor, a paz e a alegria podem ser aceites em ti neste mesmo instante. Tudo permanece eternamente em ti, intocável e imutável. Basta que te permitas aceder à tua realidade imortal.

Em silêncio e em quietude, o Divino te mostrará tudo o que já tens por direito e já és por natureza.

Nada é tão perfeito, quanto o perfeito nada.

Então, que façamos simplesmente...

(silêncio)

Brecha

Voltando à linha de raciocínio do capítulo anterior, podemos finalmente compreender como funciona a nossa mente quando só o puro espírito é aceite nela. Ela é feita à imagem da Mente de Deus que segue precisamente as mesmas propriedades de Deus. Desse modo, recorrendo às frases-chave que construímos anteriormente, temos que:

*A **Mente** é imutável e inteira por Si mesma. Não tem início nem fim. Não é positiva nem negativa. Não acrescenta nem retira. Na multiplicação é sempre igual a Si mesma. É indivisível e não divide. Não é limitada e não limita.*

Podemos por estas afirmações deduzir que a *parte* da nossa mente que está identificada com o mundo das formas está iludida. Este mundo em nada reflete a natureza silenciosa, quieta e perfeita da Mente de Deus. Sendo Deus o zero absoluto que anula qualquer ideia que não seja Ele mesmo, é impossível para Ele dividir ou se dividir, limitar ou ser limitado. Isso significa que Deus jamais se pode separar ou ser separado ainda que pensemos equivocadamente que Ele fragmentou a sua criação ou fragmentou-se a Si mesmo para criar este universo. Afirmar isso é contrariar a natureza de Deus. Portanto, a conclusão de que este universo não é criação de Deus é inegável. Se considerarmos que apenas o que é uno, igual a si mesmo, eterno e imutável é real, então tudo o que seja separado, diferente, temporário e mutável é pura ilusão. Este universo que consideramos como visível e palpável é apenas a negação da Verdade que é o próprio Deus.

Matematicamente verificámos que a divisão por zero é impossível. Sendo assim, **o universo é apenas uma ilusão, um sonho** em que o impossível aparentemente tornou-se possível, isto é, **uma situação absurda em que o zero dividiu-se a si mesmo.** Ou este mundo é possível ou Deus é possível. Ambos parecem ocorrer simultaneamente na nossa mente, mas só um deles é real.

Só o absoluto zero é real.

O que estamos a experimentar é um sonho paralelo à realidade absoluta onde o único Filho de Deus que é o zero perfeito como Deus dividiu-se a si mesmo, separando-se do seu Pai. Foi aberta uma brecha que dividiu a sua mente perfeita (visualmente poderíamos ilustrar do seguinte modo: **(|)**). Nessa brecha, o presente virou passado, o uno foi separado, o não dual tornou-se dual, a luz foi ocultada pela escuridão, o inocente passou a ser culpado, o amor passou a ter medo, e a miséria, a decadência e a morte substituíram a pura alegria, o imutável e a vida.

Retornando à história com que iniciámos esta jornada, a Caixa de Pandora que continha todos os males deste mundo abriu-se no instante em que o zero sonhou com a sua própria divisão. E tudo que restou em nós como mente separada foi uma pequena centelha divina: o espírito da esperança. Essa centelha divina é a lembrança real do que somos. Ela sempre nos acompanhou e é tudo o que há para ser visto em nós. Entretanto, tem sido uma escolha nossa permanecer focados na brecha escura que se abriu na nossa mente. E tudo o que ela é, nós não somos. Por conseguinte, essa escolha nos levou à insanidade de ignorar o óbvio em nós até aos dias de hoje. E todo aquele que ignora o óbvio em si mesmo ignora o que é, e por essa razão não sabe o que faz.

Esse estado de ignorância foi o que deu origem a toda a culpa retida no nosso inconsciente. **Ignorámos o nosso próprio ser que é de Deus e culpámo-nos por isso**. Deus Pai e Deus Filho são eternamente um só, unidos no zero absoluto. Só na nossa mente que sonha com a brecha da separação é que a divisão parece ter acontecido e a culpa tem algum significado. Se queremos viver o ser real, o caminho para o fazer é perdoar essa culpa, entregando-a ao Divino em nós. Torna-se evidente por que razão não há sossego na nossa mente. O espírito é um ser inteiro. A brecha é a negação da plenitude do espírito. E tudo o que temos feito ao longo das nossas múltiplas existências é olhar para um mundo de separação e de escuridão gerado por ela. Não é à acaso que o universo aos nossos olhos nos parece maioritariamente escuro. Ele é a projeção da brecha que se abriu na nossa mente e que oculta toda a luz que somos.

Se refletirmos sobre o assunto, é precisamente nessa brecha aberta na nossa mente que o nosso foco tem permanecido. A cada instante temos a oportunidade de experimentar a grandeza e a profundidade da vida, escolhendo viver em gratidão, amor, paz e alegria. No entanto, são as coisas que na nossa perceção não correm bem, não são como queremos e não nos satisfazem, que teimosamente são alvo do nosso foco.

A própria palavra *"pecado"* significa *"errar ou falhar o alvo"*. Isso significa que estamos continuamente a falhar o alvo da nossa vida ao escolher manter o foco no que nos transtorna em vez do que nos traz a paz e a alegria de viver. Persistir no apego a tudo o que não nos satisfaz inteiramente, nos frustra e nos desilude, é insistir em sofrer em vão. Ao fazê-lo, estamos a negar a nossa própria paz que nada exige para ser vivida agora.

Errar é humano.

Persistir no erro é insanidade.

O erro persiste enquanto mantemos o foco na brecha em nós. Vemos as nossas feridas abertas marcadas pelo tempo e mantemo-las assim, guardando a tristeza, a mágoa, a dor, o rancor, o ódio, a culpa, quando poderíamos escolher agora mesmo curá-las e fechá-las de vez. Para sermos curados, a brecha na nossa mente necessita de ser fechada por completo. E isso ocorrerá na mesma proporção em que nos abrimos para o Divino em nós. Mantendo a fé n'Ele, tudo é possível, tudo se desfaz e tudo se corrige. Não existe nada que não possa ser anulado, pois n'Ele está o poder de desfazer toda a escuridão, toda a bagagem de memórias equivocadas que construímos com o tempo. Permitir que o passado se vá, é dar lugar ao presente que contém toda a vida. Isso implica não guardar uma só mágoa que seja em nós. Caso contrário, jamais veremos a nossa luz e o nosso amor por inteiro. Ver a culpa, a mágoa, a dor, a doença, a carência em nós ou nos outros, é ver-nos como nós não somos. É ver-nos como Deus não nos *fez*.

Sendo o espírito completo, puro e inocente, nenhuma outra forma de nos vermos tem significado algum. Se queremos ver-nos tal como somos, teremos de abdicar de todas as memórias de mágoa e de dor às quais ainda estamos apegados. E isso é possível apelando ao Divino em nós que tudo cura. Dando-Lhe o nosso tempo na nossa mente, estamos a permitir que Ele reduza as nossas falsas memórias a zero e nos ajude a regressar ao zero que tudo é e que tudo somos. Quanto mais tempo Lhe dedicamos, mais memórias são libertas e mais leve se torna a nossa jornada para casa.

Por cada passo que damos em frente com o Divino para fora da escuridão, um passo atrás dado em tempos na escuridão é anulado. Todos os passos em direção à luz presente anulam todos os passos feitos na escuridão do passado. É assim que desfazemos todo o equívoco feito na nossa mente neste mesmo instante onde sempre estivemos presentes em espírito. O nosso foco passa a estar cada vez mais no instante zero em que o passado rumo à escuridão nunca ocorreu. Portanto, a jornada que fazemos neste mundo é uma jornada sem distância. O espírito que somos já é completo agora, no zero absoluto. Tudo o que temos a fazer é unicamente entregar para desfazer. A rendição total ao Divino dos nossos medos, angústias e anseios, permitirá que Ele remova todos os bloqueios à visão do espírito. O espírito é amor, luz, vida. Essa é a única verdade plena que há para ser aceite em nós.

Parecerá durante um tempo significativo que a jornada que percorremos na nossa mente até chegar à luz ainda é longa. Como se estivéssemos a sair de uma caverna enorme e escura onde permanecemos aprisionados durante muito tempo na ignorância, caminhando e tropeçando aqui e ali, até alcançarmos um pequeno ponto de luz distante que simboliza a nossa liberdade total. Todavia, esse lugar na luz já reside em nós e está mesmo aqui. O deslocamento de um ponto escuro para um ponto de luz é apenas a ilusão de um mundo separado pelo tempo e pelo espaço. No zero não há tempo, não há espaço, e por isso não há deslocamentos. Na realidade, a escuridão é somente o véu que encobre a luz que já somos e que Deus é neste mesmo instante.

Deus é Luz.

Tanto o zero como a luz são constantes, pois o zero é a luz e a luz é o zero. Então, aplicando mais uma vez as frases-chave que toda a nossa essência resume:

*A **Luz** é imutável e inteira por Si mesma. Não tem início nem fim. Não é positiva nem negativa. Não acrescenta nem retira. Na multiplicação é sempre igual a Si mesma. É indivisível e não divide. Não é limitada e não limita.*

E onde há luz, há vida. Sendo assim:

*A **Vida** é imutável e inteira por Si mesma. Não tem início nem fim. Não é positiva nem negativa. Não acrescenta nem retira. Na multiplicação é sempre igual a Si mesma. É indivisível e não divide. Não é limitada e não limita.*

Nunca houve morte e separação a não ser dentro do sonho. O despertar do sonho é o despertar para a vida una e eterna que somos.

Sabendo isto, nada mais nos pode ser ocultado. Deus nada oculta porque o zero nada oculta.

O zero oculta zero coisas.

Podemos por fim dizer adeus a todo o sentido de identidade que construímos com base na ideia de um corpo e de uma personalidade, visto que não passam de falsas crenças sobre nós que em nada refletem a natureza imutável do espírito puro e inocente que somos. Nenhuma máscara que vestimos para ocultar a nossa luz tem agora alguma utilidade. Assim, nenhuma culpa há a acarretar. Podemos estar abertos para o Divino que desfaz todo o equívoco em nós. Se ainda sentimos medo, é somente porque ainda acreditamos que existe alguma coisa a ocultar à parte da nossa própria luz. Essa coisa nunca é zero. E tudo o que não é zero é pura fantasia da nossa mente.

Nada nos impede de nos despirmos de todos os nossos medos e complexos, visto que o medo e a complexidade não fazem parte de nós.

O espírito tem zero de complexidade e zero de medo. Nada há a temer e nada há a esconder. Todas as crenças inconscientes de que somos alguma coisa inaceitável ou não merecedora de Deus podem ser entregues ao Divino que cancela todo o equívoco do que julgamos ser. Desse modo, Ele fechará de uma vez por todas a brecha que na realidade nunca se abriu na nossa mente, exceto num sonho. Nesse instante em que a brecha deixa de existir, só a luz do espírito é vista e a nossa mente é um perfeito vazio. O tempo é zero, o espaço é zero, tudo volta a ser um zero absoluto. Toda e qualquer criação do Criador é e sempre será um zero perfeito à sua imagem que se estende para todo o sempre. A lembrança de que somos esse zero perfeito é assim a única recordação real.

Só o Zero, o Vazio, o Nada, Deus, o Espírito,

o Amor, a Luz, a Vida, a Verdade é real.

Portanto, o que há para recordar senão que *nada* há para recordar?

"Pensar em nada
É ter a alma própria e inteira.
Pensar em nada
É viver intimamente."
[Fernando Pessoa]

(silêncio)

Função do Ser (II)

Tendo verificado matematicamente no capítulo *"Função do Ser (I)"* que, conforme a nossa identificação com o ego ou com o espírito, estamos limitados ou ilimitados pelo tempo, vamos proceder ao aprofundamento da nossa função de acordo com cada estado de identificação.

Estudar o nosso limite como ser ajudou-nos a compreender o que significa tentar alcançar um certo ponto ou meta na nossa vida. Esse ponto ou meta é comum a todos nós, mas muitas vezes passamos uma existência inteira sem saber o que é exatamente. Assim, procuramos nas experiências do mundo alguma espécie de significado que no final acabam sempre por nos frustrar. Chegar ao fim de algo que consideramos importante ou ao nosso limite, é uma oportunidade que temos para buscar o que é inatingível por este mundo, mas perfeitamente alcançável na nossa mente.

A paz e a harmonia sucedem-se ao perfeito alinhamento entre o ser real e a sua função, que no plano da nossa mente já é total. Dado que o mundo faz parte do domínio do ego que por si nega o nosso ser, a nossa função jamais poderia ser atribuída por ele. Por muito tempo temos divagado neste mundo sendo coisas e fazendo coisas que nos transtornam e geram conflito, em total desconexão com a nossa essência. Isso deve-se tão somente à falta de coerência entre o ser, o ter e o fazer.

Quando o ser, o ter e o fazer não estão alinhados, separamo-nos da verdade. O fluxo natural da vida é quebrado, e experimentamos uma vida carregada de resistências que se manifestam como problemas das mais diversas naturezas. Sentimos medo, culpa, ódio, raiva, frustração, tristeza, ansiedade e deprimimos, porque não estamos a agir conforme a nossa real natureza. Esse estado de conflito e desconforto contínuo tem funcionado como um chamado para tomarmos consciência de que estamos a atuar fora do nosso registo natural. Todavia, como mencionei anteriormente, habituámo-nos de tal modo a estar em conflito, que passámos a considerá-lo normal.

O Divino em nós calmamente nos traz à consciência a verdade imutável que somos. Se O ouvíssemos, rapidamente perceberíamos que estamos a agir insanamente contra a nossa própria natureza. No entanto, o que Ele diz, o ego recusa-se a ouvir. E estando identificados com o ego torna-se quase impossível ouvi-Lo. A Voz que nos traz à razão tem sido assim inibida na nossa mente e substituída pela voz do ego, cuja função é alimentar o medo que gera a confusão e o conflito.

Cada chamado do ego é um chamado para a guerra. Ninguém que esteja identificado com uma voz que instiga o conflito poderia alguma vez encontrar paz em si mesmo. No domínio do ego, a lei máxima é a lei da sobrevivência. Competir, comparar, julgar, atacar, tirar, lutar, enganar, rebaixar, humilhar, forçar, obrigar, controlar, manipular, oprimir, suprimir, sacrificar; tudo é válido para conquistar as míseras migalhas que o ego nos oferece, vazias de qualquer significado.

Na perceção do ego, é impossível não haver perdas. Para ele, ganhar e perder são duas faces da mesma moeda que envolvem sempre sacrifício de uma coisa em benefício de outra. A crença de: *se uns ganham outros têm de perder*" ou "*não há que chegue para todos*" é o reflexo da mentalidade escassa e amedrontadora do ego. No seu desejo insano de se autoglorificar como ser individual e especial num tempo irrisoriamente limitado, ele sacrifica toda a nossa graça e glória estendida por igual para todos em espírito. Nada que possamos ganhar ou perder neste mundo se prolonga para além desta efémera existência, o que torna as recompensas do ego insignificantes diante da paz do espírito que pode ser experimentada agora ilimitada e incondicionalmente na nossa mente. Dessa forma, temos sido orientados equivocadamente a agir insanamente no mundo, sacrificando e castrando o nosso ser cujo potencial é infinito, em troca de algo que se opõe à nossa natureza e que nunca teve valor real algum.

O ego age em prol da culpa que se opõe à inocência do espírito. Segundo os seus padrões, a nossa existência é traduzida numa busca contínua do prazer e da dor que acarretam sempre culpa. Desejar sem nunca ter ou obter sem nunca satisfazer plenamente é tudo o que ele tem para nos oferecer. Diante deste panorama, não há qualquer alinhamento entre o ser e a sua função, pois o que o ego deseja e tudo o que faz para saciar os seus desejos e anseios não está em concordância com a nossa essência. Por outro lado, a completa rejeição desses mesmos desejos só reforçam em nós a sua intensidade, tornando o desejo e a rejeição num círculo vicioso até que quebremos e cedamos totalmente.

Desejar faz parte da natureza do ego. Remover o desejo em nós não é a nossa função, pois estando identificados com ele isso é impossível. É a culpa que carregamos por detrás do desejo que nos leva ao apego ou à rejeição. O segredo está em não dar qualquer significado ao desejo, isto é, não o julgar como bom nem como mau. É a nossa necessidade de julgar o que é certo ou errado que nos prende ao erro. Se julgamos algo como errado, a nossa tendência será sempre a de cair no próprio erro. A tentação será tanto maior quanto maior for a sua rejeição em nós.

Se nos apegamos ou desejamos algo intensamente, então ainda sentimos culpa, mesmo que ela seja inconsciente. Nesse aspeto, não buscamos removê-lo, mas somente libertar a culpa que se esconde por detrás do desejo. O caminho que nos leva à libertação do desejo está em nada rejeitar. Tudo é passageiro na nossa mente. Podemos pensar e sentir sem culpa porque ninguém está lá para nos julgar ou condenar.

A ideia de que Deus nos julga pelas nossas ações e pensamentos é simplesmente *tola*, uma vez que Ele só nos conhece como espírito inocente feito à Sua imagem. O espírito desconhece o que seja a culpa e a carência, pois ele está para sempre em paz e unido a Deus. Não havendo culpa, não há carência, não há apego, não há desejo. Independentemente da sua realização ou não, um pensamento de desejo desprovido de culpa deixa de ter a capacidade de nos retirar a nossa paz, perdendo todo o poder sobre nós. Quer tenhamos ou não o que foi pensado, a dor não se manifesta, dado que nada falta àquele que está em paz consigo mesmo.

A culpa só nos aprisiona enquanto nos percebemos aos olhos do ego que nos julga como seres incompletos com necessidades especiais e separados de Deus. Desse modo, a capacidade de julgar corretamente não está ao nosso alcance. Estando divididos entre o ego e o espírito, o nosso discernimento entre o real e o irreal é fraco. Se nos sentimos no direito de julgar, é apenas porque buscamos retirar a culpa em nós, projetando-a para *"fora"*. E sempre que o fazemos, estamos a decidir separar em vez de unir porque o julgamento é separação.

O espírito é uno. Nenhuma parte de si pode ser vista à parte dele, pois excluir um é excluir todos, assim como culpar um é culpar todos. A culpa advém da falta de plenitude do ser. Quando nos sentimos plenos, nenhuma necessidade há de julgar. Aquele que ama por inteiro vê a todos como inocentes por inteiro. Ele não vê através dos olhos do corpo, mas através do olho do espírito. Na sua visão não há separação entre corpos como na perceção do ego. Por conseguinte, o mundo que percebemos com o ego é um nada sem significado. O que julgamos são apenas ilusões, projeções da nossa culpa inconsciente em outras formas que usamos como bode expiatório. Na realidade, nós nada vemos. E aquele que é cego na sua visão é cego no seu julgamento. Por isso, o julgamento jamais poderia ser a nossa função.

Desfazer o ego e a culpa em nós requer admitir primeiramente que **não sabemos quem somos** e, portanto, direito algum temos de julgar coisa alguma. Todo aquele que julga não sabe quem é. A segunda coisa a admitir é que **não sabemos o que fazemos**. É justamente por essa razão que Jesus afirmou:

"Pai, perdoa-lhes, porque não sabem o que fazem."
[Lucas 23:34]

Quem poderia saber o que faz se não sabe quem realmente é?

Sendo ignorantes quanto à nossa natureza, só a ignorância poderia ser o resultado das nossas ações. Ao escolhermos julgar, ignoramos o que é evidente em nós.

Tanto o *ser* como as suas ações não podem ser julgados nem definidos por nós. Isso é mais uma tentativa inglória do ego nos limitar, atribuindo nomes ao que é inominável. E tal como ele nos julga, assim ele julga todas as projeções neste mundo. Onde há julgamento, há sempre culpa e há sempre ego. Só o Divino em nós possui o discernimento e é a Ele que devemos entregar todo o nosso *ser*. Ele não nos julga, pois o que Ele vê em nós é puro e isento de qualquer culpa.

Quando paramos de julgar para simplesmente escutar, tudo entra nos seus devidos eixos e tudo se alinha com o *ser*. Nenhuma necessidade há de fazer juízos de valor, porque a culpa não existe naquele que se aquieta internamente para estar presente em espírito.

A ação correta provém do pensamento correto originado na mente que se abre para o Divino. Ao contrário do ego, o Divino não exige qualquer sacrifício ou esforço. N'Ele nada nos falta. Tudo o que Ele é e tudo o que Ele faz está em conformidade com Ele mesmo. Não existem incoerências entre o ser, o ter e o fazer, porque para Ele estes três domínios são um e o mesmo. O ser, o ter e o fazer não se expressam separadamente, pois o espírito não é um ser dividido pelo tempo e pelo espaço.

Cada instante em que agimos inspirados pelo Divino, o medo, a dúvida, o conflito e a escassez deixam de estar presentes. Mesmo em ambientes aparentemente escassos, o Divino encontra sempre a riqueza, porque Ele traz consigo o maior dos tesouros. Onde Ele está, a luz e o amor total estão também. E todo aquele que aceita a plenitude em si mesmo só a pode estender a todos. Sendo a sua natureza totalmente pacífica nada pode interferir com ela, nada se opõe à sua vontade, e tudo é obtido e feito sem esforço. Não há tempo que possa perturbar a paz daquele que não se vê limitado pelo tempo.

Para o Divino, o mundo do ego é apenas ilusão que não o engana e, portanto, o medo e a falta não têm qualquer significado. Movidos pelo Divino, todos os recursos estão à disposição no momento certo e nada nos é negado. Nada existe em excesso nem nada existe em défice porque Ele está em perfeito equilíbrio. Na presença do amor perfeito, tudo é divinamente proporcional a si mesmo. Em harmonia com o fluxo da vida, o nosso caminho é claro e sagrado. Não havendo conflito interior, nada nos pode perturbar. Confiamos na nossa jornada porque sabemos que Aquele que sabe o caminho caminha connosco, firmando cada passo nosso em direção à luz.

Para muitos, uma vida assim seria um autêntico aborrecimento pela sua previsibilidade e retidão. Mas essa perceção apenas demonstra quão pouco sabemos sobre a nossa essência espiritual e quão afunilada é a nossa visão da vida. A dimensão do ser é muito mais profunda do que alguma vez podemos sequer sonhar com a nossa forma limitada de pensar. **Só a experiência dita a verdade.** De outro modo, ela é impossível de ser reconhecida.

"Só a experiência própria é capaz de tornar sábio o ser humano."

[Sigmund Freud]

Portanto, fica claro que formas diferentes de ser geram formas distintas de obter e de funcionar. Em ego agimos em função do medo e da culpa, apenas sobrevivendo e procurando ter e fazer para ser alguma coisa, buscando continuamente o nosso valor e significado fora de nós. Em espírito o ter e o fazer estão contidos no mesmo ser que é completo por si mesmo e agimos em função do que já somos.

Partindo desta ideia, podemos interpretar à luz da verdade o real significado da palavra *"sacrifício"*. Como já vimos anteriormente, esta palavra pode ser decomposta pelas palavras *"sacro"* e *"ofício"*, o que por outras palavras significa *"ofício sagrado"*. O que fazemos como ser divino é um ofício sagrado. É algo que pelas suas qualidades merece um respeito profundo e não se pode deixar de cumprir, posto que a função da extensão de Deus é estender o que Ele mesmo é. Sendo Deus o próprio Amor, a nossa função é somente estender o amor. Amor é o que somos, logo o que fazemos quando estendemos o amor é somente **Ser** o que já somos. Essa foi a conclusão a que chegámos no capítulo *"Função do Ser (I)"* e é a conclusão a que chegamos aqui novamente.

O ser e a sua função são o mesmo.

Só somos inteiros exercendo a nossa função, assim como só exercemos a nossa função sendo inteiros. Nós não dependemos uns dos outros para receber amor, porque em nós Deus é o Amor que tudo dá e o Seu amor é completo em nós. Cada um é completo em si mesmo. Sendo assim, a busca do amor fora de nós é sem significado. Buscar fora o que já somos dentro é apenas insano. A ilusão de que somos seres parciais e de que algo nos falta se deve apenas ao não reconhecimento de que Deus vive em nós. De que outra forma poderíamos ser inteiramente amados se não tivéssemos o Amor inteiramente em nós?

A doação de Deus a nós é total. E na medida em que nos entregamos a Deus, o nosso amor também se torna total. Nunca houve outra função a ser atribuída à criação de Deus senão o que ela mesma é. Uma vez que o nosso ser é amor, dar e receber, amar e ser amado são uma e a mesma coisa. Tudo está contido em nós.

Dito isto, o que há a fazer?

Nada.

Sendo o espírito completo, o seu esforço para fazer alguma coisa é zero. Ele nada precisa fazer para tudo ser. Voltamos então àquele instante na nossa mente que cruza o tempo e o espaço no ponto (0,0) em que tudo é igual a si mesmo.

Nada é tão igual a si mesmo quanto o perfeito nada.

Sem nada fazer, sem nada realizar, tudo já foi feito e tudo já foi realizado. Portanto, a nossa função como espírito é simples e direta. Mas, enquanto seres divididos entre o ego que é um nada sem significado e o espírito que é o *nada* com todo o significado, muito ainda parecerá que temos a fazer, pois o medo que assola a nossa mente ainda lá está para ser trazido à luz da nossa consciência. As sombras que ainda mantemos escondidas na nossa mente longe da vista de tudo e de todos ainda nos impedem de aceitar a luz do mundo que somos. Para removê-las da nossa mente o segredo é não guardar segredos entre nós e o Divino. A nossa mente foi fechada nas sombras pelo ego. Todavia, sabendo que o Divino também lá está, podemos sempre optar por nada Lhe ocultar e entregar-Lhe todos os pensamentos. Na nossa mente Ele funciona como o nosso Confessionário, o nosso Guia, o Curador e o Consolador que pelo Seu perdão todo o erro desfaz, removendo todas as ideias equivocadas do que julgamos ser e ter feito. Só a Sua capacidade perfeita de nos ver como espírito perfeito e santo pode resgatar-nos das sombras em que nos confinámos.

Tentar desfazer o ego sozinho é um trabalho infrutífero que resulta em muitas frustrações porque, como tenho dito, o nosso discernimento entre o real e o irreal está por demais debilitado para o podermos fazer por conta própria. O que ensinámos a nós mesmos é um currículo impossível de ser desfeito pelo *"eu"* com que nos identificamos. É necessário abdicarmos do nosso cargo de mentores da nossa própria vida e ceder esse lugar ao verdadeiro Mestre em nós, para que Ele desfaça tudo o que aprendemos equivocadamente e nos relembre da verdade.

A verdade é inata em todos nós e vem através da intuição. É algo que simplesmente sabemos e não conseguimos negar mesmo que quiséssemos, porque a prova viva de que a verdade é verdadeira somos nós próprios. Tendo em mente que o conhecimento verdadeiro faz parte do espírito que somos, nada temos a aprender com o Divino. A sua função não é ensinar-nos, mas desfazer todo o ensinamento equivocado fundado no medo que aprendemos por nós mesmos. Desse modo, o caminho para alcançar a verdade em nós consiste em esquecer o que é irreal para lembrar somente o que é real.

Esse processo requer abandonar a necessidade de controlar por medo para abraçar a capacidade de confiar por amor. Quando confiamos, a nossa mente naturalmente se abre para receber o Divino. Um pouco de silêncio e quietude interna é o suficiente para demonstrar a nossa disponibilidade e permitir que Ele se manifeste em nós. Não havendo resistência da nossa parte, Ele ajuda-nos a cumprir com tudo o que tiver de ser cumprido no Seu plano, esvaziando toda a nossa bagagem de memórias falsas de dor que criámos e removendo todos os bloqueios ao Amor. Uma vez desfeito todo o erro na nossa mente, por fim o Divino nos conduz à nossa origem. No completo vazio da nossa mente, a verdade é revelada e tudo o que alguma vez pensámos ser e ter feito neste mundo é dissipado. A visão do espírito é restaurada e nenhuma forma de separação ou história passada é encontrada. Tudo é um, unido na paz e no amor eterno de Deus.

Até que o plano do Divino seja cumprido no tempo para toda a Filiação de Deus e todos regressem à Fonte, muito ainda há a desfazer na nossa mente e a cada um de nós é atribuída uma função especial. Essa função é sempre baseada na nossa própria cura, que se traduz na partilha da verdade em nós e no perdão que todo o equívoco desfaz. Em cada relacionamento que estabelecemos e em cada coisa que fazemos neste mundo, é-nos dada a oportunidade de curar as nossas feridas emocionais, libertando todas as mágoas que carregamos por tanto tempo, e estendendo a nossa real essência uns aos outros. A nossa disponibilidade para nos libertarmos de tudo o que não somos levará o Divino a desfazer toda a culpa em nós que em múltiplos cenários de medo e de conflito projetamos uns nos outros.

Por conseguinte, a necessidade de competir e de batalhar para sustentar a nossa posição neste mundo deixa de fazer qualquer sentido, pois o Divino em nós tudo sustenta. Nada precisamos de saber, já que Ele sabe perfeitamente qual o nosso papel e qual o nosso lugar. Nenhum de nós existe ao acaso neste mundo. Todos nós temos uma função especial a cumprir e ela pode ser expressa das mais diversas formas através de atos inspirados pelo Divino. Seguindo fielmente a Sua orientação calma e tranquilizadora, todo o medo é desfeito e toda a ação praticada é curativa, criativa e abençoada por Ele.

Toda a providência é Divina.

Nenhuma sombra do passado nos pode amedrontar, pois Aquele que carrega a luz em nós está presente para iluminar o nosso caminho e dissipar toda a escuridão da nossa mente. E assim, tudo o que antes era encarado como um buraco negro sem fim, é transmutado na mais bela e pura luz. Nesse estágio, dá-se o nosso renascimento e assumimos a nossa função de partilhar a luz com o mundo. E na medida em que a estendemos, assim todo aquele que se esqueceu que também é um ser de luz vem a ser recordado por ela.

Na plenitude da luz e do amor, assim somos e assim vivemos.

"Uma vez sabendo com absoluta certeza que nada te pode incomodar a não ser a tua própria imaginação, passas a ignorar os teus desejos e medos, conceitos e ideias, e a viver apenas da verdade".
[Sri Nisargadatta Maharaj]

(silêncio)

É Simples

A vida é simples e flui naturalmente. Se não a percebemos desse modo, é porque estamos a percecioná-la de forma equivocada. Como já referi, a complexidade vem toda do ego. Se queremos *descomplexar* a nossa mente, há duas premissas muito simples pelas quais nos podemos reger:

1. ***A vida é simples e sem esforço.***
2. ***Se não é simples e sem esforço, então estou enganado (a).***

Assumir este sistema de pensamento mantém a nossa mente constantemente disponível para aprender com o Divino ao invés de persistir sistematicamente no mesmo erro.

Para o Divino tudo é possível e tudo é fácil, mas o ego insiste em perceber as coisas como difíceis de alcançar, para não dizer impossíveis. Tanto assim é, que por bastante tempo nos parecerá que a paz absoluta é apenas uma utopia, quando na verdade é a única realidade possível. Isso é mais uma crença do ego que, não querendo ser varrido da nossa mente, está em constante resistência ao que é fácil e total.

Não é por acaso que desenvolvemos crenças como *"as coisas não caem do céu"* ou *"é demasiado bom para ser verdade"*. Todas essas crenças estão enraizadas no medo e na falta. O ego desconfia de tudo o que esteja além da sua compreensão limitada, e não faz o mínimo esforço para se fazer passar por nosso amigo quando percebe que a sua existência na nossa mente está ameaçada. É por isso que as barreiras que o ego ergue para nos impedir de conhecer o que transcende este mundo são mais que muitas.

"Será que é mesmo assim?"

"Mas é assim tão simples?"

"Acho muito difícil de crer nisso!"

"Como posso ter a certeza?"

"Só acredito vendo!"

O ego colocará todo e qualquer pensamento que tenhamos em cheque para que nunca desistamos dele. Ele é o ruído mental que garante que ficaremos para sempre presos ao medo e à dúvida. O mundo do ego é um mundo de ignorância. Ele ignora o que é óbvio porque o que é óbvio é perfeitamente claro e oblitera completamente da nossa mente o seu mundo obscuro, sem sentido e altamente complexo.

Ter a humildade para assumir à *priori* que ***"eu não estou em paz, por isso, só posso estar errado(a)"*** é o passo fundamental para sair do sistema de pensamento circular do ego que está programado para nunca encontrar nenhuma solução definitiva. Todas as soluções do ego são exclusivas, isto é, envolvem sempre alguma limitação, competição, comparação e/ou sacrifício. A sua maneira de pensar sempre envolve a eliminação ou exclusão de algo ou de alguém. As suas respostas nunca são totais nem benéficas para todos, visto que o ego funciona apenas como mecanismo de sobrevivência.

O ego preocupa-se com a dimensão quantitativa da vida, tratando apenas de garantir que as condições necessárias para a sua sobrevivência estão satisfeitas. Tudo o que diga respeito a aspetos qualitativos da vida tais como a felicidade, a paz, a harmonia, a alegria, o amor, são desconhecidos para ele. Uma vez que o ego não alcança o que isso seja, ele transforma todos esses aspetos em quantidade: mais dinheiro, mais posses, mais luxo, mais relações, mais pessoas, mais vícios, mais fama, mais conhecimento, mais viagens, mais experiências novas, mais, mais, mais... No fim de contas, o ego é um excelente sobrevivente, já que conseguiu sobreviver tanto tempo na nossa mente, disfarçado de *"eu"*. Mas é um pobre conselheiro. Respostas baseadas no medo, por menor que seja esse sentimento, geram apenas mais problemas, insegurança, desconfiança e escassez. Nada que advenha do ego pode alguma vez ser pleno.

O Divino é o nosso verdadeiro Guia e Conselheiro. Só Ele consegue dar-nos respostas plenamente satisfatórias e inclusivas. Não havendo nada nem ninguém à parte d'Ele, nada nem ninguém são deixados de parte. O Divino não nos reconhece como entidades separadas, pois Ele sabe que somos todos um único *ser* que sonha ser muitas coisas e se vê a si mesmo como separado em vários corpos.

Para o Divino, milagres não têm níveis de dificuldade. Tudo pode ser expresso naturalmente e sem esforço. Se não experimentamos milagres naturalmente, não é devido à falta de poder do Divino, mas devido à nossa falta de fé n'Ele. A voz do ego falará sempre em primeiro lugar e tentará sobrepor-se à voz do Divino inúmeras vezes. Ele sempre buscará formas de nos distrair com pensamentos de medo e estímulos exteriores para tentar responder a uma necessidade que só o Divino responde por inteiro. No entanto, a sua capacidade de nos transtornar não tem mais poder do que uma decisão consciente nossa de estar em paz.

A mente que escuta a voz do Divino é a que se deixa aquietar naturalmente e aceita o silêncio como sendo a sua única verdade. O Divino é a expressão máxima de amor. Ele jamais se manifesta para nos ferir ou separar. Tudo o que Ele expressa é perfeitamente pacífico e amoroso.

À medida que abrimos mais espaço na nossa mente para estar em sossego, mais nítida se torna a sua voz. Ela não é evasiva, não força a sua vontade sobre a nossa, estando sempre disponível para ser escutada quando assim quisermos. A verdade que ela expressa é pura e inocente. Ela assegura-nos que é possível estar em paz e em harmonia independentemente dos desafios que o mundo nos apresente.

Tanto o conflito como a paz estão em nós e só um podemos escolher. Para que a paz interior seja espelhada no exterior, o conflito deve cessar em nós primeiro. A recorrência constante ao Divino ajuda-nos a libertar a culpa pela prática do perdão e a transmutar emoções de medo em amor. Quanto mais Lhe entregamos os nossos pensamentos, mais paz sentimos e menos influência o mundo tem sobre nós.

Uma vez ouvindo a sua voz e sentido a Sua presença viva, todas as dúvidas do ego simplesmente se dissipam. Nenhuma palavra pronunciada pelo ego alguma vez poderia expressar tamanha sensação de paz.

(silêncio)

Poderia a nossa vida ser mais simples do que isto? Como disse, só o ego requer complexidade. E tudo o que é complexo é apenas para ser desfeito, pois a vida de complicado nada tem.

"A vida é muito simples, mas nós insistimos em torná-la complicada."

[Confúcio]

(silêncio)

NEgo

Um dos desafios que enfrentamos com alguma recorrência prende-se ao facto de atribuirmos ao ego um sentido de identidade. Incorporámos por tanto tempo um falso *"eu"* que a tendência por um tempo significativo será de ainda atribuir validade a essa máscara. Podemos pensar em coisas como *"lá está o ego!"* ou *"já me deixei enganar pelo ego!"* como se ele realmente existisse. Isso implica dar forma e identidade a algo irreal.

O ego não existe.

Como disse anteriormente, o ego nem nome deveria ter porque o que ele é, nós não somos. É apenas um construto mental, uma conceção do *"não eu"*, uma ideia da negação do ser real. É um autoconceito falso feito por nós mesmos, uma crença insana de que poderíamos ser diferentes de Deus, uma mentira em que depositámos a nossa fé.

O ego não tem nada de substancial para ser real. Não vale a pena tentar separar a nossa identidade do ego e fazer dele um convidado indesejado na nossa mente. Sendo o ego uma ilusão, temos a garantia de que cedo ou tarde toda a ilusão será desfeita. Fazer um esforço adicional para tentarmos livrar-nos dele é o mesmo que dar a indicação de que cremos que ele existe e reforçar a presença da sua voz em nós. Quanto maior é a resistência ao ego, mais forte é a crença nele. Tudo aquilo a que resistimos, nós criamos na nossa mente.

Resistir é criar.

E é assim que criámos o ego em nós mesmos, experimentando uma existência bipolar dividida entre o verdadeiro e o falso.

Aceitar tudo o que vem à nossa mente sem dar qualquer significado é o modo mais natural de lidar com o ego. Ele nunca foi real, mas falará tantas vezes em nós quanto lhe resistirmos. Há uma diferença substancial entre ter pensamentos e dizer: *"isto é o ego"* e simplesmente não reagir aos pensamentos. No primeiro caso, estamos a resistir a algo que não existe. No segundo, aceitamos simplesmente que o impossível não existe.

No silêncio só nós somos reais. Tudo o resto é invenção de uma mente confusa. Aceitando plenamente que essa voz não somos nós, nunca foi nem nunca será, podemos simplesmente deixá-la partir. Conseguimos baixar totalmente a nossa guarda, completamente desarmados, sabendo que coisa alguma tem qualquer poder sobre nós. Os pensamentos podem ir e vir na nossa mente sem preocupações, porque não lhes atribuímos significado algum. E sem significado não há apego, não há ataque, não há medo.

"Para uma alma absolutamente livre de pensamentos e emoções,

até o tigre não encontra lugar para inserir as suas garras ferozes."

[Um Padre Taoista]

Mesmo que sejamos tentados a dar algum significado, temos a certeza que tudo o que é temporário irá embora. Um instante de tomada de consciência em silêncio e em aceitação é o suficiente para cessar a corrente de pensamentos. Nada ao qual não resistamos restará. Somente o que é perfeitamente quieto e silencioso permanece. E é nessa quietude que nos encontramos verdadeiramente. É assim que tudo se torna simples e tudo vem a ser o que sempre é. Portanto, podemos aceitar qualquer coisa que venha até nós e dar as boas-vindas, pois na nossa casa só o amor e a paz de Deus habitam. Mais *nada*.

Sê impecável no pensamento e só o real permanecerá.

(silêncio)

Perdão

O processo de transição entre ego e Divino requer numa fase inicial uma vigilância mental regular, porque, como mencionei, a voz do Divino é fraca em nós e apenas com a prática contínua do perdão é possível que ela se torne cada vez mais presente em nós.

À medida que nos ligamos cada vez mais ao Divino, a nossa forma de ser e de estar moldar-se-á a Ele e é aí que o ego se tornará ainda mais subtil e dissimulado em nós. Falas mansas são perigosas e nisso o ego é bem mais experiente do que a pequena consciência que temos de nós mesmos.

Quanto mais momentos de felicidade experimentamos, mais *sofisticados* são os riscos que corremos de cair novamente em erro, pois não será muito difícil para o ego mostrar a faceta bela e agradável se esse for o nosso desejo. O ego é a representação de tudo o que acreditamos ser real. Se cremos num *"mundo cor-de-rosa"* tenderemos a ignorar o seu oposto e assim a nossa aceitação não será total. O amor não é parcial, mas total. Se queremos viver em verdade, nada pode ser ocultado na nossa mente. Tudo o que nos perturba deve ser trazido à luz da nossa consciência e transmutado em amor, ou não conseguiremos atingir a paz plena.

O ego facilmente oscilará entre o que é bom e mau, dependendo dos nossos desejos. Afinal, ele é o nosso desejo inconsciente de permanecermos separados de Deus. Ele continuará a manifestar-se na nossa mente enquanto optarmos por manter pensamentos à parte do Divino. Até que estejamos dispostos a colaborar plenamente com Ele, muitas serão as resistências que alimentaremos contra a nossa própria luz.

É importante ressalvar que qualquer pensamento ou emoção que surja em nós que não envolva paz deve ser entregue mentalmente ao Divino, porque só Ele consegue corrigir os nossos pensamentos equivocados e desfazer o seu significado na nossa mente. Sem essa entrega, os padrões do ego continuarão a subsistir na nossa mente. Por vezes parecerão ter-se ido embora, somente para regressarem mais tarde e mostrarem que aquilo para o qual não quisemos olhar e entregar ainda persiste. É assim que o estado de identificação com o ego é mantido.

As armadilhas do ego para cair em erro são mais que muitas. Contudo, mesmo que a sua dissolução nem sempre pareça tarefa fácil na nossa perceção, também não é impossível. **A prática do perdão é a chave para desfazer o ego.** Uma forma de poupar tempo com questões do ego passa por seguir mentalmente os seguintes passos:

1. ***Tudo o que se refere ao ego é passado.*** *São memórias equivocadas que tenho acerca de mim e do mundo.*

2. *O Divino é perfeitamente quieto agora, por isso qualquer voz que fale na minha mente que não me traga paz neste instante não sou eu, mas apenas memórias passadas que se repetem.*

3. *Tudo o que penso, sinto, faço e percebo em mim e no mundo é só passado.*

4. *Nada nem ninguém é culpado, porque a culpa vem da ideia de que estou separado(a) de Deus e que essa memória é real.*

5. *Eu não tenho capacidade de desfazer a culpa do passado em mim, mas o Divino em mim tem.*

6. *No presente só o Amor é real, tudo o resto é irreal.*

7. *Recebo e aceito o Divino em mim, para que todos os pensamentos/memórias de culpa sejam transmutados em amor presente.*

Seguindo esta linha de raciocínio, procuremos compreender o que é verdadeiramente o perdão.

A palavra *"perdão"* que deriva do latim *"perdorane"* revela por si mesma o seu propósito. O termo *"per"* significa *"total, completo"*, seguido do termo *"donare"* que significa *"dar, entregar, doar"*. Unindo o significado dos dois termos, podemos concluir que:

Perdoar é doar na totalidade ou entregar por completo.

Há muito tempo que nos esquecemos o que é ter essa capacidade de nos doarmos por inteiro a algo ou alguém e à vida no geral, porque em muitas situações olhámos para fora e pensámos ter visto um mundo onde as pessoas não nos aceitam pelo que somos. Mas esse mundo é apenas um reflexo da perda da nossa fé em nós mesmos, o que implica também a perda da fé na nossa total inocência.

A infância tende a ser o período da nossa existência em que estamos mais abertos para nos doarmos, pois nesses primeiros anos a noção de *"eu"* ainda está em formação e sem as limitações autoimpostas vivemos naturalmente mais o momento presente. Mesmo assim, o ego não deixa de existir enquanto nos mantemos identificados com o corpo. Uma vez formado esse *"eu"* na nossa mente, a nossa identidade passa a ser regida por um histórico pessoal e as barreiras inconscientes que ocultam a nossa luz tendem a ser erguidas novamente. Assim, o passado torna-se na máscara que vestimos para esconder o ser de luz que somos agora. O passado acarreta culpa porque ele reflete a ideia inconsciente de que somos o que pensamos e não como Deus nos fez. Dessa maneira, não conseguimos reconhecer a nossa plena inocência como Sua criação agora.

O passado carrega a culpa.

O presente traz a inocência.

Estando identificados com o passado, essa máscara não pode ser desfeita por nós. Todavia, podemos delegar essa tarefa Àquele que nos conhece como perfeitamente inocentes e nos vê tal e qual como somos.

Como já percebemos, o ato de perdão é um ato de doação total. Só o Divino em nós consegue doar-Se por inteiro, porque o Seu amor por nós é total. É por isso que só Ele perdoa verdadeiramente. O Divino é o grande corretor da nossa mente que todo o equívoco desfaz.

Portanto, **perdoar significa desfazer o erro na nossa mente do que pensamos ser**. Quer chamemos desapego ou perdão, ambos os termos significam o mesmo, porque, em última instância, perdoar também significa *"deixar ir"*. Para podermos reconhecer o amor e a inocência em nós, todas as camadas de cebola que criámos em torno da nossa própria luz devem ser desfeitas. Posto isto, é na rendição total ao Divino que recebemos a correção pelo Seu amor. Essa é a nossa real função.

Ao confiar-Lhe a nossa vida, estamos a aceitar receber tudo d'Ele. Na essência, estamos a aceitar unicamente o que já somos. Entregando-Lhe os nossos pensamentos/memórias de culpa e de dor, Ele fará o processo de limpeza e ajustará o tempo e o espaço para que os padrões nocivos que ainda alimentamos sejam desfeitos na nossa mente e não se repitam no futuro. Dessa forma, asseguramos que o futuro não será uma reprodução do passado, mas algo livre para ser vivido como novo.

A consciência que temos de nós ainda é por demais pequena para sabermos que correções são feitas por Ele. Contudo, mantendo a fé n'Ele tudo se desfaz e verdadeiros milagres acontecem.

Perdoar é um ato Divino.

Embora o nosso papel no perdão seja muito pequeno face ao que o Divino exerce, ele é imprescindível para a libertação de toda a Filiação de Deus. Como tenho dito ao longo da obra, dar e receber são o mesmo. No Céu não há separação entre um e outro. Portanto, ao recebermos a correção através do Seu amor, recebemos automaticamente por todos nós. É assim que **um salva todos e perdoar um é perdoar todos**. Ao aceitarmos o perdão das memórias de dor que partilhamos em comum, estamos a esvaziar a nossa *"pilha de lixo"* coletiva para viver unicamente em Deus. Através do perdão, toda a culpa e dor é desfeita e transmutada no mais puro amor. E quando o amor flui, a vida flui naturalmente. Não existe medo, não existe culpa, não existe escassez, não existe nada.

A vida é como sempre foi: **o perfeito *presente* de Deus**.

O perdão traz a paz porque tudo desfaz.

Aceita receber o perdão Divino. Ele nada exige de ti. E em troca, Ele retorna-te a tua perfeita inocência e o pleno amor que és.

"Seja a vossa atitude a mesma de Cristo Jesus, que, embora sendo Deus,

não considerou que o ser igual a Deus era algo a que devia apegar-se;

mas esvaziou-se a si mesmo, vindo a ser servo,

tornando-se semelhante aos homens."

[Filipenses 2:5-11]

(silêncio)

Prática

O instante em que a nossa mente dividiu-se entre o real e o irreal gerou a ilusão de que somos seres separados por corpos. Dentro deste sonho, parece que muito tempo se passou desde que esse instante ocorreu, ao ponto dessa memória ter sido profundamente recalcada no nosso inconsciente. Contudo, uma vez tomada a consciência de que estamos apenas a sonhar com o irreal, podemos tomar agora a decisão de fazer o caminho de retorno para a verdade, desfazendo todo o equívoco na nossa mente. Iremos assim abordar algumas práticas que nos auxiliam no caminho da união.

Como pudemos concluir no capítulo *"Zero"*, a nossa natureza é puro espírito, é o vazio, o *nada*, o zero. Ele está sempre aqui neste preciso momento em todas as coisas e em todos os seres desde o micro ao macro. No entanto, o vazio é última coisa que conseguimos perceber neste universo cheio de formas separadas, num tempo e espaço que parecem nunca mais acabar. Para nós, tudo tem uma forma porque tudo tem um significado. Se não atribuíssemos qualquer significado a coisa alguma neste mundo, se não depositássemos nenhuma crença no que é temporário, o mundo e todo o seu conteúdo literalmente não existiriam. O que faz este mundo fragmentados em coisas parecer tão real são as nossas crenças inconscientes que sustentam a sua existência na nossa mente. E tem sido uma escolha nossa manter o foco na forma que espelha o nosso desejo inconsciente de estar separado de Deus. É por essa razão que percecionamos as coisas em vez do vazio que está em todas elas e que tudo une.

O caminho para retornar ao zero absoluto, vazio de ideias, conceitos e formas, não é difícil. É talvez a coisa mais fácil de se fazer, visto ser a única realidade possível. Porém, isso requer uma prática contínua para uma mente destreinada como a nossa, pois muito facilmente divagamos em pensamentos e atribuímos significado, ordem e medida a tudo o que é pensado. E cada vez que o fazemos, estamos a fragmentar a nossa mente e a negar a nossa natureza vazia. Portanto, dissipar todo o equívoco da nossa mente inclui um treino contínuo no qual mudamos o nosso foco do conteúdo mental para o vazio da mente.

A palavra "*sunya*", "*shunya*" ou "*shoonya*" originalmente criada pelos hindus para se referirem ao *"vazio"*, já era conhecida há muitas gerações pelos *yogis* nas suas práticas meditativas. Nos últimos tempos, tem vindo a ganhar cada vez mais praticantes pelo mundo inteiro, como consequência da globalização da espiritualidade. Passo assim a citar o *yogi* Jaggi Vasudev, mais conhecido mundialmente por Sadhguru, que esclarece objetivamente este conceito e nos mostra quão insana é a forma como operamos neste mundo.

"Qual é o significado de Shoonya? Shoonya como uma palavra poderia ser traduzida como "vazio", embora a palavra "vazio" não faça justiça ao Shoonya. Vazio é uma espécie de palavra negativa – sugere uma ausência de algo que deveria estar lá. Shoonya não é uma ausência – é uma presença sem limites. O zero foi inventado na Índia. Quando inventámos o zero, não o vimos como uma ausência, mas como o número final. O zero não significa nada, mas pode acrescentar valor a qualquer outro número. Shoonya é assim. Para o colocar numa certa perspetiva – os cosmólogos modernos dizem que mais de noventa e nove por cento do cosmos está vazio. Mais de noventa e nove por cento de um átomo está vazio. Noventa e nove por cento da existência está vazia. Isto é o que nos referimos como Shoonya. Como a vida que é, tem uma escolha: pode ser uma criatura pequena neste vasto vazio, ou pode ser aquele vazio que é a fonte de toda a criação. É disso que nos aproximamos com a meditação Shoonya.

Na sua opinião pessoal, você é a vida mais importante nesta criação. Na sua estrutura familiar, é uma das vidas mais importantes. Na cidade, pode ser um pouco importante, mas eles podem passar sem si. Na nação, é uma pessoa de muito pouca importância – se se for embora, ninguém vai reparar. No mundo, você é um pedaço de vida ainda mais pequeno. No espaço cósmico, é quase inexistente. Mesmo se não pensarmos conscientemente sobre isso – algures no fundo, todos sabem disso. É por isso que toda a bravura, toda a decoração, toda a acumulação [existe] – porque, de alguma forma, há um desespero para fazer de si mesmo uma vida substancial.

Quer seja riqueza, dinheiro, ego, educação, ou família – tudo isto são apenas esforços para de alguma forma se fazer sentir como se fosse uma vida que vale a pena. Mas quando cada átomo do seu corpo está noventa e nove por cento vazio e todo o universo está noventa e nove por cento vazio, significa que este nada[*]* que é a fonte da criação está a pulsar dentro de si, em cada célula do corpo. Se isto se tornar uma experiência viva, então viverá de forma muito diferente. Em busca disso, os reis escolheram tornar-se mendigos. Gautama Buda caminhou como um mendigo. Shiva caminha como um mendigo. Isto demonstra que eles encontraram algo que não precisa de decoração, amplificação, ou adições de qualquer tipo. É a coisa que ocupa todo o cosmos. Uma vez que me sento aqui, isto é completo por si só.*

Esta dimensão da vida necessitaria geralmente de muita preparação. Mas hoje em dia, as pessoas só estão dispostas a dar uma quantidade muito pequena de tempo. Esta é a dificuldade de ser um Guru no século XXI. Tal como o nada[*]* é embalado em cada átomo e cada célula do seu corpo, embalamos Shoonya numa meditação. É como um comprimido Shoonya. Estou a torná-lo ridículo, porque a forma como a maioria das pessoas no mundo se movem na vida é ridícula. Nesta vasta existência, você é tão pequeno, mas pensa que é grande. Já vi muitas pessoas, para quem a sua casa, a sua família, os seus disparates, as suas joias, as suas propriedades eram tão importantes, que lutaram por ela até ao último dia. E de repente, estavam mortos. Tentei indicar-lhes isso enquanto estavam vivos, mas eles não estavam interessados. É lamentável que apenas com a morte, as pessoas caiam em si.*

---

[*] A versão original deste texto está em inglês. O termo inglês *"nothingness"* não tem tradução em português, mas seria o equivalente à palavra *"nada"*. Esta palavra inglesa pode ser decomposta em *"no"* e *"thingness"* que traduzido em português significa "não" e "coisa". Como já foi mencionado no capítulo "Eureka!", nós não somos uma coisa; somos nada.

Suponhamos que se tivesse noventa e nove por cento num exame, ficaria muito satisfeito com os noventa e nove por cento e disposto a ignorar esse um por cento. Neste momento, noventa e nove por cento é Shoonya. Um por cento é criação. Na meditação Shoonya, deixamos este um por cento de lado durante algum tempo e desfrutamos dos noventa e nove por cento. Tem-se ignorado os noventa e nove por cento até agora, o que é ridículo. Correndo atrás da plenitude, tantas frustrações vieram. Se o bolso de alguém estiver mais cheio do que o seu, fica frustrado. Se o celeiro de alguém estiver mais cheio do que o seu, você fica frustrado. Se o coração de alguém está mais cheio do que o seu, você fica frustrado. É por isso que estamos a ensinar um novo jogo onde de qualquer forma se pode ganhar. Afinal de contas, o vazio é mais fácil do que a plenitude.

Shoonya significa "vazio", ou, mais precisamente, "nada"(*). Uma forma ainda mais apropriada de o dizer é com um hífen entre "não" e "coisa". É "não-coisa". Isso significa que é uma dimensão para além da natureza física. Shoonya significa não fazer nada."

Para nós que estamos habituados usar o tempo para tudo, menos para estar em sossego, desenvolver hábitos como o silêncio e a quietude nos primeiros tempos de prática pode ser no mínimo desafiante. A meditação *Shoonya* é o meio através do qual aprendemos a estar no vazio da mente. Ela faz parte do vasto leque de práticas milenares corpomente encontradas no *Yoga*. Enraizado na cultura hindu, a filosofia e prática do *Yoga* tem sido cada vez mais difundida pelo mundo inteiro, na medida em que a nossa consciência coletiva se expande na busca de nos conectarmos com a nossa natureza Divina. Citarei, portanto, o Dr. Ishwar V. Basavaraddi (físico hindu, Mestrado em Física, Doutorado em Filosofia do *Yoga* e Diretor do Instituto Nacional de *Yoga Morarji Desai*), para nos dar uma melhor noção do que constitui a base do *Yoga*.

"O Yoga é essencialmente uma disciplina espiritual baseada numa ciência extremamente subtil, que se concentra em trazer harmonia entre a mente e o corpo. É uma arte e um princípio de vida saudável. A palavra 'Yoga' deriva da raiz sânscrita 'Yuj', que significa 'aderir' ou 'jugo' ou 'unir-se'. Segundo as escrituras iogues, a prática do Yoga conduz à união

da consciência individual com a da Consciência Universal, indicando uma perfeita harmonia entre a mente e o corpo, Homem e Natureza. De acordo com os cientistas modernos, tudo no universo é apenas uma manifestação do mesmo firmamento quântico. Aquele que experimenta esta unicidade de existência é dito estar em yoga, e é denominado de yogi, tendo atingido um estado de liberdade referido como mukti, nirvana ou moksha. Assim, o objetivo do Yoga é a Autorrealização, para superar todos os tipos de sofrimento que conduzem ao "estado de libertação" (Moksha) ou "liberdade" (Kaivalya). Viver com liberdade em todas as esferas da vida, saúde e harmonia serão os principais objetivos da prática do Yoga. "Yoga" também se refere a uma ciência interior composta por uma variedade de métodos através dos quais os seres humanos podem realizar esta união e alcançar o domínio sobre o seu destino. Yoga, sendo amplamente considerado como um "resultado cultural imortal" da civilização do Vale do Indo Saraswati – que data de 2700 a.C., provou ser capaz de satisfazer tanto a elevação material como espiritual da humanidade. Valores humanos básicos são a própria identidade de Yoga Sadhana."

Há outra tradição filosófica e espiritual que também tem vindo a ganhar maior expressão a nível mundial. Falamos do Budismo, cujos ensinamentos e práticas meditativas baseados no caminho de despertar de Sidarta Gautama (Buda) nos conduzem à realização do vazio em nós e têm como finalidade a iluminação. Para além de funcionarem como uma verdadeira terapia para a mente, estas práticas potenciam o desenvolvimento do nosso foco, fé e disciplina, que a longo prazo permite-nos aceder a camadas mais profundas do nosso ser. O Budismo atravessou muitos pontos do globo e ao longo do tempo as suas tradições adquiriram outros contornos e designações em diferentes regiões. Mesmo assim, as suas raízes assentes na meta do despertar através da prática meditativa nunca mudaram. Para dar um exemplo, citarei o mindworks.org que num dos seus artigos aborda a Meditação Zen, também conhecida por *zazen*.

"A meditação Zen é uma antiga tradição budista que data da dinastia Tang na China do século VII. Desde as suas origens chinesas, espalhou-

se pela Coreia, Japão e outras terras asiáticas, onde continua a prosperar. O termo japonês "Zen" é um derivado da palavra chinesa Ch'an, ela própria uma tradução do termo indiano dhyana, que significa concentração ou meditação.

A meditação Zen é uma disciplina budista tradicional que pode ser praticada tanto por meditadores novos como por meditadores experientes. Um dos muitos benefícios da meditação Zen é que ela proporciona uma visão de como a mente funciona. Tal como com outras formas de meditação budista, a prática Zen pode beneficiar as pessoas de inúmeras formas, incluindo o fornecimento de ferramentas para ajudar a lidar com questões de depressão e ansiedade. O propósito mais profundo é espiritual, uma vez que a prática da meditação Zen revela a clareza inata e a praticabilidade da mente. No Zen, experimentar esta natureza original da mente é experimentar o despertar.

Para os budistas Zen, a meditação envolve observar e deixar ir os pensamentos e sentimentos que surgem na corrente da mente, bem como desenvolver a perceção da natureza do corpo e da mente. Ao contrário de muitas formas populares de meditação que se concentram no relaxamento e no alívio do stress, a meditação Zen aprofunda-se muito mais. A meditação Zen aborda questões profundamente enraizadas e questões gerais da vida que muitas vezes parecem carecer de respostas, e fá-lo com base na prática e intuição em vez de estudo e lógica. Zen/Ch'an foi descrito pelo grande mestre budista Bodhidharma como "Uma transmissão especial fora dos ensinamentos; não estabelecida sobre palavras e letras; apontando diretamente para o coração humano; vendo a natureza e tornando-se um Buda". (...)

Em vez de oferecer soluções temporárias para os problemas da vida, Zen e outras formas de meditação budista procuram abordar questões centrais. A prática aponta para a verdadeira causa da infelicidade e insatisfação que todos nós experimentamos e desloca o nosso foco de uma forma que traz a verdadeira compreensão.

A verdadeira chave para a felicidade e bem-estar não é a riqueza ou a fama – ela está dentro de nós. Como todos os outros caminhos espiritu-

ais genuínos, o budismo ensina que quanto mais se dá aos outros, mais se ganha. Também encoraja a consciência da interligação e a apreciação de todos os pequenos dons que a vida nos oferece, todos contidos dentro deste momento presente. À medida que a nossa preocupação e compaixão pelos outros se expande, a nossa realização pessoal aumenta gradualmente em sincronia. (...) Esta é verdadeiramente a dimensão espiritual do Zen.

A nível quotidiano, Zen treina a mente para alcançar a calma. Os meditadores são também capazes de refletir com melhor foco e mais criatividade. A melhoria da saúde física é outro benefício: as pessoas que praticam zazen relatam pressão sanguínea mais baixa, redução da ansiedade e do stress, melhores sistemas imunitários, sono mais restaurativo, e outras melhorias."

No verywellmind.com, podemos encontrar outro artigo que complementa esta descrição da meditação Zen e que passo a citar.

"O objetivo da meditação Zen é regular a atenção. É por vezes referida como uma prática que envolve "pensar em não pensar".

A meditação Zen é considerada uma "meditação de monitorização aberta", onde são utilizadas técnicas de monitorização. Estas capacidades de monitorização são transformadas num estado de consciência reflexiva com um amplo âmbito de atenção e sem focar um objeto específico.

A meditação zen é semelhante à atenção na medida em que se trata de focar a presença da mente. No entanto, a atenção concentra-se num objeto específico, e a meditação Zen envolve uma consciência geral.

Ao contrário da bondade amorosa e da meditação da compaixão, que se centra no cultivo da compaixão, ou meditação mantra, que envolve a recitação de um mantra, a meditação Zen envolve uma maior consciência dos processos físicos e autorreferenciais em curso.

Os indivíduos que praticam a meditação Zen tentam expandir o seu âmbito de atenção para incorporar o fluxo de perceções, pensamentos, emoções, e consciência subjetiva.

A meditação Zen envolve frequentemente manter os olhos semiabertos, o que difere da maioria das outras formas de meditação que encorajam o fecho dos olhos. Durante a meditação Zen, os praticantes também descartam quaisquer pensamentos que lhes saltem à mente e essencialmente não pensam em nada.

Com o tempo, eles aprendem a não vaguear e podem até ser capazes de penetrar nas suas mentes inconscientes. Muitas vezes, o objetivo é tornar-se mais consciente das noções pré-concebidas e ganhar perceção de si próprio."

Existem muitas formas de praticar meditação, visto que a própria palavra é genérica e não define nenhum método em específico. Meditar não implica necessariamente estar parado e sentado de pernas cruzadas. Mesmo em movimento é possível estar num estado meditativo. A prática da quietude é fundamentalmente interna e pode ser feita a qualquer instante, em qualquer lugar. Práticas como o *qigong*, as artes marciais, a autoexpressão criativa são também caminhos que nos levam à realização do espírito.

Em estudos mais aprofundados sobre o Budismo e o *Yoga,* verificamos que aquilo a que chamamos meditação abarca um sistema de práticas muito mais refinado que advém de milénios de estudo passados de geração em geração. Mas de um ponto de vista global, a meditação tem o papel crucial de nos conduzir à expansão da nossa consciência e à união com Deus. Quer lhe chamemos meditação, contemplação, zen, *mindfulness*, seja qual for o nome que lhe possamos atribuir, a essência é sempre a mesma. Respirar, aquietar e silenciar internamente é tudo o que é necessário fazer, pois tudo já habita em nós.

A paz é agora.

Em estágios mais avançados de meditação o corpo não é percebido como algo separado da mente, mas sim como o veículo através do qual o espírito se manifesta. À medida em que nos entregamos mais ao vazio da mente, a busca pela satisfação das necessidades instintivas do corpo gradualmente deixa de exercer a sua influência sobre nós. Desse modo, vivemos cada vez mais da natureza subtil do espírito. O corpo cessa de ditar o que devemos sentir, pois o estado de identificação com ele é desfeito para dar lugar à mente que está subjacente a todas as manifestações sencientes. O estado da mente decreta o estado do corpo. É a mente que decide o que corpo deve sentir. E a sua decisão é clara como a água. Vazia de todas as ideias ilusórias, a paz manifesta-se naturalmente no seu silêncio.

A real natureza do ser está no seu silêncio.

Quando o ruído em nós é reduzido a zero, o silêncio e a quietude se firmam em nós. E neles, a natureza vazia de todas as coisas e de todos os seres é-nos revelada. Sem nada pensar, dizer, ter ou fazer, tudo já foi pensado, dito, obtido e feito, pois o Espírito tudo é. Unido a Ele, tudo é exatamente como deve ser, sempre aqui e agora.

"Não há lugar para ir, tudo o que existe está aqui.
Aprofundar é a única saída."
[Wu Hsin]

Posto isto, não existe outro modo de conhecer a nossa real natureza senão pela experiência direta. Se queremos saber que tesouros o silêncio nos reserva, nada como o praticar, pois só pela prática conhecemos a verdade.

"Honrai as verdades com a prática."
[Helena Blavatsky]

Honremos a prática com o nosso...

(silêncio)

Curiosidade: A prática do silêncio interior desperta todo o nosso potencial, pois é no vazio da mente que toda a inteligência Divina reside. Capacidades como o dom da cura, a criatividade, a genialidade, a sabedoria, a intuição, a premonição, a telepatia, a mediunidade, o acesso a memórias e conhecimento de outras existências, a projeção astral, a levitação, o teletransporte e muitas outras habilidades consideradas sobrenaturais, são tudo manifestações do poder infinito do espírito. Ao longo da nossa história e até aos dias de hoje, temos vários exemplos de *yogis*, monges, mestres e praticantes de todo o tipo de artes que, ao progredirem na sua conexão com o Divino, desenvolveram uma ou mesmo várias destas habilidades.

Tudo pode ser alcançado para a mente que se abre para o Todo.

Rendendo tudo ao nada, nada é impossível.

"Tudo posso naquele que me fortalece."
[Filipenses 4:13]

Religião e Espiritualidade

Durante o percurso que fizemos nesta obra, abordámos diferentes termos religiosos, filosofias de pensamento e práticas com o intuito de unificar o nosso pensamento num só propósito comum a todos nós e que todo o esclarecimento traz à nossa mente. Seguindo esta linha de raciocínio, vamos falar um pouco sobre religião e espiritualidade e compreender como ambas abordam a conexão com o Divino.

A palavra religião deriva do latim *"religio"* que significa *"louvor e reverência aos deuses"*. Ela também é associada ao termo *"religare"* que significa *"religar"* ou *"voltar a unir"*. Se interpretarmos segundo esta última forma, a religião é a meio através do qual nos religamos ao Divino. Nesse aspeto, não há qualquer diferença entre religião e espiritualidade. Todavia, ao contrário da espiritualidade que não estabelece limites e abraça todos os caminhos, as religiões podem por vezes divergir na sua doutrina, condicionando a forma como percebemos e experimentamos a ligação com o Divino. Assim, vamos aprofundar mais sobre este assunto, citando um artigo do biographyonline.net que clarifica quais são as principais diferenças entre a religião e a espiritualidade.

"A religião é um caminho para Deus. Espiritualidade é também um caminho para Deus. No entanto, têm diferenças na abordagem.

"A essência da religião:
Teme a Deus e obedece a Deus.
A quintessência da espiritualidade:
Amar a Deus e tornar-se outro Deus."
– Sri Chinmoy

Estas são algumas das principais diferenças entre religião e espiritualidade.

Experiência vs Crença *– A religião implica geralmente a adesão a um certo dogma ou sistema de crenças. A espiritualidade dá pouca importância às crenças intelectuais, mas preocupa-se em crescer e experimentar a consciência Divina.*

Medo vs Amor *– Com bastante frequência a religião adota a abordagem de temer a Deus. A religião preocupa-se frequentemente com o pecado, a culpa e um conceito de um Deus que castiga. A abordagem espiritual a Deus é feita através do caminho do amor. Este é um amor onde não há julgamento – apenas aceitação. A espiritualidade sente que os chamados pecados são apenas ignorância com base numa falsa crença de quem somos.*

Onde está Deus? *Muitas vezes a religião fala de Deus como estando no alto dos céus. Por vezes, Deus pode parecer longe do alcance de uma humanidade aspirante. A espiritualidade mostra-nos que Deus é omnisciente e omnipresente e pode ser sentido como uma presença viva no nosso próprio coração. A Espiritualidade diz que não há separação entre o Criador e a Sua Criação.*

Uma Verdadeira Religião vs Universalidade *– Muitos seguidores da religião sentem que só o seu caminho pode conduzir à salvação. Eles têm uma fé tremenda na sua própria religião, mas ao mesmo tempo, sentem que outras religiões estão erradas. Por conseguinte, podem sentir a necessidade de converter outros à sua fé.*

"Todo o fanatismo é falso, porque é uma contradição da verdadeira natureza de Deus e da Verdade. A Verdade não pode ser trancada num único livro, a Bíblia ou Veda ou o Alcorão, ou numa única religião".
– Sri Aurobindo

A espiritualidade sente que todas as crenças são válidas; como a analogia de muitos caminhos que conduzem ao mesmo objetivo. A espiritualidade abrange todas as religiões do mundo, mas ao mesmo tempo, não é limitada por quaisquer dogmas ou formas religiosas.

"Acreditamos não só na tolerância universal, como aceitamos todas as religiões como verdadeiras. Como diferentes correntes com diferentes

fontes, todas misturam as suas águas no mar. Assim diferentes tendências, embora pareçam ser várias, tortas ou direitas, todas conduzem a Deus."
– Swami Vivekananda – do Discurso no Parlamento Mundial das Religiões (1893)

***Adoração Exterior vs Adoração Interior** – A religião coloca mais ênfase nas formas exteriores e rituais exteriores. A espiritualidade está menos preocupada com os rituais exteriores. A espiritualidade diz que o que é importante é a atitude interior de um buscador. Através da prática da espiritualidade, procuramos desenvolver um santuário interior no nosso próprio coração.*

Religião e espiritualidade evocam diferenças, mas, ao mesmo tempo, são apenas termos e palavras. Espiritualidade e religião podem ser inter-cambiáveis. A fronteira entre a religião e a espiritualidade é fluida. Em vez de um debate entre religião e espiritualidade, poderíamos pensar na diferença entre a religião humana e a religião divina.

Se a religião é boa ou má, depende realmente da forma como é praticada e vivida.

Através do seguimento da sua religião, os grandes santos alcança-ram os frutos e realizações de uma abordagem mística a Deus. Isto inclui místicos cristãos como Santa Teresa de Ávila, São Francisco de Assis, e santos sufistas como Rumi, Hafiz e Attar. Cada religião tem produzido buscadores espirituais da mais alta ordem."

Por mais direitos ou tortos que sejam os trilhos dos rios,

todos eles acabam por desaguar no mar

e fundir-se pacificamente no oceano.

Independentemente das nossas crenças e convicções e da forma como nos religamos ao Divino, é importante realçar que todo o caminho é santo e sagrado. Não há melhor nem pior caminho a seguir para descobrir a verdade em nós. Todos os caminhos nos conduzem invariavelmente e inevitavelmente a Deus.

Se nos apegamos à teologia e à filosofia sem abrir o nosso coração para a verdade, acabamos por ignorar o único momento em que a vida é perfeita tal e qual como ela é.

A vida é agora.

Viver a espiritualidade na prática é experimentar o agora de coração e de mente aberta. Deixando a complexidade e o saber do mundo de parte e olhando novamente para dentro, podemos aquietar e escutar a Voz do Silêncio que dissipa toda a confusão. Ela está aqui, independentemente do tempo e do lugar, da forma e das circunstâncias. Essa Voz traz a paz à nossa mente e revela-nos o conhecimento verdadeiro. O Seu silêncio diz muito mais do que qualquer palavra ou gesto e abre os portais da cura que nos conduzem à nossa própria luz.

O silêncio é a luz do conhecimento real.

Cada vez que A escutamos, as dúvidas e os medos se desvanecem. E nada do que alguma vez pensámos, sentimos ou fizemos tem qualquer importância na Sua presença, pois a luz que Ela traz desfaz toda a escuridão da nossa mente. Quer chamemos religião ou espiritualidade, todos os caminhos nos conduzem à mesma e única Voz.

Mundialmente a espiritualidade tem vindo a ganhar cada vez mais importância no nosso quotidiano. E como espírito, faz todo o sentido que esse seja o nosso caminho. O conhecimento do espírito é inato e ilimitado. Tudo o que procuramos saber já existe em nós. Quanto mais entramos em contacto connosco, mais certo se torna o nosso caminho, e menos somos tentados a buscar fora o que já somos dentro.

As metas que buscamos atingir neste mundo como ser individual traçam os seus próprios limites. Estando confinados a um corpo temporário, tudo o que experimentamos com ele é igualmente limitado e fragmentado no tempo. Dividindo a palavra *"individual"* em *"indivi"* mais *"dual"*, percebemos que a dualidade está incluída na individualidade. E um ser dual nunca é total. Sendo assim, por mais coisas que possamos alcançar como indivíduos, a satisfação jamais será total, pois a experiência do ser real só pode ser universal. O estado de autorrealização máxima que um ser humano pode alcançar reside na transcendência de si próprio. É preciso incluir tudo para se ser e ter tudo. Somente superando o individual para viver o universal podemos atingir a maior de todas as metas. Portanto, **a experiência universal de Deus em nós é a única meta real a alcançar.**

Nada é preciso fazer para sermos um com Deus, mas tudo é preciso render para viver essa união. A rendição total da ilusão do ser individual separado de Deus é o caminho para a libertação do espírito em nós. Nenhum sacrifício é exigido para podermos atingir essa meta. Podemos manter uma vida perfeitamente normal como tivemos até aqui sem nos forçarmos a abdicar de nada. O que muda é apenas a forma como nos percecionamos. E na medida em que mudamos a nossa perceção, o desapego do *"eu"* torna-se num processo natural.

A abertura para o espírito traz um novo olhar sobre o mundo. No instante em que nos rendemos completamente, a paz surge no nosso coração e expande a nossa perceção. Não nos percebemos mais como seres individuais separados uns dos outros, mas como uma única essência inseparável. Somos todos extensões uns dos outros. Eu sou tu, e tu és eu. Todos somos um. Então, como poderíamos magoar o outro quando o outro somos nós mesmos?

A partir desse instante de rendição total, renascemos como espírito. O conflito interno acaba. Não existe mais *"outra voz"* a falar em nós. Somente o silêncio e a paz permanecem. Somos simplesmente nós, inteiramente livres, sem máscaras, sem medos, sem nada. Nenhum esforço é necessário fazer para viver.

A Vida É.

O nosso coração abre-se totalmente e nunca mais se volta a fechar. O amor é a nossa forma natural de ser e de estar. Tal como somos, assim partilhamos com o mundo. Essa é a única Vontade de Deus e é também a nossa.

A paz de Deus é agora.

Na realização plena dessa verdade, tudo permanece eternamente em (silêncio).

[Conversa de Jesus com Nicodemos]

"Entre os fariseus havia um homem chamado Nicodemos, uma autoridade entre os judeus.

Veio ter com Jesus e disse-lhe: "Rabi, nós sabemos que Tu vieste da parte de Deus, como Mestre, porque ninguém pode realizar os sinais milagrosos que Tu fazes, se Deus não estiver com ele".

Jesus replicou-lhe: "Em verdade, em verdade te digo: quem não nascer de novo não poderá ver o Reino de Deus."

Nicodemos perguntou-lhe: "Como pode um homem renascer, sendo velho? Porventura pode tornar a entrar no ventre de sua mãe outra vez, e nascer?"

Jesus respondeu-lhe: "Em verdade, em verdade te digo: quem não renascer da água e do Espírito não poderá ver o Reino de Deus. O que nasceu da carne é carne, e o que nasceu do Espírito é espírito. Não te maravilhes de que eu te tenha dito: Necessário vos é nascer de novo. O vento sopra onde quer e tu ouves a sua voz, mas não sabes de onde vem, nem para onde vai. Assim acontece com aquele que nasceu do Espírito.""

[João 3:1-8]

(silêncio)

Amor

O Amor

Não tem tempo,

Não tem forma,

E não tem estrutura.

Contudo,

O Amor

Está em todo o tempo,

Está em todas as formas,

E é a estrutura para tudo.

O Amor é a harmonia

De uma bela melodia.

O Amor é a alegria

Da criança inocente.

O Amor é a sabedoria

Que ilumina a nossa mente.

O Amor Tudo É

Pois, Tudo É Amor.

Amor

Entramos finalmente no capítulo que tudo une e que todo o sentido dá à vida. O Amor foi abordado em praticamente toda a obra justamente com o propósito de trazer à nossa memória a única verdade possível que todo o erro desfaz. Para este capítulo em específico poderia mencionar e citar vários Mestres do Amor (muitos deles desconhecidos) que têm vindo a este mundo para trazer a luz e o discernimento à nossa mente e relembrar-nos de onde viemos e de que somos feitos.

No entanto, decidi partilhar a carta de alguém que, embora não seja propriamente conhecido pelas suas mensagens de amor, guardava em si uma profundidade espiritual como poucos na sua época. Ao fim de mais de meio século após a sua partida, eis que a sua vontade de partilhar esta mensagem com a Humanidade se concretiza. Talvez agora, mais do que nunca, estejamos no momento certo para o fazer, pois os tempos que atravessamos apelam por isso. Sendo assim, vamos conhecer a verdadeira face de um dos físicos mais famosos da nossa história: Albert Eintein.

"Quando propus a teoria da relatividade, muito poucos me compreenderam, e o que vou revelar agora para transmitir à humanidade também colidirá com o mal-entendido e o preconceito no mundo.

Peço-lhe que guarde as cartas o tempo necessário, anos, décadas, até que a sociedade esteja suficientemente avançada para aceitar o que explicarei a seguir.

Há uma força extremamente poderosa para a qual, até agora, a ciência não encontrou uma explicação formal. É uma força que inclui e governa todas as outras, e está mesmo por trás de qualquer fenómeno que opere no universo e ainda não foi identificado por nós.

Esta força universal é o AMOR.

Quando os cientistas procuravam uma teoria unificada do universo, esqueceram-se da força invisível mais poderosa. O Amor é Luz, que ilumina aqueles que o dão e recebem. O amor é a gravidade, porque faz com que algumas pessoas se sintam atraídas por outras. O amor é poder, porque multiplica o melhor que temos, e permite que a humanidade não se extinga no seu egoísmo cego. O amor revela e desvela. Por amor vivemos e morremos. O Amor é Deus e Deus é Amor.

Esta força explica tudo e dá sentido à vida. Esta é a variável que ignorámos por demasiado tempo, talvez porque temos medo do amor porque é a única energia no universo que o homem não aprendeu a dirigir pela vontade.

Para dar visibilidade ao amor, fiz uma simples substituição na minha equação mais famosa. Se em vez de E = mc², aceitamos que a energia para curar o mundo pode ser obtida através do amor multiplicado pela velocidade da luz ao quadrado, chegamos à conclusão de que o amor é a força mais poderosa que existe, porque não tem limites.

Após o fracasso da humanidade na utilização e controlo das outras forças do universo que se viraram contra nós, é urgente que nos alimentemos com outro tipo de energia...

Se queremos que a nossa espécie sobreviva, se queremos encontrar sentido na vida, se queremos salvar o mundo e cada ser senciente que o habita, o amor é a única resposta.

Talvez ainda não estejamos preparados para fazer uma bomba de amor, um dispositivo suficientemente poderoso para destruir por completo o ódio, egoísmo e ganância que devastam o planeta. Contudo, cada indivíduo transporta dentro de si um pequeno, mas poderoso gerador de amor, cuja energia está à espera de ser libertada.

Quando aprendermos a dar e receber esta energia universal, querida Lieserl, teremos afirmado que o amor conquista tudo, é capaz de transcender tudo e qualquer coisa, porque o amor é a quintessência da vida.

Lamento profundamente não ter sido capaz de expressar o que está no meu coração, que tem batido silenciosamente por si durante toda a minha vida. Talvez seja demasiado tarde para pedir desculpa, mas como o tempo é relativo, preciso de lhe dizer que a amo e, graças a si, cheguei à resposta final!

O seu pai,
Albert Einstein."

Ler uma carta de um pai para uma filha que fala sobre o Amor como a maior força universal não poderia transmitir maior verdade. O amor reconhece o amor, tal como a verdade reconhece a verdade.

O Amor é a Verdade.

A carta terá surgido algures no tempo na internet, acabando por se tornar numa fonte de inspiração para milhares de pessoas. Contudo, a autoria de Albert Einstein terá sido negada pelas fontes oficiais que conservam múltiplas cartas escritas por ele, indicando a inexistência desta carta. Fica então no ar a questão: quem mais teria a capacidade de sintetizar tamanha verdade com tanta sapiência senão o próprio Einstein? E se a sua autoria foi forjada, por que razão alguém escreveria algo tão genuíno fazendo-se passar por ele? Se há algo que não se forja, é o Amor, porque o Amor nada oculta.

Se lermos outros textos e obras numa vertente mais contemplativa de Einstein, percebemos que havia um propósito fundamental para as suas investigações – compreender o funcionamento da Mente de Deus e unificar o Todo numa única teoria. Em momento algum Einstein negou Deus, porque ele sabia perfeitamente que Deus é Amor e que o Amor é Deus, como a própria carta diz. Ele só não acreditava num deus pessoal feito à imagem imperfeita do ser humano que nos julga segundo um sistema de pensamento falível como o nosso.

Portanto, muitas das suas descobertas revolucionaram o progresso científico e trouxeram uma nova luz à nossa consciência coletiva, graças às intuições que ele tinha nos seus momentos de introspeção profunda. Esta carta seria apenas mais uma prova da sua genialidade, inspirada pelo Divino em si.

Mesmo que porventura a carta não seja da sua autoria, isso não tem importância, pois o Amor é de ordem Divina. O Amor não tem autor porque nunca foi criado. Ele é para sempre a única realidade possível a ser alcançada em nós. Graças a este pequeno tesouro, podemos dar continuidade ao raciocínio do seu autor e tirar mais algumas conclusões.

É inegável que toda a vez que a Humanidade se conecta ao Amor, grandes progressos em todos os sectores são realizados e verdadeiros milagres acontecem. Existe mais compreensão, cooperação, compaixão, inspiração, criatividade, arte, autenticidade, beleza, alegria, paz e harmonia. A nossa consciência coletiva dá um salto quântico na sua evolução e a toda a Humanidade prospera porque o Amor tudo nos dá. Não é preciso abdicar de nada para ter tudo, porque o Todo já habita em cada um de nós. Cada um aceita o seu propósito e vive-o com fé e confiança, sabendo que a Vontade do Amor é a nossa também. Toda a vida flui como um rio, sendo a nossa função a de unicamente estender o amor em nós. O ser e o ter estão unidos no mesmo e único propósito de dar continuidade àquilo que por si já é perfeito, e por isso nenhum esforço é requerido quando vivemos em pleno Amor.

Assumindo que esta é a verdade, vamos pegar na equação mais famosa de Albert Einstein e fazer precisamente o que é dito na carta para comprovar uma vez mais tudo o que tem sido expresso até aqui. Citando novamente a carta:

"Se em vez de $E = mc^2$, aceitamos que a energia para curar o mundo pode ser obtida através do amor multiplicado pela velocidade da luz ao quadrado, chegamos à conclusão de que o amor é a força mais poderosa que existe, porque não tem limites."

Sabendo então que:

$$E = m \times c^2$$

(Energia = massa × velocidade da luz ao quadrado)

Se substituirmos a massa pelo Amor obtemos a seguinte equação:

$$E = A \times c^2$$

(Energia = Amor × velocidade da luz ao quadrado)

Pela ciência sabemos que a velocidade da luz no vácuo é constante e até conhecemos o seu valor aproximado: 300.000 km/s. Por outro lado, sabemos pelo que descobrimos até aqui que, ao contrário da massa que varia em função do corpo, o Amor não depende da forma, sendo o seu valor constante e igual zero. Fazendo a substituição na equação, temos que:

$$E = 0 \times 300.0002 \Leftrightarrow E = 0$$

(Energia = zero)

Mesmo que não tivéssemos conhecimento do valor da velocidade da luz, o valor da energia seria sempre zero, uma vez que qualquer coisa multiplicada por zero é sempre zero. Mas o que quer isto dizer de a energia ser zero? E que significado isto tem para nós? Para essa resposta, vamos procurar saber o que é a energia.

A palavra *"energia"* tem origem no termo grego *"energeia"* (operação, atividade) que vem de *"energos"* (ativo, trabalhador). É formada pelo prefixo *"en"* (em), seguido do sufixo *"ergon"* (trabalho, ação). Por estes termos, podemos concluir que energia significa *"em trabalho"* ou *"em ação"*. Nos termos científicos, a energia traduz-se na capacidade que um corpo tem de realizar trabalho. Ela manifesta-se de muitas formas, envolvendo sempre movimento ou produção de ação para que algo seja gerado. Todos os corpos estão em trabalho e emitem uma frequência vibracional. Mesmo parado, o nosso corpo vibra porque está sempre a processar algo. Por dia, milhares de células nascem e morrem durante a realização da sua função. E tal como funcionam as células do nosso corpo, assim nós funcionamos como seres humanos e assim funciona todo o cosmos. Todo o universo está em trabalho, sempre em movimento contínuo, sempre abrindo e fechando ciclos. Nada se cria nem se perde, pois tudo está em contínua transformação.

"Na Natureza, nada se cria, nada se perde, tudo se transforma."

(Lei da conservação da matéria)

[Antoine Lavoisier]

Isso significa que a energia nunca é igual a zero. Podemos ter mais ou menos energia, mas ela nunca atinge o zero absoluto. É preciso perder tempo com o corpo e nutri-lo de alguma forma para que ele armazene energia suficiente e consiga exercer outras funções. Portanto, estamos sistematicamente a fazer qualquer coisa para obter alguma energia que o sustente. Tal ocorre porque depositámos a nossa fé neste sistema aparentemente físico e isolado, cujos limites são traçados pelas nossas próprias crenças enraizadas no medo. E enquanto alimentamos o medo na nossa mente, a identificação com o corpo é mantida e precisamos constantemente de energia, isto é, de estar em trabalho.

Sob esse ponto de vista, o esforço para sustentar e satisfazer as necessidades do corpo é tanto maior, quanto maior é o medo que guardamos no nosso inconsciente. Quanto mais medo sentimos, maior é a nossa agitação mental, o que se reflete inevitavelmente no corpo. Nunca conseguimos estar quietos e em silêncio porque o medo obriga-nos a estar em constante movimento para ganhar algo que pensamos estar em falta em nós. No entanto, a única coisa de que fundamentalmente sentimos falta não é de energia, mas de amor. A fadiga, o desânimo, o desgaste, a exaustão, a inquietação e a irritação são tudo sintomas de falta de equilíbrio interior, isto é, de falta de amor. É o alimento da alma que está em falta. Isso leva o corpo a definhar e, não raras as vezes, a somatizar problemas emocionais que culminam na doença.

A doença do corpo é um reflexo da doença da mente.

Tudo parte da nossa mente e tudo depende das escolhas que fazemos nela. O corpo é uma forma neutra. Se nos mantemos apegados ao medo, o corpo funciona como um instrumento de ataque e tem como finalidade envelhecer, adoecer e morrer. Se, por outro lado, aceitamos o amor, o corpo torna-se na sua extensão e pode servir como um veículo de aprendizagem e de cura através do qual atingimos a libertação para a vida eterna em espírito.

Então, o que acontece quando à imagem de Deus somos somente espírito/amor? Por uma questão lógica, o trabalho necessário para ser espírito/amor é zero. Energia zero significa que quando vivemos em amor, o esforço para realizar qualquer coisa é igual a zero. Na presença do amor, não há pensamentos de medo, portanto, não há desperdício de energia. A perda de energia implica resistência a algo. E só o medo resiste ao Amor. O Amor não resiste a nada porque não tem opostos.

Sabemos pela história que Jesus fazia milagres. O seu esforço para realizar milagres era zero porque os seus pensamentos eram plenamente amorosos. Ele estava perfeitamente consciente de que o corpo era apenas uma projeção da mente onde verdadeiramente estamos. Este mundo temporário que percebemos como real é um filme projetado pela nossa mente. Assim, sob a perceção do Divino com quem Jesus estava inteiramente unido, ele já não era uma personagem dentro do filme, mas o criador do próprio filme. Na sua ressurreição ele projetou uma nova imagem do seu corpo, comprovando a irrealidade do corpo e a verdade do espírito. Ele estava totalmente desperto do sonho de separação e unido ao Amor na Sua Mente.

Despertar do sonho é tomar a consciência total de que só o Amor é real e que nunca houve outro estado possível. O Amor sempre esteve aqui connosco e é a nossa única natureza. Nada precisa de ser feito para que tudo se realize porque tudo está na nossa mente. Então, para qualquer questão que possamos ter:

O Amor é sempre a resposta.

Nós somos feitos de amor. É impossível sermos feitos de energia porque a sua natureza é volátil e está em contínua mutação. **A energia é pensamento.** Pensamentos de medo são inconstantes e geram oscilações entre energia positiva e negativa. O Amor anula as polaridades de todas as forças e torna a energia constante, ou seja, igual a zero. Quando falamos em práticas de cultivo de energia tais como o *qigong*, algumas artes marciais, o *reiki* e práticas de cura espiritual, falamos fundamentalmente do cultivo do amor em nós. Só o amor cura e proporciona-nos a estabilidade mental, emocional e física.

Em última análise, as emoções e o corpo físico são apenas manifestações mais densas do pensamento, já que todas as manifestações impermanentes são produto da mente. Portanto, a cura energética é inteiramente mental, uma vez que toda a cura vem da Mente de Deus. A falta de energia, a doença, a decadência e a morte resultam da crença de que somos *energeticamente* limitados por um corpo e aparentemente incompletos. Sob esse estado de identificação ilusório, estamos a dar instruções inconscientes à nossa mente de que é preciso trabalhar sistematicamente para ser algo e para ter algo. Sabendo que somos o *nada*, o vazio, nada há a fazer e por isso, nenhum esforço é preciso fazer.

Então, de onde vem o esforço? Na realidade, **todo o esforço que fazemos é para não ser o que já somos.** Não é preciso fazer esforço algum para ser verdadeiro, mas é preciso fazer um esforço tremendo para não o ser. É por essa razão que a vida muitas vezes nos parece um sacrifício e andamos *stressados* e angustiados. Sempre que escolhemos viver sem amor, estamos a escolher viver em esforço, investindo a nossa energia (ou seja, as nossas crenças) no irreal. O corpo nada mais é do que uma crença teimosamente persistente que mantemos na ideia inglória de que podemos viver separados do Amor. Qualquer coisa que não seja o próprio Amor requer sempre esforço porque é antinatural. Só o Amor é perfeitamente natural e por isso nada Lhe opõe e nada O abala. O seu potencial é infinito e ilimitado porque Ele não é limitado pelas nossas crenças. Desta forma, demonstrámos que a fórmula de Einstein estava correta e que a maior força do mundo é de facto o Amor.

O Amor não é frágil. Essa é uma falsa conceção que o ego faz do Amor para ser percebido como fraco e indefeso. Ele é a força universal suprema; a total transcendência da dualidade. Ele está para além do bem e do mal o que quer dizer que não pode ser compreendido segundo a forma dividida com que nos percecionamos. O Amor real é universal. Todavia, Ele não é condicionado pelas leis que regem este universo, pois antes do universo existir, o Amor É.

"O amor é a única coisa que somos capazes de perceber

que transcende as dimensões do tempo e do espaço."

[Filme Interstellar (2014)]

Remover o Amor da equação é remover Deus da equação. E sem O incluir nada faz sentido. Tudo em que nos baseamos é um nada sem significado. Sem Amor não há nada que nos possa dar uma estrutura para a vida, porque o Amor é Vida.

O Amor não tem estrutura.

Contudo, Ele é a estrutura para tudo.

Certa vez Einstein afirmou que:

"Deus não joga dados."

Deus não joga dados porque Ele não é uma variável, mas uma constante na nossa vida. Tenhamos ou não consciência da Sua presença, Ele está para sempre na nossa mente. Sem Deus, a vida não existiria, pois a Vida e Deus são o mesmo.

O Amor é a única constante na nossa vida. Se não a vivemos constantemente, não é porque ela está realmente em falta, mas porque escolhemos experimentar o seu oposto. Foi assim que o medo surgiu. O medo tornou-se na opção oposta ao que somos. Nada haveria para escolher se não tivéssemos criado a possibilidade de não ser Amor. Só o Amor traz o juízo e o discernimento à nossa mente, visto que a Sua presença anula toda e qualquer coisa que não seja reflexo de Si mesmo.

Muitas vezes entramos em conflito e perdemos anos de vida, guardando rancor e mágoa por mero orgulho e arrogância, que são outras formas de manifestar o medo inconsciente que temos do próprio Amor. Isso apenas nos reduz à insignificância de memórias passadas que não têm qualquer valor agora. Lançamos palavras para o ar em vão só porque queremos ter razão. Mas a razão nunca está do lado de quem procura a divergência e sim a união. Quem ama não busca ter razão. Quem ama não ataca.

Todo o ataque é um pedido de amor.

Se nos lembrarmos desta simples ideia por um instante e buscarmos sentir verdadeiramente estas palavras no nosso coração, entenderemos que todos os julgamentos que fizemos no passado em nome da justiça, da equidade e da razão, são apenas atos insanos de ataque por falha em atender à nossa necessidade de sermos amados. Não existe qualquer necessidade de atacar quando sentimos a presença do Amor em nós, pois n'Ele a paz é perfeita.

A justiça e a equidade pertencem ao Amor. Só Ele é justo e imparcial, uma vez que o Amor não é dual e não tem níveis. Ele não assume qualquer posição positiva ou negativa, boa ou má. O Amor não tem género, não tem idade, não tem classe social, não tem cultura, não tem religião, não tem cor, não tem absolutamente forma alguma. E mesmo assim, Ele está em todos os géneros, em todas as idades, em todas as classes sociais, em todas as culturas, em todas as religiões e em todas as cores, porque Ele habita em todos nós. A escolha de O ver em todas as formas é nossa.

Os olhos do corpo foram feitos para concebermos a diferença e a separação, e assim garantir que nunca olharíamos para o que está no nosso interior e é comum a todos nós. O Amor abre e expande a nossa visão. Ele não vê com os olhos da separação, e sim com a visão da união. E nessa visão todos somos iguais em irmandade e em fraternidade. Mais do que isso, somos o mesmo e único espírito unido ao Espírito de Deus. Somos o único Filho do Amor.

Mudam-se as crenças, mudam-se os tempos. Mais do que nunca, o tempo de acreditar e de ter fé no Amor é chegado. E no Amor não há tempo. Portanto, não há tempo a perder. As nossas mentes foram separadas pelo medo, mas o Amor tudo une. A salvação vem pela total renúncia ao medo que carregamos nas nossas memórias. E é pela plena aceitação do Amor em nós que renunciamos ao medo. O medo gera o conflito, a escassez, a doença, a miséria e a morte.

Só o Amor tudo cura.

O Amor cura porque anula todas as formas, crenças e conceitos que fizemos na nossa mente por medo. Ele pode ser escolhido por ti agora neste mesmo instante. E essa escolha pode fazer toda a diferença na nossa vida, na vida daqueles que nos rodeiam, na vida deste planeta, na vida de todo o universo, pois o Ser é universal. Cada um de nós é o Todo escondido numa parte.

"Tu não és uma gota no oceano.
Tu és um oceano inteiro numa gota."
[Rumi]

O Amor vive em todos nós por inteiro e nos fortalece, unindo toda a Filiação numa única mente inocente, imutável, inseparável e inatacável. Cada decisão a favor do Amor é uma decisão a favor de todos nós. Então, o que mais é preciso para além do Amor?

"Amor é tudo o que precisas."
[Os Beatles]

Amor é tudo o que és.

"Amados, amemos uns aos outros, pois o amor procede de Deus.

Aquele que ama é nascido de Deus e conhece a Deus.

Quem não ama não conhece a Deus, porque Deus é amor."

[1 João 4:7]

(silêncio)

Amor É

O tempo passará

E só o Amor restará.

Nada ficará por dizer ou fazer,

Pois no silêncio absoluto

O Amor já tudo disse e fez.

Não há arrependimento

Que me prenda ao passado,

Pois agora é o tempo do Amor.

O Amor tudo cura.

E na minha total redenção

À sua força inabalável,

Eu me venho a conhecer

Tal e qual como eu sou.

Amor eu sou.

Amor É.

Decisão

O Grande Despertar está a acontecer e estamos em boa hora de erguer o véu que por tanto tempo ocultou a verdade em nós. A Humanidade atravessa uma crise existencial coletiva e está a deprimir cada vez mais depressa porque está a ser chamada para despertar do sonho. Globalmente, a perceção que temos do tempo mudou, dando a sensação de que ele acelerou. Isso ocorre porque no mundo inteiro existem cada vez mais pessoas a ganhar consciência de si mesmas e a atingir o estado de autorrealização. Quanto mais despertamos, menos influência o tempo tem sobre nós e mais amor há no mundo. Desse modo, estamos a entrar coletivamente na era de Cristo, onde deixamos de ser governados pelo tempo para sermos guiados unicamente pelo Amor.

Estando o tempo a passar cada vez mais depressa e a deprimirmos cada vez mais, estamos a ser incentivados a largar toda a nossa bagagem do passado para só viver o presente de Deus agora. Não há mais tempo a perder com o que não nos nutre o espírito. Quanto mais apego temos à dor, à culpa e ao medo, mais difícil é o nosso percurso. No entanto, tendo esta consciência, podemos sempre decidir facilitar o nosso próprio caminho para a paz e render-nos por completo ao Amor em nós.

O caminho para o despertar inicialmente nos parecerá árduo, pois ele implica reconhecer genuinamente que somos inteiramente responsáveis pelo que nos acontece, na medida em que todas as decisões têm origem da nossa mente. Contudo, assim como podemos escolher manter a mágoa e o rancor e viver em conflito e em medo, também podemos escolher perdoar e viver em paz e em amor. O poder reside na nossa mente e a decisão é inteiramente nossa. O Mestre que escolhemos escutar usará esse poder para nos ferir e aprisionar, ou para nos curar e libertar. Cada decisão nossa terá sempre os seus efeitos.

O mundo está a constantemente a mudar e cada vez mais depressa. As certezas de outros tempos começam a ser percebidas como incertezas. O que damos por garantido hoje, amanhã poderá não se verificar. Essa sensação de não sabermos o que o futuro nos reserva aterroriza-nos. E sempre que estamos amedrontados, deixamos de conseguir manter a calma e de tomar decisões conscientes. Se queremos tomar melhores decisões e estar em paz, independentemente das circunstâncias que se apresentem na nossa vida, a nossa velha forma de pensar baseada nas inconstâncias deste mundo precisa de ser desfeita para dar lugar a um sistema de pensamento cujas raízes assentam no imutável.

Nesse aspeto, podemos sempre depositar a nossa confiança Naquele que está desperto em nós, nos acompanha, nos consola e nos guia dentro do sonho e para fora dele. Nada há a temer quando depositamos a fé plena n'Ele. Entregando, confiando, aceitando e agradecendo, tudo nos é dado, pois tudo o que é necessário fazer está nas Suas mãos. O Seu plano de resgate já há muito que foi traçado para todos nós. Cabe a cada um decidir quando o quer fazer.

Nada mais te está a ser ocultado. As dádivas do Céu são ilimitadas e tudo está nas tuas mãos para ser recebido. O quando é sempre agora. Entretanto, Ele esperará o tempo que for necessário até que decidas entregar tudo o que te amedronta e transtorna para em retorno receberes a paz total. E agora, podes sempre decidir a teu favor e a favor de todos nós.

"Por amor a ti, esperarei.

E quando decidires, estarei aqui para te receber."

[A Voz]

"Completem a minha alegria, tendo o mesmo modo de pensar,

o mesmo amor, um só espírito e uma só atitude."

[Filipenses 2:2]

(silêncio)

"Nada temas.

Tu não estás só.

Eu estou contigo.

E Deus está connosco."

[A Voz]

Fim dos Tempos

O Despertar

Está-se a dar

E é tempo de voltar

Ao nosso lar.

Nada nem ninguém

Ficará para trás,

Pois tudo e todos

Pertencem a Deus.

No fim dos tempos

O sonho acabará

E nem uma só memória

De culpa ou de medo

Ficará para a história.

Na luz a paz permanece,

E no amor tudo se esquece.

O véu foi erguido,

E nenhuma sombra

Foi encontrada.

O que estava oculto

Não era a mentira,

Mas a verdade.

Agora a dor se foi

E só o amor ficou.

A canção do Céu

Nos chama de volta,

E em uníssono

Cantamos em alegria

Numa bela sinfonia

Da qual todos nós

Fazemos parte,

Sendo sempre

O Todo nessa parte.

A melodia é silenciosa,

E escutando de coração

Conhecemos a verdade.

O que foi, já era.

O que será, será.

Mas o que é,

É eternamente.

Amor É.

E ao despertar,

Amor eu sou.

(silêncio)

Fim

Chegámos ao fim do nosso processo de introspeção. A jornada que fizemos até aqui foi curta, mas com tantas coisas que foram ditas pelo caminho podemos ter a sensação de que ela foi bem mais longa. Isso acontece porque a forma de comunicação que desenvolvemos à parte de Deus é estranha e complexa. Ela inclui termos com muitos significados e tempos verbais que na realidade do agora não existem, o que só gera mais confusão na nossa mente. É por essa razão que precisamos de muitas palavras para explicar o que é simples e dispensa qualquer explicação. Entretanto, nada supera a própria a experiência do que é.

O que é, é simples.

Não haveria necessidade de fazer esforço algum para compreender quem somos e como funcionamos, se não tivéssemos sonhado com a possibilidade insana de ser diferente de Deus e de existir à parte d'Ele. A ideia de que precisamos fazer muito para ter pouco tem origem na crença da separação. Na verdade, nada é preciso fazer para se ter tudo porque a separação nunca ocorreu. São as resistências que desenvolvemos contra a nossa própria natureza que nos cegaram e nos impediram de reconhecer o que é óbvio e sempre esteve connosco agora.

Deus é connosco agora.

O caminho para despertar em casa é simples. Se essa for a nossa única e exclusiva vontade, nada nos impedirá de cumprimos com a nossa meta. Nada é negado àquele que se rende por inteiro para receber o Todo na sua vida. E agora é o momento certo para o fazer, pois só agora podemos ser tudo o que nunca deixámos de ser.

O passado nunca existiu a não ser nas fantasias loucas da nossa mente. Ele não pode ter qualquer poder sobre nós porque o que somos não pertence ao ontem nem ao amanhã, mas sempre ao agora. A ilusão do tempo prendeu-nos num mundo de escuridão onde imaginámos ter pensado, sentido e feito muitas coisas das quais nos arrependemos. Todavia, nada alguma vez aconteceu. O que é real só vive agora, sem forma, sem nada.

Deus é eterno agora.

Perante Deus, nada há a perdoar. Somente a crença de que não somos como Deus gerou a necessidade de perdoar. Em verdade, nós vivemos livremente agora em perfeita santidade.

No eterno agora todos nós somos santos.

Esse reconhecimento genuíno não apela à arrogância, mas à verdade. Nunca houve outra forma de viver do que em paz e harmonia, pois só essa é a real natureza da criação de Deus.

Chegará um momento em que o tempo acabará para todos nós e o Juízo Final terá lugar. No momento em que o tempo é reduzido a zero, toda a criação despertará e se unirá ao Criador. Nada nem ninguém ficará para trás, pois sem a Filiação de Deus estar completa, o Céu não está completo. Nesse instante em que nos reunimos todos no Céu, o universo desaparece e só o Ser Universal permanece. Essa meta está escondida na própria palavra que usámos para designar este mundo onde aparentemente existimos como seres separados.

A palavra *"universo"* provém da palavra *"universus"* que *significa "tudo junto"*. Ela resulta da combinação dos termos *"unus"* (um) e *"versus"* (transformado). No sentido literal, o termo significa *"transformado em um"*. Em suma, o nosso destino de regressar a casa já está traçado muito antes do sonho deste universo ter iniciado. No instante da separação, a salvação veio imediatamente. Por isso, nada há a temer. Estamos todos destinados a voltar a ser um. Essa é a Vontade de Deus e agora tomamos consciência de que é também a nossa.

O tempo passará e este mundo parecerá existir enquanto a criação de Deus ainda estiver a dormir. Quando decidires despertar, todos nós despertaremos, pois despertar um é despertar todos. Isso é o quão importante tu és para todos nós e para Deus que te ama eternamente.

O maior e único segredo do universo está dentro de ti.

Se escutares o teu coração no silêncio da tua mente, reconhecerás esta verdade imutável em ti. Agora que ela veio uma vez mais à tua memória, podes decidir novamente a favor da tua paz neste preciso instante. E nessa decisão, está a tua completa libertação, tal como a nossa.

A paz do Céu reina dentro de ti.

Em ti, Deus é total e a Sua paz também.

Agradeço-te por teres feito parte desta jornada comigo e por me acompanhares neste caminho, rumo ao despertar no Céu. O espírito eterno em mim honra o espírito eterno em ti. Bênçãos infinitas e luz no nosso caminho.

"Não andem ansiosos por coisa alguma; antes em tudo sejam os vossos pedidos conhecidos diante de Deus pela oração e súplica com ações de graças; e a paz de Deus, que excede todo o entendimento, guardará o vosso coração e a vossa mente em Cristo Jesus. Finalmente, irmãos, tudo o que é verdadeiro, tudo o que é honesto, tudo o que é justo, tudo o que é puro, tudo o que é amável, tudo o que é de boa fama, se há alguma virtude, e se há algum louvor, nisso pensem. Ponham em prática tudo o que vocês aprenderam, receberam, ouviram e viram em mim. E o Deus da paz será convosco."

[Filipenses 4:6-9]

(silêncio)

Não há finais felizes.

Mas uma eterna felicidade

Que tudo e todos envolve.

Reflexões

Sombra

Até que estejas disposto a renunciar aos teus maiores medos,

nada mais vês do que uma sombra do teu verdadeiro eu.

Escuridão

Somente quando aceitas a escuridão

assumes o controlo da solidão.

Vazio

Só precisas de enfrentar a tua solidão uma vez na vida.

Ela esvazia-te e é no vazio que te encontras.

E quando esse momento chega,

és tu que abandonas a solidão para sempre,

porque tu és o vazio.

Solidão

A solidão é a pior companhia quando queremos aniquilar os nossos pensamentos. E é também a melhor quando queremos aprimorá-los.

Paz e Conflito

Mente em paz, mundo em paz.

Mente em conflito, mundo em conflito.

Milagre

Para uma mente ruidosa

o silêncio é um milagre.

Atos

O sorriso é simpático.

A boa palavra é gentil.

O bom gesto é solidário.

O silêncio é abençoado.

Amigo

O teu maior amigo e o teu maior inimigo

habitam no mesmo lugar.

Criação

Reconhece que o teu maior inimigo é criação ruidosa tua

e a paz será revelada no teu silêncio.

Forma

Assim como o ego não vê a forma para atacar,

o Divino não vê a forma para amar.

Escolha

Pelo medo és preso, pelo amor és livre.

Pela culpa morres, pelo perdão vives.

Ambos estão na tua mente.

Qual deles escolhes?

Jornada

A mais fascinante jornada

é a que fazemos no nosso interior.

Fascínio

O fascínio pela vida não depende de eventos especiais,

mas de cada momento que permites ser tal como é.

Segurança

Não olhes para as sombras do que passou, nem olhes para

o nevoeiro do que virá, pois, a luz que tudo ilumina vai contigo.

E essa luz é tudo o que precisas para caminhares em segurança.

Gentileza

Sê perfeitamente gentil contigo

e o mundo espelhará essa perfeita gentileza.

Facilitar

O caminho será tanto mais fácil,

quanto mais facilitares a vida.

Comunicação

A comunicação pura vem do puro silêncio.

Quanto maior o silêncio, maior a verdade.

Leve

Quanto mais vazia a mente,

mais leve a vida.

Verdade

Se abdicares de todas as tuas crenças

apenas a verdade restará.

Significado

Se não deres significado a nada

nada existe.

Resistir

Se não resistires a nada

nada te resistirá.

Liberdade

Quanto maior o desapego

maior a liberdade.

Prescindir

Prescindir de tudo o que se tem

é estar aberto para receber tudo o que se é.

Pertencer

Nada nos pertence.

Quando compreendemos isto,

tudo nos pertence,

porque pertencemos a tudo.

Conquista

É na arte da rendição total

que reside a maior das conquistas.

Saber

É na arte do não saber

que reside todo o saber.

Sentir

Não é preciso dizer nada

para se sentir tudo.

Acrescentar

Quando não há nada a acrescentar

o melhor é ficar em silêncio,

pois o silêncio acrescenta por nós

tudo o que nos vai na alma.

Expressão

Calmo, sereno e harmonioso, o espírito precisa de muito pouco

para se expressar. Contudo, o pouco que expressa tudo diz.

Primeiro

Primeiro vem a paz.

Depois vem tudo o resto.

Pois a paz tudo traz.

Anedota

A vida é como uma grande anedota.

Quando por fim percebes o seu sentido, ris-te.

Origem

Que nunca te esqueças da tua origem

para que te lembres sempre do teu destino.

Serve

Serve a Deus

e Deus te servirá.

Poemas

Mente Poderosa

Diz-me o que vês,

O que ouves,

E o que sentes,

E eu digo-te que não és.

Diz-me o que não vês,

O que não ouves,

E o que não sentes,

E eu digo-te que és.

A tua mente é poderosa.

Tão poderosa que é capaz de criar

a maior ilusão de todas:

Tu mesmo.

Mente Mente

A mente mente.
Mente porque pensa que o mundo é real,
Quando ela própria é autora do mundo.

A mente mente.
Mente porque teme o mundo que vê,
Quando ela própria sonhou com ele.

A mente mente.
Mente porque acredita que é culpada,
Quando ela própria se condena.

A mente mente.
Mente porque acredita ser vítima,
Quando ela própria se crucifica.

A mente mente.
Mente porque ataca e é ferida no que vê,
Quando ela mesma é a projetora de tudo.

A mente mente.
Mente porque julga que existem muitos,
Quando ela mesma se faz passar por todos.

A mente mente.
Mente porque se julga sozinha e separada,
Quando ela é una e total com o Todo.

A mente mente.
Mente porque pensa ser inconstante e impermanente,
Quando ela é o imutável e o permanente.

A mente mente.
Mente porque teme o tempo e a morte,
Quando ela é intemporal e imortal.

A mente mente.
Mente porque teme ser uma mentira,
Quando ela é toda a verdade.

A mente mente.
Mente porque busca o amor nas suas projeções,
Quando o amor sempre esteve em si mesma.

A mente mente.
Mente porque sonha que não é o Amor,
Quando ela É e sempre O foi.

A mente mente,
Até que escolhe a verdade
E não mente mais para si mesma.

A mente que não mente
É a mente verdadeira.
É a mente que só conhece o Amor
Que nunca deixaste de ser nem de ter.

Ver

Fascina-te com o que vês!

Deseja o que vês!

Quando não mais puderes desejar

O que os teus olhos veem

Porque te faz sofrer,

Descobrirás que tudo o que viste

Era uma mera ilusão que te cegava

E que a visão do invisível

É a visão que toda a realidade vê.

Ela não vê o sofrimento e a dor,

Pois só reconhece a paz e o amor.

É a visão que vê tudo o que procuravas

A vida inteira no que pensavas que vias.

Espero por Ti

Espero por ti até que rendas

O que viste, ouviste e sentiste,

E o que verás, ouvirás e sentirás.

Espero por ti até que

Vejas, oiças e sintas agora.

Nunca no antes nem no depois,

Mas somente agora.

E agora,

Não há mais esperas.

Tudo É.

O Conquistador e o Humilde

O conquistador sobe a pirâmide em busca da felicidade.

O humilde é feliz agora.

O conquistador busca ter mais do que tem.

O humilde tudo tem agora.

O conquistador luta para sobreviver na subida.

O humilde vive agora.

O conquistador perde a vida tentando subir a pirâmide.

O humilde preserva a vida agora.

O conquistador fica eufórico ao atingir o topo da pirâmide.

O humilde está em paz agora.

O conquistador sente-se miserável, pois além do topo nada há.

O humilde é rico, pois agora tudo é.

A pirâmide se desfaz e o conquistador retorna ao lugar do humilde.

O conquistador sofre porque nunca se satisfez com nada.

Foi a todo o lado e nada conquistou.

O humilde é pleno agora, pois agora tudo está dentro dele.

O conquistador vê o agora.

E assim, ele é o humilde.

Não existe nenhum conquistador.

Só o humilde que tudo é, permanece.

Busca da Felicidade

Quem procura a felicidade dentro,

Nada encontra.

E quem procura a felicidade fora,

Tudo encontra.

Mas também é verdade que,

Quem procura a felicidade dentro,

Tudo encontra,

E quem procura a felicidade fora,

Nada encontra.

Mas para tudo há um limite.

E para nada, não há.

Mudança

Nós não mudamos o mundo.

O mundo é o que é e [nada] o muda.

Somos nós que mudamos por vontade própria.

Essa mudança é feita de dentro para fora.

E é de dentro para fora que o mundo muda.

Porque é por [nada] que o mundo muda.

Casa

Podes visitar muitos sítios neste mundo.

Mas nunca te vais encontrar em sítio algum.

Só quando procurares onde estás,

Poderás encontrar onde estiveste o tempo todo.

Vais encontrar a tua casa.

E é nesse instante que descobres que:

"Eu sou a casa".

Tempestade

Andando num barco à deriva em alto mar,

No meio da tempestade tentei-me encontrar.

No horizonte nada via,

E ao olhar para trás também nada via.

O que tinha de ver é o que vejo agora,

E não o que vi

Nem o que verei.

O que já fui, já era,

O que serei, será,

Mas o que eu sou, ainda é.

E finalmente veio a bonança,

O repouso total...

Da Escuridão à Luz

Na morte encontrarás a vida.

Na escuridão encontrarás a luz.

No sofrimento encontrarás a paz.

Na dor encontrarás o amor.

Na inconstância encontrarás a constante.

No todo encontrarás o nada.

No nada encontrarás o infinito.

No infinito encontrarás o nada.

E nada é o que precisas ser,

Para seres vida,

Para seres luz,

Para seres amor,

Para seres a constante,

Para seres o infinito.

É tudo o que precisas,

Para teres vida,

Para teres luz,

Para teres paz,

Para teres amor,

Para teres nada.

Está Tudo Bem

Está tudo bem se sentires revolta.

Está tudo bem se sentires raiva.

Está tudo bem se sentires ódio.

Está tudo bem se sentires repulsa.

Está tudo bem se sentires ciúmes.

Está tudo bem se sentires inveja.

Está tudo bem se sentires preguiça.

Está tudo bem se te sentires triste.

Está tudo bem se te sentires abatido(a).

Está tudo bem se te sentires desesperado(a).

Está tudo bem se te sentires inseguro(a).

Está tudo bem se te sentires confuso(a).

Está tudo bem se te sentires incompreendido(a).

Está tudo bem se te sentires culpado(a).

Está tudo bem se te sentires sufocado(a).

Está tudo bem se te sentires instável.

Está tudo bem se perderes o controlo.

Está tudo bem se sentires medo.

Está tudo bem se te sentires só.

Está tudo bem se tiveres vontade de chorar.

Está tudo bem se tiveres vontade de gritar.

Está tudo bem
Se não te sentires bem.
Simplesmente aceita.
Dá as boas-vindas a tudo
Como se fossem hóspedes
Apenas de passagem.

Permite-te sentir tudo.
E tudo o que aceitares
Partirá para só deixar
O que é real ficar.

Permite que tudo venha
Para que tudo se vá
E só a verdade permaneça.

No final de tudo,
Paz e Amor
É o que sempre fica
Porque essa é a tua casa
E isso, és tu também.

Tensão e Libertação

Para todo o período de tensão,

Há o momento de libertação.

E é nesse instante milagroso,

Que tudo se torna precioso.

Loucura de Ver

Tu que vês tão pouco,

Vês um mundo louco.

Louco porque enlouqueceste,

Louco porque te esqueceste,

Da verdade que não pode morrer.

Não percebes que o que te recusas a ver

É nada mais do que a tua real fonte de poder?

Queres ver para crer, por isso estás cego,

Limitado pela falsa crença num ego.

Olhas para o exterior, não para o interior.

Queres conhecer e o medo te impede.

Anseias por não saber o que se sucede.

O futuro é incerto, mas de fácil superação

Se somente confiares na tua intuição.

O tempo passa e a cada hora

Continuas a iludir-te com o mundo.

Não te enxergas e vais-te embora.

Cada vez mais bates lá no fundo.

É difícil para ti admitir

Que quanto mais lutas para resistir,

Mais acabas por sucumbir.

O teu maior receio é uma ilusão.

Rejeitas a sensação da perda.

Todavia, se te renderes totalmente

Verás que do outro lado da moeda

Se encontra a tua própria salvação.

Ela reside aqui e agora, no presente.

O teu maior presente é inocente.

Ele é o silêncio que precisas fazer.

Retira-te todo e qualquer prazer,

Porém, o seu perfeito retorno

Revela que não há transtorno.

Pensamentos pairam na mente.

Mas o que é real é permanente.

Olha para o teu interior.

Desperta ó Ser Superior!

Abandona o medo de ver

E não mais terás de morrer.

A vida eterna é a tua herança

Unicamente se tiveres confiança.

A Voz

É no silêncio do nosso ser
Que a Voz da verdade surge.

É a Voz universal
Que ecoa em todos nós.

A Voz não tem dono
E é livre de se expressar.
Ela não julga e não magoa,
Não impõe e não obriga.

O que ela nos diz,
Não tem idade nem tem forma,
Não é boa nem é má,
Ela é o que é.

Calma e serena, a Voz
Apazigua a nossa mente,
Aquieta as nossas emoções,
E relaxa o nosso corpo.
Ela nos conhece no nosso íntimo,
Nos centra no agora,
Nos traz à razão,
Nos traz à nossa essência,
A nossa integridade,

E perfeição.

É a Voz
Que tudo perdoa,
Que tudo aceita,
Que tudo ama.

A Voz nunca nos deixa,
Mas muitas vezes
Nós a deixamos.
Deixamos de ter tempo
Para a ouvir.
Deixamos de ter tempo
Para a incluir.
E pouco a pouco
Perdemos a nossa voz,
Perdemos a consciência,
E a nossa autenticidade.

Mas se silenciarmos,
E soubermos esperar
Ela de novo se expressará
E de novo nos lembrará
A verdade, a luz e o amor
Que ela É e nós também.

Viver em Ação

A vida passa a correr
E sem demora nos anuncia,
Que o que não quisemos antever,
Em poucas ações nos denuncia.

Não vale a pena guerrear,
Queixar, culpar, choramingar.
Toda e qualquer reclamação,
É consequência da inação.
A fruta não amadurece
E não há fruto mais amargo
Do que o do desencargo.

Afinal, quem não trabalha
Vive no fio da navalha
E tudo o que se colhe,
É resultado do que se escolhe.
Se não se decide o que semear,
Deixa-se que a colheita
Ao incerto fique sujeita,
E aí, não há o que reclamar.

Porém, quem age em consciência,
Sabe que é preciso ter paciência,

Agir com persistência e consistência.

Mesmo não sabendo com clareza,

O que se deseja concretizar,

Com a devida experiência e destreza,

Se torna o simples e ingénuo aprendiz,

No mestre que sabe o que faz e o que diz.

O caminho, faz-se caminhando

E a vida só se torna incrível,

Quando nos vamos desafiando,

A tornar em realidade,

O que é temível para muitos,

E fazível para poucos.

O espírito da vida,

Vive em cada um de nós.

Basta ouvir a voz

Que nos faz ver do alto

E dar aquele grande salto

Que tanto nos assustava,

Como também nos esperava.

Então deixemos toda a dramática!

Honremos as verdades com a prática!

Não esperemos o momento certo,

Para deixar de fazer o que é correto!

É importante nos recordarmos
Que um dia todos nós iremos partir,
Como forma de nos alertar
Que não temos tempo a perder.

O segredo é mesmo deixar ir
O que não mais nos serve.
Deixarmos que o desconhecido
nos revele os seus segredos
Que por medo de viver
Não quisemos ver, ouvir,
Nem sentir...

Se isto ressoou em ti,
Então este é o teu chamamento!
Desperta ó alma grandiosa!
Entrega-te ao sacramento!
Ergue-te ó alma poderosa!
O mundo aguarda o teu renascimento!

Não deixes que as condições
Apequenem as tuas ações,
Pois a tua grandeza
Supera tudo com clareza.

De Passagem

Pela estrada fora, andando e caminhando.

Agora vamos nós, rindo e brincando.

Estamos de passagem nesta viagem.

Então que desfrutemos e assim continuemos.

Ostras

Um dia todas as ostras se abrirão

E verão que nelas não existia dor,

Mas a mais bela e pura das pérolas,

Símbolo da sua natureza e do seu amor

Escondida dentro de uma casca

Que apenas ocultava o que elas são.

Buscador da Luz

Todo o buscador da luz é a Luz,

Sonhando estar nas trevas

E tentando ser o que não é.

Quando a busca cessa,

O pesadelo desaparece

E só a verdade permanece.

Não existe mais pressa

Para ser, ter ou fazer

Porque agora, tudo é.

(silêncio)

Composições

Controlo versus Confiança

Aqueles que consideram que ter controlo sobre a vida é uma forma de poder enganam-se a si próprios. Ninguém controla todas as coisas que acontecem, portanto, o que quer que pensemos que possa servir para melhor controlar a vida, nos levará certamente ao encontro de resultados inesperados e do equívoco. Medir as consequências não é o forte do ser humano. Ele julga que o sabe fazer, mas não detém o Conhecimento Verdadeiro. Quanto mais procura controlar, mais o tiro lhe sai pela culatra.

A vida não foi feita para ser controlada, mas para ser aceite. Aceitar o que acontece é o primeiro passo para ouvir e aprender o que é bom e correto. Uma vez que o ser humano esteja pronto a ouvir e disposto a aprender, fazer o que é bom e correto virá imediatamente como consequência destas duas preposições. A ação correta derivada da abertura para ouvir e aprender exclui por completo a necessidade de controlo. Ela só existe como forma de escapar ao medo do futuro. O futuro não pode ser assegurado enquanto o ser humano pensar que tem de fazer algo para ser merecedor de algo bom. Cada vez que inconscientemente se sentir em escassez e em falta, irá procurar o contentamento no que faz para obter o que espera. Isso só lhe causará mais dor e sofrimento ao constatar que a vida não lhe dá o que deseja, mas apenas o que precisa de aprender. Apenas quando estiver disposto a aprender é que a ação acertada surgirá naturalmente. Essa ação não implica dor, sofrimento nem sacrifício, pois ela deriva da aprendizagem correta.

No fim, o que te é pedido é que apenas observes e aprendas. O resto fica por conta da própria vida.

Em vez de quereres con-trolar, tem con-fiança.

Um Exemplo

Aquele que luta fervorosamente para se proteger e se afirmar no mundo não compreende que apenas luta contra a sua própria sombra. Pensa ser forte no seu intelecto e na sua individualidade, quando a fraqueza está no seu coração. Se não é capaz de se vulnerabilizar, de se arrepender nem de perdoar, revela falta de compaixão não só pelo próximo, mas fundamentalmente por si mesmo. O medo de se expor e de revelar sinais de imperfeição perante os outros torna-o defensivo por fora, mas inteiramente vulnerável por dentro. Se compreender que a sua verdadeira força reside no amor, tornar-se-á um exemplo imaculado de bravura. Amará os seus amigos e aprenderá com os seus inimigos, porque finalmente compreendeu que todos são em igual modo os seus irmãos, apenas disfarçados de coisas que ele ocultou de si mesmo por medo.

O perdão e a compaixão são a cura para despertar o mesmo e único ser perfeitamente silencioso e amoroso que sonha que não é o que é.

Aliança com a Luz

O inimigo *"lá fora"* não existe a não ser nos pensamentos de ataque que permitimos que tomem posse da nossa mente. Sejamos por isso os nossos maiores aliados, não dando alimento ao que não nos alimenta internamente. O espírito em nós é livre e é ele que devemos nutrir e nada mais. Todos nós sem exceção, somos espírito inocente, livre e completo. O espírito é inteiro. O amor em nós é inteiro. Nada faltará àquele que busca o que é pleno em si. Coloquemos a nossa fé unicamente nisso, e a escassez não fará parte de todo da vossa vida, e iluminará a vida daqueles que nos rodeiam com a mesma luz. Dar e receber são o mesmo. Quanto mais nos permitimos receber do Divino em nós, mais capacidade temos para dar aos outros que também somos nós.

Em Amor e em Espírito

Tudo é libertado, tudo é amado, tudo é abençoado.

Dar

Ser vida e dá-la ao próximo é uma dádiva. São nos atos simples e humildes em que nos damos por inteiro que descobrimos a eterna satisfação. É uma sensação que nunca nos esquecemos e que nos traz pedaços do Céu. **Dar é amar.** Não há sentimento que nos preencha mais do que o amor. Ele pode manifestar-se das mais diversas maneiras. Desde um abraço, um *"obrigado"*, um sorriso, um olhar nos olhos ou tão simplesmente pela nossa presença incondicional no momento presente. Cada pequena ação conta quando deixamos de contar para apenas dar.

Damos pelo que somos, não pelo que recebemos.

É aí que reside o nosso verdadeiro valor.

Viver Intensamente

É possível viver intensamente a vida e envolvermo-nos totalmente nela sem apego. A felicidade está em cada instante em que vivemos, independentemente do tempo, do lugar, da companhia ou da ausência dela. Cada momento pode ser sempre saboreado da mesma maneira com a mesma intensidade. A vida que permeia todo o ser ainda está por explorar. É por isso que o fascínio da vida reside na capacidade de olhar para ela agora com a atenção e a curiosidade penetrante de uma criança. Viver o agora sem medo, sem a memória do ontem nem a previsão do amanhã. Simplesmente experimentar tudo como algo novo a ser descoberto, como um papel em branco. Para cada coisa que prestamos atenção, há sempre um novo olhar.

Meta

A meta que traçamos na nossa mente ditará o resultado final. E qualquer sistema de pensamento que adotemos manifestará as suas testemunhas neste mundo. Que não sejamos tentados a acreditar que não somos responsáveis pelo que vemos e percebemos. Pois, a mente é poderosa e é a nossa perceção que faz a visão.

O véu que separa a mentira da verdade é muito ténue. Ainda assim, ele não é intransponível. A verdade está onde nós estamos. Se buscamos a verdade e nada mais do que a verdade, ela será revelada. Abrindo o nosso coração para a receber, nós vemos. Fechando o nosso coração, ficamos cegos. Portanto, a escolha de ver ou não ver é sempre nossa.

Regra de Ouro

Pensamento e sentimentos de culpa, mágoa e medo são respondidos pelo ego. Pensamentos e sentimentos de amor, paz e alegria são respondidos pelo Divino em nós. A resposta que se obtém é proporcional à mensagem enviada. Em concordância com o que emitimos, assim recebemos em retorno.

Saber comunicar com o Divino em nós é desaprender toda a linguagem estranha de medo que desenvolvemos, para dar lugar ao estado de silêncio e quietude onde as respostas do Divino podem ser perfeitamente ouvidas.

Tendo conhecimento desta regra de ouro na nossa comunicação, não há como nos enganarmos, a menos que façamos escolhas por medo.

O ego é ruidoso.

O Divino é silencioso.

Quanto mais ruído, mais ilusão.

E quanto mais silêncio, mais verdade.

História de Vida

A nossa mente funciona como uma vasta biblioteca. Essa biblioteca acumula muitas memórias com o passar do tempo e muitos livros são depositados em cada estante. Cada livro contém a história de uma vida inteira. E cada história tem muitos capítulos com episódios de amor e de dor. Se o dono da mente é amoroso, ele resignificará as histórias passadas e escreverá cada experiência com uma nova perceção. Se o dono da mente é amedrontador, ele buscará em livros antigos episódios de dor e reescreverá cada experiência com a perceção do que já passou. Dependendo do escritor a quem entregamos a nossa vida, teremos uma nova história de vida ou uma história de vida passada. Quem decide se os próximos episódios serão de amor ou de dor, novos ou antigos, somos nós.

Moldura

Existe uma moldura que contém todos os retratos. Dentro dessa moldura está a imagem de um universo que inclui o retrato de biliões de galáxias. Por sua vez, cada galáxia contém o retrato de milhões de planetas, asteroides, estrelas, cometas, entre outros corpos celestes. Nos planetas podem ser encontrados triliões de retratos de corpos de todas as espécies. E cada corpo contém o retrato de triliões de microrganismos. Desde o micro ao macro, tudo são retratos dentro de retratos que se fragmentam infinitamente e estão todos contidos numa única moldura.

O retrato está para a moldura, assim como o nosso corpo está para a mente. A mente é a moldura e como corpo nós pensamos ser um retrato dentro do retrato, dentro do retrato, dentro do retrato. Mas todos os retratos são apenas imagens sem consistência alguma. A única coisa real e verdadeira é uma moldura vazia. Por outras palavras, nós somos uma só moldura vazia, pensando ser os retratos dessa moldura – nós somos uma única mente vazia, pensando as infinitas coisas imaginadas por ela. Tudo não passa de um sonho dentro de um sonho, dentro de um sonho, dentro de um sonho… numa mente vazia.

O Reino e a Caverna

Era uma vez um Pai que tinha muitos filhos. Os seus filhos eram tantos que chegavam a igualar o número de grãos de areia de uma praia. Todos os filhos eram pequenas crianças inocentes que habitavam em paz e em alegria num Reino majestoso com o seu Pai. O Reino do Pai era vasto, infinitamente grande e cheio de luz. Nesse lugar só o amor incondicional reinava. O Pai amava os seus filhos por igual, pois todos eles eram iguais a Si mesmo. Não existia diferença nem separação entre Pai e Filho.

Certo dia, por curiosidade, os filhos decidiram sair para ver como era o mundo fora do Reino e entraram numa caverna tenebrosa bem grande. Elas nunca haviam visto tamanha escuridão. Por um instante ficaram tão espantadas com aquela visão, que de repente perderam o Reino de Luz do Seu Pai de vista. Tudo o que restava era um buraco negro sem fim.

Apavoradas com o que se estava a suceder, elas entraram em pânico. Umas correram desesperadas de um lado para o outro à procura do Reino. Outras começaram a brigar entre si, culpando-se umas às outras por se terem perdido. Outras fecharam-se em si mesmas, culpando-se por terem abandonado o Reino. Outras choravam sem parar, lamentando a perda do Reino e do amor do Seu Pai. Outras entraram num estado de apatia total e perderam toda a esperança de voltar a sentir a paz e a alegria do Reino. Outras revoltaram-se contra o Pai porque não obtinham nenhuma resposta aos seus clamores para que Ele as salvasse.

Todas elas entraram num mar de lamúrias, de desespero, de ódio e de raiva que ecoava por toda a caverna o medo que elas tinham da escuridão e a culpa que sentiam por terem deixado o Reino. Contudo, tudo o que diziam e faziam era em vão porque nenhum som e nenhuma ação chegava ao Reino do Pai. A caverna escura era agora o inferno onde as crianças viviam em constante inquietação, perturbadas pela ideia de nunca mais encontrarem o Reino.

Depois de muito tempo passar e de muito procurar, queixar, revoltar e desesperar, um dia uma das crianças decidiu parar. Pensou para si mesma que se nada do que havia feito tinha resultado, então a única coisa que restava fazer era render-se à evidência de que nada mais havia a fazer. Com isto em mente, ela sossegou e assim passou durante algum tempo. À medida que a quietude e o silêncio penetravam a sua mente, a paz que há muito não sentia começou a surgir, e ela teve um pequeno vislumbre. Dentro de si havia uma pequena luz que emanava uma sensação familiar. Ela sentia que algo a chamava para um lugar que ela já conhecia; algo que ela reconhecia como *"casa"*. Pouco a pouco, ela foi deixando essa luz entrar em si, leve e suavemente, expandindo cada vez mais o seu interior. Essa luz inundava todo o seu ser com o mais puro amor. Esse amor era do seu Pai. Ele era tão irresistível que nada mais havia a fazer: ela rendeu-se completamente e deixou-se ir. Quando deu por si, num instante ela estava no Reino do Pai.

Foi aí que a criança compreendeu o que se passava. Nem ela nem nenhum dos seus irmãos tinham alguma vez entrado na caverna escura e se separado do Seu Pai. Estavam apenas a sonhar que o tinham feito. O Pai estava unido com toda a Sua Filiação, perfeitamente quieto e silencioso como sempre. Nada tinha acontecido porque tudo não passava de um sonho. Não havia caverna, não havia escuridão, não havia medo. Só o Reino do Pai plenamente iluminado e amoroso era real.

Tendo sido iluminada com a verdade, a criança entrou novamente no sonho da caverna para ajudar os seus irmãos. Desta vez, já não havia nada a temer porque ela era a portadora da luz do Reino. E pouco a pouco, criança a criança, todas elas foram trazidas à luz e despertaram do sonho da caverna escura. Após esse sonho acabar, o sonho do Pai que tinha muitos filhos acabou também. Tudo é (silêncio).

O sonho por fim acabou, e só a paz do Reino ficou

para nenhuma outra história contar.

A Criança de Deus

Cada mente separada pelo medo representa a criança pura e inocente de Deus que dentro do seu sonho amedrontador separou-se do seu Pai e da sua casa, fazendo de si mesma algo que não é. Perdida no seu próprio sonho, ela fechou-se no interior de uma armadura pesada feita de espinhos para que ninguém a pudesse magoar.

Tanto tempo ela passou confinada dentro desse espaço armado, que essa armadura se tornou na sua identidade: uma máscara que ela usava para ocultar a sua real face. O medo que havia substituído o amor no seu coração era tal que, olhando para o espelho ela já não conseguia vislumbrar a centelha de luz que era, mas apenas um corpo individual ferido e magoado pelo tempo.

Sentindo-se só na escuridão da sua visão, ela chorava no interior da sua armadura feita de lágrimas e de dor. Ela não permitia que ninguém se aproximasse, pois à sua mínima dor, os espinhos da sua armadura feriam todo aquele que tentasse abri-la. Solitária no seu mundo, ninguém a podia salvar do seu próprio exílio.

No entanto, as suas súplicas para ser resgatada eram maiores do que tudo, mesmo que ela não as quisesse reconhecer. No auge da sua dor, a sua armadura quebrou e na sua total disponibilidade para nada mais rejeitar, a luz penetrou nesse preciso instante dentro da sua armadura feita de sombras e resgatou-a. Nessa luz, as suas feridas foram curadas e todo o seu mundo de trevas foi desfeito. Afinal, era tudo apenas um sonho. A criança de Deus estava junto do seu Pai no Céu e todo o seu pesadelo desapareceu para nunca mais ser visto. Amada inteiramente por Ele, ela é agora e para todo o sempre infinitamente abençoada e iluminada.

**Brilha sem medo criança de Deus,
pois a luz que tudo ilumina vem do Céu e está em ti.**

Uma imagem vale por mil palavras.

"Amor"

Escultura do artista ucraniano Alexander Milov

Festival Burning Man 2015 (Nevada, EUA)

(A ideia nasceu em 2007 como uma das esculturas da série TAKOE exposta pela primeira vez por Alexander Milov no Festival Cultural Ucrano-Japonês em Odessa. (...) Posteriormente, a série foi apresentada no Museu de Kiev arte contemporânea no âmbito da exposição "JUST AS IT IS", mas passou despercebida.)

Notas da Escritora

À semelhança das produções cinematográficas que têm o seu *making-of*, partilho aqui algumas notas relacionadas com o *making-of* da obra, bem como alguns esclarecimentos de dúvidas em formato de pergunta-resposta. Desse modo, convido-te a conhecer um pouco mais sobre mim e sobre a obra.

Quem é a autora por detrás da obra?

Para esta questão o silêncio seria a resposta adequada. Mas citando Blaise Pascal, sou *"um nada em comparação com o infinito, um tudo em face do nada, um intermediário entre o nada e o tudo"*. Entre o ser individual e o ser universal sou "alguém" que num certo instante tomou consciência do "eu interior" quando navegava nos mares da depressão. Desde então, tem percorrido o caminho do autoconhecimento, partilhando o saber e a experiência que tem adquirido com aqueles que se cruzam no seu caminho.

Como surgiu a ideia para fazer esta obra? E que mensagem ela busca transmitir?

Baseando-me no comentário anterior, a resposta a esta questão sempre foi bastante clara para mim: *"Se eu descobri "isto" em mim, de que forma posso ajudar outras pessoas a descobrirem o mesmo nelas?"*
A criação desta obra foi a resposta.

A perceção que cada um tem do que vê, ouve e sente é inteiramente subjetiva e está continuamente a ser moldada com base num passado individual. Quanto mais estímulos recebemos do meio exterior, maior é a probabilidade de perdermos a essência da mensagem. Através da escrita, procurei estabelecer uma comunicação mais direta entre o emissor e o recetor. É por esse motivo que o título principal da obra é "Eu Falo Contigo".

A mensagem da obra não visa inventar nada. Na verdade, serve para fazer precisamente o contrário, ou seja, não inventar nada. Sendo este mundo produto da nossa imaginação, muito já nós fantasiamos todo o dia, a toda a hora, a todo o minuto e a todo o segundo. Como afirmei anteriormente, este mundo é um construto da nossa mente. Ele nada tem de real e substancial. Aliás, nesse aspeto somos uns autênticos mestres do disfarce, ou não teríamos conseguido ocultar a nossa real identidade de nós mesmos por tanto tempo e de forma tão engenhosa.

Portanto, toda a obra é um diálogo de mente para mente. E a mensagem que transmito através dela é: **tudo está na mente**. A mente é a fonte de todas as coisas. É nela que tanto a mentira como a verdade estão. Conforme o filme que passa na nossa mente, assim vemos "lá fora". Desfazer esse filme que fizemos para só viver a realidade do eterno agora é a meta que busco alcançar com esta obra e que todos nós atingiremos a seu devido tempo.

De onde vem o título da obra "Eu Falo Contigo – Da Depressão à Iluminação"?

Parte da questão foi respondida no comentário anterior. Mas regressemos à verdadeira origem do título.

O título "Eu Falo Contigo" já precedia da primeira obra que criei em dezembro de 2014 "Eu Falo Contigo – O Despertar para a Vida", publicada em outubro de 2015 pela Chiado Editora. Tratando-se de um diálogo informal entre eu e tu, na altura o título pareceu-me bastante apropriado. A obra foi escrita no espaço de duas semanas num momento de inspiração relâmpago, pouco depois de ter despertado para a consciência do "eu interior". Neste momento não se encontra mais em circulação, pois embora tenha servido o seu propósito na época em que foi lançado, considero que foi mais um "desabafo efusivo da alma" do que propriamente um guia para o despertar da consciência. Esse propósito é comum em ambas as obras. No entanto, diria que a obra "Eu Falo Contigo – O Despertar para a Vida" é o início de um ciclo que fez parte do meu despertar da consciência e a obra "Eu Falo Contigo – Da Depressão à Iluminação" é o fim desse ciclo que contempla um sistema de pensamento amadurecido pelo tempo e firmado no agora.

☼ *Qual é a base de conhecimento da obra? E de onde veio a inspiração para incluir múltiplas áreas de conhecimento nela?*

Em primeiro plano, a base é o meu autoconhecimento. A inspiração vem desse caminho que tenho trilhado. Se não tivesse passado pela experiência de visitar o inferno e o céu dentro da minha mente, não teria os alicerces necessários para falar de temas tão sensíveis e profundos como a depressão e a iluminação.

A forma como cada um experimenta o Divino em si pode variar de indivíduo para indivíduo. No entanto, essa constante que permeia todas as mentes e todas as dúvidas dissipa é a mesma. É nesse ponto comum onde todas as mentes estão unidas que o conteúdo desta obra estabelece as suas raízes.

Sabendo que a verdade é imutável e está em todos nós, ao longo dos anos dediquei-me continuamente ao autoestudo e a encontrar Deus em múltiplas áreas de conhecimento. Na minha mente nunca tive outra meta senão ver a união no que aparentemente é separado. De facto, quando essa é a nossa meta, não é difícil encontrar Deus no conhecimento ancestral, teológico, filosófico, científico e empírico, porque todos os caminhos nos levam até Ele. Em qualquer área da nossa vida, em qualquer circunstância e em qualquer momento podemos ter um encontro com o Divino. Cada encontro é sagrado e em cada um podemos ter uma revelação e ser inspirados e curados. É assim que sem nada fazer, tudo se faz.

A constante está em nós e tudo gira em torno dela. Quando nos ligamos a ela, não há tempo nem espaço que nos separe e qualquer coisa está ao nosso alcance. Tudo está disponível agora na nossa mente, pois o que precisamos saber, ter e fazer é trazido pelo Divino no momento certo. O segredo é simples: **manter a mente aberta para aprender com tudo e receber tudo da Fonte.** Portanto, só posso sentir-me grata por tudo e dizer que, fundamentalmente, **a base de toda a obra é Deus**. Por amor a nós, o Amor Se manifesta. Quando nos colocamos ao Seu serviço, Ele também Se coloca ao nosso.

Ao longo da obra encontramos termos cristãos, citações bíblicas e referências a Jesus com alguma frequência. Existe uma influência mais predominante do Cristianismo na sua vida?

A minha formação espiritual não se prende a nenhuma religião em particular. Sempre abracei todas as religiões porque na minha perceção todas elas nos conduzem a Deus. No entanto, porque nasci e cresci numa cultura ocidental, particularmente em Portugal, grande parte da linguagem espiritual que desenvolvi tem as suas raízes nas tradições judaico-cristãs.

A minha mãe sempre depositou a sua fé num Deus universal e foi nessa base que ela me educou. Embora não tenhamos aderido a nenhuma religião, sempre tivemos Bíblias e fazemos as nossas orações baseadas na perfeita trindade do Pai, do Filho e do Espírito Santo. Essa forma de invocar o Divino sempre teve um forte apelo para mim.

Quando tive o meu despertar da consciência, senti uma certa sintonia mental com duas entidades em particular. Uma delas é Jesus. De algum modo sinto que uma parte significativa do meu caminho passa por desmistificar muitas das coisas que ele veio comunicar ao mundo. Não é algo que soube de imediato que iria fazer, mas algo que se foi revelando com o tempo enquanto buscava a paz interior. Ao estabelecer esse objetivo em mim, acabei por disponibilizar a minha mente para receber informação vinda dele. A sua palavra e os seus sinais são inconfundíveis, pois todos eles invocam a unicidade, a universalidade e a intemporalidade do Ser.

O plano que Jesus veio cumprir neste mundo ainda está em curso e é através de nós que Ele se tem manifestado ao longo dos tempos. Ele continua a operar como Cristo na nossa mente e cada vez mais são aqueles que têm recebido as suas mensagens e a sua inspiração, contribuindo significativamente para a expansão da nossa consciência coletiva e para a união de toda a Filiação de Deus.

Portanto, se existe alguma influência mais predominante na minha vida, ela vem do próprio Cristo. Antes do Cristianismo nascer, Cristo É. Com todo o respeito pelos ensinamentos cristãos que muitas pessoas têm erguido pela fé em Deus e em Cristo, isto é o que a minha experiência pessoal me diz e o que eu sinto verdadeiramente.

Quanto às referências bíblicas, posso dizer que são citadas com mais frequência porque estou mais familiarizada com os seus ensinamentos. Não significa necessariamente que acredite que a Bíblia está mais correta e seja a única via possível. Assim como tantas outras citações que coloquei ao longo da obra de mestres, filósofos, pensadores e personagens de filmes, elas servem para comprovar que a verdade está em todo o lado.

Se olharmos para tudo com uma visão amorosa, podemos facilmente separar o trigo do joio e perceber o que é obra do ego e o que é obra do Divino. Afinal, para conseguirmos navegar nos mares deste mundo, que cada vez se tornam mais agitados, há que desenvolver o discernimento entre o que nos fala a verdade e o que a nega. Cada vez mais somos chamados para ver as coisas preto no branco. Zonas cinzentas são sempre zonas de medo. E isso não faz parte da nossa real natureza.

 Na obra faz uma distinção entre dois sistemas de pensamento: o Divino e o ego. Em que obras ou estudos se baseia este conhecimento?

Resposta curta: na obra "Um Curso em Milagres". O curso utiliza o termo "Espírito Santo" em vez de "Divino". Apenas empreguei essa palavra para ser mais inclusiva e não me cingir única e exclusivamente aos termos cristãos. O UCEM utiliza uma linguagem inteiramente cristã, sendo o seu conteúdo da autoria do próprio Jesus e canalizado por uma psicóloga americana de nome Helen Schumann (1909–1981) que ironicamente se descrevia como teoricamente conservadora e ateísta nas suas crenças.

Não tenho como propósito convencer ninguém do que afirmo, pois só pelo estudo aprofundado e pela experiência prática do curso é possível reconhecer quem é o autor. Como afirmei anteriormente, Cristo está na nossa mente una e tem-se manifestado neste mundo por muitos meios e de muitas maneiras. Ele não é uma entidade especial à parte de nós como muito creem ser, mas a experiência viva em nós do próprio Divino. Através dos ensinamentos passados no UCEM, é possível fazer uma mudança progressiva e consistente no nosso sistema de pensamento de forma a atingirmos a meta do despertar pleno, como aconteceu com Jesus. Ele foi o perfeito exemplo do cumprimento total do plano da Expiação e tem-nos ajudado a fazer o mesmo desde então.

O "Eu Falo Contigo – Da Depressão à Iluminação" é mais uma entre muitas vias de trazer luz à escuridão da nossa mente. De uma forma prática e objetiva, partilho uma só visão que integra várias áreas de conhecimento com o sistema de pensamento e a metafísica do UCEM. A obra não foi inicialmente planeada para incluir esse saber, mas à medida que fui mergulhando no curso, tornou-se imprescindível.

 De que forma o conhecimento desse curso influenciou o seu percurso de vida e a projeção desta obra?

A história é longa, mas creio que vale a pena partilhá-la. Quando despertei para a vida em mim, tornou-se claro que estava a experimentar uma ilusão de mim mesma. A primeira tomada de consciência ocorreu quando se abriu um silêncio em mim e por uns instantes dissociei-me dos pensamentos que passavam na minha mente. Pensamentos são apenas ideias, construções mentais que vão e vêm como o vento e não têm qualquer poder sobre nós se não lhes atribuímos qualquer significado. Nesse instante percebi que eu estou aqui e os pensamentos são um nada que me puxavam para um tempo e um lugar que não existem agora, mas unicamente na minha mente. A partir daí percebi que haviam dois "eus" e que só um deles é real.

Mas saber isso é apenas o início do despertar. Para escapar às ilusões do ego não basta apenas saber que nós não somos os pensamentos passageiros e que estamos sempre aqui e agora. Toda a crença de que somos um corpo individual separado da Fonte necessita de ser desfeita na nossa mente. Na realidade, não existe um "eu corpo", mas apenas puro Espírito. Só Deus sem forma é verdadeiro. Despertar para essa realidade é regressar à origem onde nunca deixámos de ser espírito completo à Sua perfeita imagem e atingir a paz plena. E é unicamente na total rendição ao Divino em nós que todo o equívoco pode ser desfeito, pois só Ele o pode fazer. Só desenvolvi essa consciência quando cheguei a um ponto em que precisava de um sistema de pensamento consistente que me tirasse de vez do meu inferno mental.

Após o início do meu despertar, dia após dia, ano após ano, procurei expandir a minha consciência e dissipar as sombras em mim, o que gradualmente se tornou uma tarefa penosa. Com alguma frequência dava por mim a lutar contra os meus próprios pensamentos quando sentia que me estava a deixar consumir pelo medo, a culpa, a ansiedade e a frustração.

Sabendo que tudo era passageiro, tinha a consciência de que eventualmente a questão se tornaria numa não questão. Respirava profundamente, fazia uma oração, meditava e pronto, já não havia problemas.

Em geral é relativamente fácil manter o ânimo e a boa disposição, uma vez que o observador dentro da nossa mente desperta. Porém, à medida que fui desenvolvendo uma maior consciência de mim mesma, outras questões mais profundas surgiam e em certos períodos regressava à roda-viva de pensamentos e emoções. Por vezes a corrente de pensamentos era tão intensa e confusa que me sentia literalmente atropelada por eles. Parecia que quando estava prestes a sair das areias movediças da mente, de repente era novamente engolida por elas. Havia claramente algo que não estava a funcionar. A paz não era consistente e começava a ficar farta de viver todo aquele reboliço mental e emocional. Estar constantemente embrenhada na escuridão da minha mente era desgastante e pensava para mim mesma que tinha de haver outra forma mais eficaz de progredir no meu caminho.

Foi durante o confinamento obrigatório que se deu a partir de março de 2020 devido à pandemia, que fui "convidada" a enfrentar tudo em mim novamente, desta vez sem as constantes distrações do mundo exterior. Na altura estava a atravessar uma fase conturbada na minha carreira profissional, pois não sabia muito bem o que iria fazer a seguir. Até então, toda a minha carreira tinha girado em torno da informática, e por muito que tentasse transitar de uma posição técnica para assumir um papel ligado ao desenvolvimento humano dentro do meio empresarial, nenhuma porta parecia abrir-se. Foi nesse período em que estava em casa que tive de decidir entre ficar onde estava ou prescindir de vez desse caminho e dedicar-me inteiramente ao holismo e à espiritualidade.

Isso trouxe à superfície medos e anseios que mexeram comigo de tal modo que não vi outra solução senão escolher o único caminho possível onde poderia tomar alguma decisão com discernimento: paz. Nesse instante em que senti que era tudo o que queria, percebi que tinha caído mais uma vez na armadilha de buscar fora o que só poderia encontrar dentro de mim. Independentemente do que iria fazer daí em diante, tudo o que mais desejava era estar em paz comigo mesma. E foi pela vontade de me harmonizar internamente que escolhi abdicar da minha carreira e seguir o que sentia ser o meu propósito de vida.

Logo após ter tomado essa decisão, dois companheiros de jornada atravessaram o meu caminho e colocaram nas minhas mãos dois livros: "O Desaparecimento do Universo" de Gary Renard e "Um Curso em Milagres". Por recomendação deles, comecei por ler o "O Desaparecimento do Universo", que faz uma abordagem invulgar ao UCEM... E fez-se luz na minha mente. Ali estava a resposta a todas as questões que por tanto tempo pairavam na minha mente. Foi no UCEM que encontrei um sistema de pensamento consistente que me ajudaria a sair do pensamento circular do ego. A meta do curso é alcançar a paz e isso era justamente o que eu buscava.

Já me tinha deparado com a oportunidade de entrar em contacto com o UCEM em 2015 e em 2017 cheguei a ter o livro mesmo diante dos meus olhos. Mas na altura, o meu foco não era a paz. E quando o foco não está nela, os olhos não veem. Só quando realmente quis a paz, ela veio. E, curiosamente, foi através da pessoa que me apresentou o UCEM em 2017 que recebi uma vez mais o convite para conhecer o curso em 2020. As respostas estão mesmo à nossa frente. Se não as vemos, não é porque elas não existem, mas porque não escolhemos vê-las. Como tenho dito, tudo é uma questão de escolha.

Após esse momento de revelação, não tardei muito até começar a facilitar o UCEM porque sabia que a melhor forma de aprender um novo sistema de pensamento era ensinando-o. Por vezes ensinando com as duas pessoas que me trouxeram os livros, outras vezes sozinha, pouco a pouco fui assimilando o curso. Após um ano de ensino, retomei esta obra que estava estagnada há vários meses por falta de organização de ideias e dei-lhe um novo rumo. Tendo a estrutura de pensamento do UCEM assente na minha mente, muitas das investigações que tinha feito noutras áreas de conhecimento e andavam como peças soltas sem saber o que fazer com elas, começaram a juntar-se na minha mente como um *puzzle*. Comecei a ver o fio condutor que ligava todo o conhecimento como um só, e a entender onde cada peça se encaixava. Dessa forma, o curso tornou-se na espinha dorsal de toda a obra.

O processo não foi premeditado nem sequencial, mas de algum modo cada capítulo ganhou a sua forma e o seu lugar a seu tempo. E como se isso não bastasse, com a prática do perdão verdadeiro ensinado pelo curso, a paz interior começou a tornar-se cada vez mais constante. Diria até que se não tivesse passado por este treino mental do curso de entregar tudo ao Divino e de escolher sempre ver a paz, dificilmente conseguiria concluir esta obra. Todavia, como se costuma dizer, o que tiver de acontecer, acontece. Deus escreve sempre certo pelas linhas tortas que criamos. Podemos não ver o caminho, mas se mantemos a fé o caminho faz-se por si.

A experiência de pôr o curso em prática só me trouxe milagres e por isso sou grata. Não é ao acaso que se chama "Um Curso em Milagres". O nome pode parecer estranho, mas quem busca a paz é naturalmente atraído até ele, reconhece o seu valor e transporta a sua mensagem para o resto da sua vida.

Agora que olho para trás e vejo todo o caminho que percorri até aqui, compreendo verdadeiramente que tudo tem o seu tempo para acontecer. Portanto, não poderia fazer esta obra sem antes passar pelo curso. E assim foi.

Refere-se a este mundo como um sonho inventado por nós. Acredita mesmo que não foi Deus que criou o universo?

Eu diria que não dar crédito a Deus pela criação deste universo não é uma crença, mas uma constatação a que se chega uma vez feita toda a reflexão. À semelhança do que disse anteriormente, o meu pensamento tende a unir em vez de separar. É por ter esta maneira de pensar que cheguei à conclusão de que não faz sentido conceber um deus que criou um mundo separado, mesmo que seja só na aparência.

Há inúmeras teorias que procuram justificar porque Deus criou este universo: Deus separou-se para se conhecer a Si Mesmo, Deus quis/permitiu que a Sua criação conhecesse o que é o bem e o mal, Deus quis/permitiu que a Sua criação conhecesse o que é o perdão...

Por uma questão lógica faz sentido assumir um sistema de pensamento no qual não se inclui Deus na criação deste universo. Conceber a ideia de que algumas coisas foram feitas por Ele e outras não, ou pensar que Deus fez tanto o bem como o mal, é alimentar um sistema de pensamento dual. E Deus não é dual, mas universal, ou não poderíamos atribuir-Lhe as qualidades de omnisciência, omnipresença e omnipotência.

O sistema de pensamento do UCEM é claro quando evidencia que ou Deus é real ou este mundo é real. Não podemos atribuir veracidade a ambos porque um é a negação do outro. Por conseguinte, afirmar que este universo é a Sua criação é apenas irracional.

Não faz sentido algum responsabilizar o que é imutável e sempre igual a si mesmo pelas constantes mudanças e diferenças que percebemos neste mundo. Tudo o que este mundo é, Deus não é. Deus não pode deixar de ser Ele mesmo, pois Ele não tem escolha possível. Mas nós podemos escolher. E só quem tem o poder da escolha pode criar diferente. Assim, este mundo é produto da nossa própria invenção, no qual escolhemos não ser como Deus. Podemos concluir por estas palavras que quem cria o que acontece neste mundo somos nós. Não há ninguém a quem chamar à responsabilidade, a não ser a nós próprios.

A nossa mente é a grande fábrica deste mundo. O estado do mundo é o resultado de cada decisão que cada um de nós toma. E cada decisão nossa influencia toda a dinâmica do universo porque estamos todos unidos na mesma mente. Quanto mais vivemos em amor, mais livres somos e mais nos aproximamos da nossa essência. Quanto mais apegados estamos ao medo, mais validade damos ao corpo e ao mundo e mais nos distanciamos da nossa essência.

A relutância em nos rendermos à nossa própria natureza parte da ideia de que se só Deus é real, então o "eu individual" é uma ilusão. Nós nunca existimos como seres separados; apenas aparentamos estar separados. Sendo assim, este mundo é o nosso sonho do "não eu", ou seja, "não Deus", "não Espírito", "não Amor", "não Luz", "não Verdade", "não Vida".

Enquanto não ultrapassarmos a barreira de medo que criámos entre nós e Deus, o corpo e o mundo continuarão a existir na nossa mente. Todavia, sabendo que o nosso destino é a união total, um dia este sonho terminará e aceitaremos o que nunca deixámos de ser. Somos a perfeita criação de Deus. Somos o perfeito Filho de Deus. Unidos ao Pai, somos um. Somos só Deus. Nada mais existe.

Em alguns capítulos, especialmente no capítulo "Erguer o Véu" cita com alguma frequência Fernando Pessoa. É uma referência que lhe diz algo em particular?

A resposta mais correta seria um "nim" (risos). Fernando Pessoa é conhecido pelo público em geral por ser um dos poetas portugueses mais conhecidos da nossa história. As suas obras têm tanta importância para a literatura portuguesa que os seus poemas são estudados nas escolas até aos dias de hoje. Na época em que estudei Fernando Pessoa, achava que os seus poemas eram complexos e nem entedia muito bem por que razão ele havia criado heterónimos para se expressar. Por vezes pensava que ele só podia ser esquizofrénico. Portanto, a ideia que tinha dele não era propriamente inspiradora.

Com o despertar, a minha perceção sobre as suas obras mudou. Embora dificilmente compreendido, Fernando Pessoa era uma mente bem lúcida, pois a sua arte falava "do outro lado do véu". Mais do que um poeta, ele era um verdadeiro pensador, um filósofo, um astrólogo e um ocultista, isto é, uma pessoa dedicada a estudar o que está além das aparências deste mundo. Muito do que ele escreveu não é conhecido pelas massas e por isso algumas coisas foram partilhadas nesta obra para demonstrar o seu lado místico. Ele tinha a consciência de que toda a criação é ilusão e que Deus é a consciência da consciência, coisa que não pode ser pensada, mas apenas experimentada (este segmento pode ser lido em Textos Filosóficos Vol. I. Fernando Pessoa). Deus não pode ser pensado, pois todo o pensamento é pura ilusão. Este mundo não passa de um teatro feito de pensamentos encenados por uma mente que está constantemente a criar ilusões. Os heterónimos de Fernando Pessoa são o retrato da mesma e única mente, fingindo ser muitas coisas e muitos seres. É por isso que no poema "Autopsicografia" ele diz:

"O poeta é um fingidor

Finge tão completamente

Que chega a fingir que é dor

A dor que deveras sente."

Todos nós somos fingidores. Todos nós sonhamos ser uma coisa que não somos. Todos nós fingimos sentir uma dor que não é real. A dor que deveras sentimos é a dor do "não ser" porque como puro Espírito de Deus a dor é inexistente. Como poderia o próprio Amor sentir dor? Mais uma vez, só num sonho.

Se pegássemos em todos os textos e poemas de Pessoa, poderíamos dar azo a outras tantas revelações que este génio da prosa e da poesia exprimia de forma tão brilhante através da escrita. As citações que acrescentei dos seus textos filosóficos não estavam planeadas para esta obra e foram acrescentadas quando buscava as referências bibliográficas dos seus poemas. Assim que li os seus textos, algo em mim me disse que fazia sentido trazer à luz esta faceta de Fernando Pessoa. E assim o fiz.

A abordagem que faz ao perdão difere da forma como o praticamos habitualmente. Como chegou a essa forma de perdão?

Resposta curta: Um Curso em Milagres e Ho'oponopono. O Ho'oponopono é uma prática de perdão havaiana com várias semelhanças à prática do perdão ensinado no UCEM. Ambas têm as suas particularidades, mas esse assunto terá de ficar para outra altura. O perdão é um tema que dá muito pano para mangas, pois ele é a chave que abre todas as portas que ainda se encontram fechadas na nossa mente. Não me quero estender na explicação, até porque pretendo desenvolver este tema com maior profundidade noutro contexto. No entanto, posso explicar qual a diferença entre o perdão que estamos habituados a praticar e o perdão que procuro transmitir nesta obra.

Como referi no capítulo "Perdão", perdoar significa doar por completo. Para que haja uma doação completa, não pode haver desigualdades entre aquele que perdoa e aquele que é perdoado. Ambos devem ser reconhecidos como inteiramente inocentes ou o perdão não é total. Acima de tudo, **perdoar é escolher amar em vez de culpar**.

O perdão que praticamos não é autêntico no sentido em que ainda o interpretamos como um ato piedoso por alguém que consideramos ter cometido um pecado. Damos validade ao erro e este jamais poderá ser desfeito. Quando dizemos algo como *"Eu perdoo, mas não esqueço"*, não estamos a perdoar nada. Manter a memória viva na nossa mente do erro é perpetuar o pecado na nossa mente. Quer tenha sido cometido por nós ou pelo outro, quem é crucificado pelo erro somos sempre nós por escolhermos manter a mágoa e a culpa em vez de nos libertarmos inteiramente delas. Mais uma vez, é o que eu chamo "beber do próprio veneno".

E como referi no capítulo "Erguer o Véu" não há ninguém "lá fora". Tudo é uma projeção dos nossos pensamentos inconscientes enraizados na culpa e no medo. Tudo o que vemos neste mundo são nada mais do que pensamentos disfarçados de corpos. Desse modo, quem cria as circunstâncias para perceber o pecado no outro somos nós próprios.

Que não sejamos *tolos* ao ponto de acreditar que não somos responsáveis pelo que nos acontece ou que somos parcialmente responsáveis. A responsabilidade é inteiramente nossa. Tudo o que chega até nós é atraído segundo as decisões que tomamos na nossa mente, sejam elas conscientes ou inconscientes. Ninguém é vítima de ninguém. Quem se vitimiza apenas busca escapar à responsabilidade dos seus próprios pensamentos de ataque numa tentativa vã de perceber no outro a culpa que carrega no seu inconsciente.

Como expliquei no capítulo "Passado" e "Erguer o Véu", esta é a grande trama montada pelo ego da qual pouca ou nenhuma consciência temos. E enquanto mantemos o estado de identificação com o corpo, não estamos inteiramente a salvo do seu teatro. Independentemente do aspeto e da idade do corpo, o ego não tem qualquer misericórdia. Ele busca a vingança, a culpa e a morte do Filho de Deus porque ele é o símbolo da negação do amor de Deus. E quando nos deixamos consumir pelo medo, a mágoa, a raiva e o ódio, tornamo-nos exatamente o que o ego é – o "não eu".

Essa foi a grande ilusão que criámos quando decidimos experimentar o que é não ser como Deus. Por conseguinte, toda a crueldade que percebemos no mundo é apenas o reflexo da mente que se deixou consumir pelo medo da sua própria criação. Essa criação saiu fora do nosso controlo a partir do instante em que foi *feita* sem amor e rejeitada por nós. Se queremos estar em paz, é preciso assumirmos inteira responsabilidade por ela, aceitando libertá-la pelo perdão Divino, que todo o medo desfaz e toda a criação abençoa e ilumina.

É ignorância pensar que ao perdoar estamos a ser bondosos e misericordiosos para com o outro. Isso apenas perpetua o erro porque é perceber implicitamente o outro como menos digno e menos inocente. Estando divididos entre o ego e o espírito, não temos o discernimento para julgar nem para saber perdoar. Essa capacidade só pode ser atribuída ao Divino que nos vê a todos como um só espírito inocente. Só Ele tem o poder de desfazer toda a culpa e toda a mágoa que guardamos nas nossas memórias. Ao escolher receber a Sua correção na nossa mente, estamos a escolher perdoar e livrar-nos de todas as prisões mentais autoimpostas. E esse perdão não é para o outro, mas para nós mesmos que estamos enganados quanto ao que somos.

Uma vez que aceitemos o perdão Divino, todo o erro é desfeito na nossa mente e na mente daquele a quem culpámos pelos seus atos, porque ambas são a mesma e a única mente. Por cada vez que aceitamos exercer a nossa função no perdão, estamos a contribuir para que a paz e o amor reinem na nossa mente una, e toda a Filiação de Deus seja livre novamente. No teu perdão está a minha liberdade e no meu perdão está a tua liberdade. Sendo assim, é pela nossa escolha de perdoar verdadeiramente que todo o ego é desfeito e o Filho de Deus é livre de se unir ao Pai na Sua Mente.

❀ *De onde surgiu a ideia de buscar Deus através da matemática?*

Certamente que esta ideia não surgiu por ser boa a matemática (risos). Embora me tenha licenciado numa área ligada às ciências, admito que a matemática foi durante muitos anos o meu grande calcanhar de Aquiles. Quando escrevi a minha primeira obra e incluí uma parte do raciocínio matemático que está também nesta obra, recebi um comentário de uma amiga que me disse: *"Eu não percebo nada de matemática! Não compreendi nada!"*. Na altura, poderia ter-lhe dito que também já tinha sofrido de complexos por isso. Contudo, hoje em dia também compreendo que as nossas limitações são autoimpostas, mesmo que em muitas situações não nos apercebamos da sua profundidade

A matemática nunca foi um alvo particular do meu interesse, mas sempre tive uma certa inclinação para o raciocínio abstrato e lógico. Somente após o meu despertar descobri a real utilidade dessa capacidade.

A ideia de encontrar Deus na matemática teve início quando certo dia estava a ouvir o Eckhart Tolle (escritor e conferencista alemão) explicar numa conversa com um jovem adulto que ele era nada, isto é, uma não-coisa. Expresso em inglês isto faz muito mais sentido porque "não-coisa" é a fragmentação da palavra "nada" (*"nothing"* = *"no-thing"*). Aliado a esse pensamento, já o tinha ouvido dizer numa conferência que nós somos Deus.

Foi com estas simples frases-chave que se fez luz na minha mente. Se Deus e nós somos o nada, vazio, imaterial, intocável, sem forma, então a nossa representação lógica só poderia ser zero. A partir dessa chave, as portas da minha mente abriram-se e comecei a buscar onde mais poderia encontrar o zero na ciência, isto é, onde mais poderia encontrar Deus na ciência. E naturalmente, as intuições começaram a surgir uma após a outra.

Eckhart Tolle chegou a estas conclusões quando ele mesmo passou por uma experiência de despertar espiritual e se dedicou ao estudo da filosofia budista. A forma como o Oriente interpreta a ideia de vazio difere do Ocidente. Enquanto na visão oriental o vazio é a realidade última do ser que todos aspiramos alcançar em vida, na visão ocidental o vazio é temido e associado à morte e ao fim de tudo. Como verificámos ao longo da obra, o vazio não é a morte, mas a própria vida; o próprio Deus. É por isso que Buda fazia um nobre silêncio cada vez que o questionavam sobre Deus.

No Budismo não se apela ao nome de Deus porque Ele é impronunciável, vazio de qualquer ideia, conceito ou forma. Não há separação entre Deus e nós, pelo que o uso da palavra é desnecessário. Só porque os budistas não invocam o nome de Deus, não significa que eles não O reconheçam. Meramente não complicam o que é simples. Já no Ocidente criou-se esta visão de um Deus imperfeito, semelhante ao ser humano. Esse erro tem origem na perceção fragmentada do ego que estabelece relações sujeito-objeto, em que o objeto percebido espelha as características do sujeito que o percebe. Ou seja, Deus torna-se aquilo que percebemos em nós mesmos. É por esse motivo que Ele é frequentemente descrito em escrituras antigas como se padecesse dos males da humanidade. Isso é só mais uma tentativa infeliz do ego de criar um deus à sua imagem.

No final de contas, todos os caminhos espirituais estão corretos. Contudo, muitas vezes são mal interpretados pela nossa falta de discernimento entre o absoluto e o relativo. Para desfazer essas ideias equivocadas que criámos de Deus, o raciocínio lógico e matemático é adequado por ser uma área de conhecimento neutra onde não se fazem concessões. Neste domínio, podemos estabelecer uma ponte sólida que une todas as filosofias de pensamento, abstraindo-nos das suas particularidades. É assim que garantimos que seguimos uma linha de raciocínio inteiramente coerente e perfeitamente unificada, tal como Deus É.

Essa forma lógica e intuitiva de pensar parece ser algo natural em si. Isso foi sempre assim?

Não. Antes de desenvolver esta habilidade, muito ainda penei pelo caminho (risos). Por mais estranho que isto possa parecer, não há crescimento sem dor. A nossa zona de conforto é uma zona de estagnação onde nada cresce. E ninguém sai dessa zona, a menos que se tenha tornado desconfortável. No meu caso, esse caminho tornou-se inevitável porque raramente me sentia confortável dentro da minha própria mente. Sendo assim, a zona de desconforto foi o lugar onde mais tempo passei durante uma parte significativa da minha vida.

Durante muito anos vivi com muitas dúvidas por não saber qual era o meu propósito neste mundo. Lembro-me que ficava aborrecida quando as pessoas questionavam: *"O que queres ser quando cresceres?"* ou diziam: *"Tens de trabalhar para ser alguém na vida"*. Pensava para mim mesma*: "É preciso crescer para ser alguma coisa? O que é ser alguém na vida? É ter um trabalho? É casar e ter filhos? É ter dinheiro? É ser famoso?"*. Tendo a consciência de que havia pessoas que mesmo tendo tudo eram infelizes, essa resposta nunca foi clara para mim. Eu não fazia a mínima ideia do que era "ser alguém" ou o que seria quando crescesse. Por outro lado, ter uma vida de adulto para mim era sinónimo de trabalho e de muitas responsabilidades, por isso não via qual era a graça de crescer nesse aspeto.

Um dia essa "vida de adulto" chegou e a partir dessa altura tive de enfrentar os meus maiores medos. Quando estava prestes a acabar o nono ano, não tinha uma ideia clara do que queria fazer na vida. Eu não era particularmente extraordinária em nada, nem tinha nada que gostasse muito de fazer. E quando não se sabe que caminho se quer percorrer, qualquer caminho serve. Na época, dizia-se que a informática era o futuro e havia muita saída no mercado. Eu até gostava de passar um tempo significativo em frente ao computador. E com esses escassos critérios, decidi enveredar pelo caminho das ciências e da tecnologia.

A partir dessa decisão, o meu percurso tornou-se num pequeno inferno, pois durante vários anos alimentei a crença secreta de que as pessoas com quem estudava e trabalhava eram mais inteligentes do que eu. Em várias situações sentia que falhava em compreender o que era básico e julgava-me por ter uma compreensão lenta. Por vezes, chegava mesmo a pensar que era burra. Como resultado desses pensamentos de autocrítica sistemática, desenvolvi uma baixa autoestima que me colocava em situações de grande *stress* e ansiedade. Mesmo assim, nem tudo era "mau".

Eu sentia um certo prazer por cada vez que conseguia superar-me e aprender a fazer algo novo, e assim que percebia que não havia mais nada para aprender, mudava de projeto. Cada projeto novo era um desafio significativo para mim, pois tendo escolhido uma área de trabalho que está em contínua evolução, eu achava que tinha de estudar constantemente para me atualizar. Muitas vezes usava as minhas faculdades mentais para me forçar a aprender coisas muito específicas, o que por vezes era extremamente desgastante para mim por não ser algo natural. Mas eu não tinha essa consciência. Já me tinha habituado de tal forma a oscilar entre o conforto e o desconforto que se tinha tornado numa norma. Além disso, eu não queria olhar para o que mais me atormentava.

Ainda que em alguns momentos fosse elogiada pelo meu trabalho e dedicação, eu tinha a sensação de que não era suficiente. E o que quer que eu fizesse nunca seria suficiente porque, no fundo, eu sentia que eu era uma farsa e que aquele não era o meu lugar. Eu não amava o que fazia nem sabia o que isso era. Poderia ter optado por outro caminho que não fosse tão difícil para mim. Mas até à data eu continuava sem saber o que queria fazer da vida. Na verdade, da vida eu nada podia fazer, porque eu nada sabia sobre mim. Esse era o meu problema.

Após o meu despertar, fui compreendendo aos poucos por que razão eu havia percorrido um caminho tão árduo. A minha mente tinha acumulado tantas dúvidas, medos e anseios ao longo dos anos, que quando entrei em depressão a única coisa que desejava era deixar de pensar; extinguir-me de vez; desaparecer. Não ter pensamentos, não ter preocupações, não ter medos, nada. Pensei que o mais próximo disso seria a morte porque ditaria o fim do sofrimento. Contudo, algo em mim me dizia que essa não era a resposta. Foi quando ouvi o Eckhart Tolle pela primeira vez que compreendi tudo. **Eu sou ninguém, pensando ser alguém. Eu sou nada, pensando ser alguma coisa. Eu sou o vazio, pensando ter alguma coisa. Eu sou o zero, pensando ser uma coisa. Eu sou a constante, pensando ser o inconstante.**

Quando tomei essa consciência, senti um alívio enorme. Eu já era o que mais buscava naquele momento. Não havia nada para ser porque eu já era tudo. Nada estava em falta em mim. Toda a inteligência e conhecimento que julgava não ter estavam aqui e agora, na minha mente. Só não estava a usá-los porque desconhecia da sua existência. Eu tinha vocação para resolver problemas abstratos, não de ordem específica. E foi através de uma perspetiva abstrata que compreendi que todos os problemas que estava a enfrentar eram o mesmo e único problema. Ele estava na minha mente, a falar comigo como se fosse "eu"; como se fosse "alguém" que não era eu. A causa do problema não estava "lá fora", mas em mim. E foi quando me coloquei em causa que compreendi de onde vinham os efeitos. Tudo não passava de um problema de identidade. Nada tinha a ver com o que se estava a passar especificamente na minha vida exterior. Era a vida interior que estava em falta.

Hoje em dia compreendo por que razão precisei de atravessar o inferno na minha mente. Eu estava constantemente à procura de aprender algo mais para me sentir confortável, pois tinha imensas dúvidas e muita dificuldade em decidir. O "não saber" era um medo constante. Era assim que o "não eu" me obrigava a buscar respostas no que aprendia e fazia, deslocando-me em pensamentos entre o passado e o futuro; entre o que tinha aprendido e feito e o que iria aprender e fazer. Ele nunca teve estrutura para saber nem para decidir coisa alguma. Tudo o que ele fazia era afastar-me do lugar e do momento onde todas as respostas se encontram: **aqui e agora, na mente**. O "não eu" era apenas ruído mental inquietante que ocultava o "eu Divino" quieto e silencioso. Foi assim que descobri que **tanto a doença como a cura, tanto o veneno como o remédio, estão na nossa mente**.

Portanto, a vida "lá fora" não é difícil. Quem cria o mar de dificuldades de dentro para fora é o "não eu". Todos os problemas que ele gera têm raiz no medo. A partir do instante em que deixamos de tomar decisões por medo, os problemas não são mais percebidos como bloqueios, mas como oportunidades de cura. A resolução é simples. A escolha é que por vezes pode parecer dolorosa. Mas isso, é mais uma mentira do "não eu". Todas as decisões e perceções do "não eu" podem ser anuladas pelo "eu Divino", visto que não há nada que Ele não possa perdoar.

Todas as coisas têm de fazer sentido. Se não fazem, é porque eu não estou a perceber corretamente. Nesse aspeto, sou grata pelo caminho que percorri no ramo da informática, porque foi através desse percurso que desenvolvi esta forma lógica e prática de pensar. A máquina está sempre certa. Se há um erro de sistema, então o erro é do programador. Este mundo é uma máquina criada por nós e o seu programador é a nossa mente. O erro não está no mundo, mas na forma como o percebemos. Mudando a nossa perceção (*input*), o resultado do mundo (*output*) também muda. Quando a meta é a nossa melhor versão, o mundo também se torna na sua melhor versão. Assim como pensa o programador, assim a máquina reproduz.

Ter este modo de estar na vida abriu-me mente para receber a correção do programador certo ao invés de procurar dar validade ao erro e persistir nele. Não há nada que não consigamos superar nem erro que não possa ser desfeito quando abandonamos a necessidade de culpar ou de nos culparmos para assumirmos inteira responsabilidade pela vida que somos. Essa é a única responsabilidade que temos. O resto, está nas mãos de Deus.

Os desafios continuarão a surgir enquanto todas as memórias de culpa armazenadas no nosso inconsciente não forem perdoadas. Contudo, agora temos a consciência de que em nós há uma constante que todo o medo e toda a dúvida anula para ser como ele mesmo. Essa constante é o zero – É Deus, É Amor. E quanto a isso não tenho a mínima dúvida, pois pela lógica tudo tem uma razão de ser e nada acontece por acaso.

Como Rumi (poeta sufista) sabiamente expressa: *"Aprende com o sofrimento. A ferida é o lugar por onde a luz entra em ti.".* É na cura das nossas feridas que a sabedoria e o dom de curar o outro são revelados. Todo o mal oculta um dom. Não é ao acaso que Pandora era conhecida na mitologia grega por ser aquela que possui todos os dons. O maior dom que ela trouxe para a Terra é o espírito da esperança que conservou na sua caixa. Ele é o nosso curador e o portador de todos os dons. São nos nossos maiores males que descobrimos o curador interior e os nossos maiores dons. Todo o mal pode ser curado e transformado num dom através do perdão Divino. Se essa for a nossa escolha, não há infortúnio que não possa ser convertido num milagre, nem dor que não possa ser curada pelo amor.

Dito isto, tudo se torna perfeitamente lógico e intuitivo, se essa for a nossa escolha também.

Na obra faz referência a práticas orientais como o yoga e a meditação Zen. Elas fazem parte da sua experiência?

Com certeza. O *yoga* foi a primeira prática à qual resolvi aderir quando ainda estava no meu processo de despertar da consciência. Curiosamente, foi no dia anterior ao meu despertar que fiz a minha primeira aula. Era como se soubesse de alguma forma que aquela prática iria fazer parte do meu caminho. A partir daí, tanto o *yoga* como a meditação tornaram-se práticas regulares. Entretanto, também tive algumas experiências com o xamanismo e, após cinco anos de *yoga*, comecei a experimentar paralelamente *tai chi chuan* e *qigong*, que são práticas corpo-mente que nos ajudam (muito) a encontrar o equilíbrio físico, mental e emocional. Todas elas têm um cariz meditativo, no sentido em que contribuem para a cura da mente. E é perfeitamente possível atingir o estado de autorrealização através de qualquer uma delas. Dois exemplos que o fizeram com a ajuda do *qigong* podem ser encontrados no documentário *"Já Somos Livres"* (www.alreadyfreefilm.org).

Hoje em dia não pratico todas essas atividades, mas ponho em prática o que sinto que preciso no momento. À medida que nos sintonizamos com o nosso Guia interior, Ele mostra-nos quais caminhos precisamos de trilhar. Quer se trate de práticas dinâmicas como a dança ou práticas em quietude como a meditação zen, todos os caminhos nos levam à libertação e à manifestação do espírito em nós. É só deixar o que é, ser como é.

No capítulo "Amor" cita uma carta possivelmente escrita pelo famoso Albert Einstein. De onde surgiu esta ideia?

Mencionei anteriormente que no meu despertar senti uma certa sintonia mental com duas entidades. A primeira é Jesus. A segunda é Albert Einstein. Como já disse, as nossas mentes não estão separadas nem se extinguem. O corpo pode morrer, mas a mente é eterna, o que significa que a morte não nos pode separar. A qualquer momento podemos receber mensagens de todo o tipo de entidades, tenham elas um corpo ou não. E conforme a nossa sintonia mental, diferentes entidades respondem. O medo responde ao medo, o amor responde ao amor.

Quando compreendi que nós e Deus somos o mesmo, eu quis procurá-Lo em tudo, inclusive na ciência. E uma das entidades mais conhecidas que temos na nossa história que tinha a mesma meta, era Einstein.

Esta sintonia mental que estabeleci com ele não foi algo que pedi, mas veio-me naturalmente à mente. Não havia voz alguma a falar comigo, mas recebi intuições que me levaram ao seu encontro. Embora não seja um génio da física como Einstein, posso compreender como ele se sentia quando ainda estava *encarnado*. E de algum modo sinto que a busca da teoria que unificaria tudo foi a sua última tentativa frustrada de encontrar Deus através da ciência.

Na verdade, o erro fundamental que todos cometemos é querer trazer a verdade ao que é falso. Este universo não é de Deus. Não é possível encontrar Deus na matéria, porque Deus é imaterial. Esse é o limite que a ciência não consegue transpor, uma vez que se baseia na relatividade para tentar compreender o absoluto. A única forma de encontrar Deus através da ciência, está naquilo que transcende todas as coisas deste mundo, isto é, o nada – o zero. Deus é a abstração absoluta e por isso, só no conhecimento abstrato como a matemática Ele pode ser simbolicamente encontrado. Portanto, Einstein tinha na sua carta a fórmula que responderia a todas as questões se tivesse chegado a esta simples conclusão e substituído na sua equação o Amor por zero.

A carta que ele escreveu à sua filha Lieserl chegou até mim algures no ano de 2016 e assim que a li senti a verdade do seu conteúdo. Algo me dizia que de alguma forma desempenharia o papel de partilhar essa mensagem como o próprio autor desejava, embora na altura não estivesse ciente da quantidade de coisas que descobriria com base nela. Foi após conciliar o conhecimento dessa carta com o conhecimento do UCEM que todas as peças se encaixaram. Era necessário a unir a ciência e a espiritualidade para que tudo fizesse sentido. Uma combinação Einstein-Jesus é possivelmente a bomba de amor de que Einstein falava. E ele contribuiu deveras para a fabricação dessa bomba com a sua carta, mesmo sem o saber. De qualquer modo, a resposta final a que ele chegou pelo amor que nutria pela sua filha trouxe-lhe paz de alma e isso é o mais importante. Como ele diz na sua carta, **Deus é Amor.** Pelo amor que sentimos uns pelos outros, cada um de nós consegue provar para si mesmo que só Ele é verdadeiro.

Então, de onde surgiu a ideia de partilhar esta carta? Do **Amor**.

✺ *Quais foram os maiores desafios que enfrentou na criação da obra?*

Se há algo que não faltou no processo de criação desta obra, foram desafios (risos). Desde a falta de organização e estruturação de ideias, excesso de ideias e pouca concretização, apego ao perfecionismo, distrações com coisas insignificantes, até à procrastinação, tudo isso fez parte do meu caminho. Esta experiência foi um derradeiro encontro com o ego.

Em vários momentos senti que esta tarefa era colossal e excedia as minhas capacidades; como se estivesse a tentar remover um *iceberg* do fundo do oceano. Questionava-me muitas vezes como poderia organizar e estruturar o pensamento, tendo em conta que toda a obra é dedica a algo que não tem qualquer estrutura, não é visível nem palpável e, no entanto, está em tudo e todos. Todos esses medos e dúvidas que inundavam a minha mente eram reflexos do medo do ego. O ego não gosta de se sentir ameaçado. E eu tinha consciência que se conseguisse concluir esta obra, o ego deixaria de ser o senhor da minha mente e da mente de muitas outras pessoas. Não haveria mais um soberano a tomar as decisões em primeiro lugar por nós. Ou diria antes, contra nós.

Quando se trata de erguer o véu que oculta a verdade, muitos são os caminhos sinuosos de autossabotagem que podemos percorrer. No entanto, em todos eles somos convidados a abandonar a necessidade de controlar para nos deixarmos guiar pelo Divino em nós. Com efeito, não havia outra forma de levar a cabo este projeto senão rendendo-me à evidência de que isto não era obra minha, mas d'Ele.

Quando por fim aceitei seguir a Sua orientação, todo o processo tornou-se mais fluido. Aprendi a respeitar o meu próprio tempo e a não me martirizar por não estar a cumprir com os prazos que tinha estabelecido para mim mesma. Deixei de me preocupar com o tempo e com o conteúdo da obra para só fazer o que era necessário, quando era necessário. Desse modo, pouco a pouco, tudo se desenrolou até chegar aqui.

No final compreendi que todo o processo de criação desta obra não era para ajudar nem ensinar ninguém a não ser eu mesma. Nada tinha a fazer senão dar um passo de cada vez em direção à minha própria aceitação. Tudo o resto aconteceu por si só. Nesse aspeto, toda a execução da obra foi uma aprendizagem para mim. Nada poderia ter acontecido mais cedo ou mais tarde, porque cada experiência tem o seu momento certo para acontecer.

A experiência de um ano de ensinamentos de UCEM durante o tempo em que me debatia para escrever tinha de acontecer. Tudo o que aprendi durante esse período trouxe-me uma abordagem e uma visão completamente inesperada para a obra. E os contornos que ela tomou estavam longe do que tinha em mente quando a iniciei. Embora de uma forma que eu jamais imaginaria, no final a meta foi cumprida. Portanto, esta é para mim a maior evidência de que não há necessidade de controlar nada. De facto, Ele sabe tudo. E na nossa rendição total, tudo é realizado.

🔅 *Existe algum capítulo que tenha gostado de escrever em particular?*

De algum modo, cada capítulo foi para mim uma bonita aventura. Mas se existe algum tema que me deu um gosto especial por finalizar, foi o "Amor". As resistências para começar a escrevê-lo foram muitas, pois sempre arranjava uma desculpa para adiá-lo. Isso mostrou de certa forma o quanto o meu inconsciente se opõe ao amor. Foi preciso praticar o perdão para conseguir desbloquear este capítulo, que já se encontrava na reta final do livro. E quando me entreguei verdadeiramente à sua escrita, tudo fluiu de uma só vez, porque no Amor, tudo flui.

☀ *Se pudesse resumir toda a jornada que fez com esta obra e o seu*
resultado em uma ou duas palavras, qual ou quais seriam?

Eu diria que a jornada que fiz com esta obra foi **inesperada** e o seu resultado foi um autêntico **milagre**. Acho que nem eu acredito que fui capaz de chegar até aqui. Se tivesse tentando escrever a obra por conta própria, nem da primeira meia dúzia de capítulos teria passado. Podemos ter o todo o conhecimento do mundo, mas de nada serve se não sabemos como fazer um uso apropriado dele. Foi preciso outro tipo de ajuda, que definitivamente não é daqui, para conseguir gerir toda esta informação sem me perder pelo caminho.

Por isso digo: *"Graças a Deus!"*.

☀ *O que diz acerca da possibilidade de as pessoas contestarem o*
que afirma nesta obra?

A verdade é sem defesas, por isso nada há a defender. Aquele que busca a discórdia discordará. Aquele que busca o entendimento entenderá. É buscando o entendimento que as arestas da discórdia são limadas. *"A melhoria do entendimento tem dois objetivos: primeiro, o nosso próprio aumento de conhecimento; segundo, permitir-nos entregar esse conhecimento a outros."* – John Locke

Estou ciente de que algumas coisas que aqui foram expressas envolvem o meu próprio ego, ou não estaria a fazer igualmente este caminho de desfazê-lo. Por isso, não faço tenção de convencer ninguém. O que é natural e verdadeiro, naturalmente se revela. Por mais palavras que possa aplicar para explicar o indizível, nada é tão real e verdadeiro quanto o mais puro silêncio. É nesse estado que todas as dúvidas se dissipam. Tudo pode ser contestado, mas antes de contestar há que experimentar. Em pensamentos divagamos, na prática descobrimos.

Dito isto, agradeço por todo o retorno que receber, porque ele me aponta na direção da correção e da melhoria contínua.

 Tem mais alguma obra planeada para breve?

Planos já não faço porque cada vez que os faço produzem resultados completamente inesperados e num tempo que eu mesma não consigo prever (risos). Mas certamente virá mais. Eu disse anteriormente que o processo desta obra não foi linear e a sua continuação também não será. O Divino não funciona segundo o tempo, mas consoante o que precisamos de receber no momento. As suas inspirações não são limitadas pela perceção linear que temos do tempo, porque milagrosamente tudo o que Ele nos dá tem o seu lugar e o seu momento certo para acontecer. Desse modo, compreendi que algumas das coisas que escrevi durante o período em que estava a compor esta obra teriam de ficar para uma próxima jornada. E é em tempo Divino que elas serão trazidas à luz deste mundo. Isso é tudo o que posso dizer por agora.

O que é essencial muitas vezes escapa-nos por estarmos sempre com o pensamento no que virá a seguir. Nesta obra, busco relembrar da maneira mais objetiva e prática possível que agora tudo já está em nós. E se colocarmos em prática uma ínfima parte do que aqui está, já teremos poupado muitos anos de vida a buscar fora o que já temos dentro. Todas as coisas são a mesma coisa, apenas percebidas por outro prisma. A essência não muda com a mudança da forma. Sendo assim, nada mais há a esconder. A base de todo o conhecimento já se encontra disponível para ser posta em prática agora mesmo. É muito mais simples do que possamos sequer sonhar, porque o que é simples não é um sonho, mas a única realidade irrefutável. Se mantivermos isto em mente, tudo se torna simples.

 Tem algum conselho que queira dar ao leitor?

Penso que faz sentido fazer uma ressalva. A introspeção que fizemos nesta obra tem como função auxiliar o leitor a tomar consciência de si mesmo e ser capaz de fazer outras escolhas na sua mente que o conduzam à sua própria libertação. No entanto, esse processo poderá parecer difícil quando o apego à dor ainda é bastante significativo.

Situações como traumas profundos, uma doença grave ou o luto de entes queridos podem requerer um período de cura mais prolongado e esse tempo deve ser sempre honrado e respeitado. Caso o leitor se depare com dificuldades no processo de desapego/perdão, recomendo que procure por ajuda. A psicoterapia orientada por pessoas com experiência no ramo da depressão e da espiritualidade pode fazer toda a diferença. Por vezes é a diferença entre ter uma ferida mal curada ou totalmente curada.

O Divino está sempre presente para nos ajudar e Ele pode vir por muitos meios. Quando não nos conseguimos ligar a Ele, há sempre algo ou alguém para nos ajudar a fazer esse caminho na nossa mente. Sozinhos nós nunca estamos. Quanto mais nos disponibilizamos para receber ajuda, mais certa é a salvação.

Há alguma lição final para partilhar com o leitor?

Citando um ditado zen:

"Quando como, como; e quando durmo, durmo."

O que é, é simples. Quando o ser, o ter e o fazer são o mesmo, nada há a ser, ter ou fazer. A vida é o que é. E se porventura nos desviamos do caminho, podemos sempre regressar ao ponto zero onde nada alguma vez deixou de ser o que é.

Alguma palavra final?

(silêncio)

Agradecimentos

Se existe uma palavra que abençoa toda a obra de Deus, essa palavra é gratidão. E é com ela que fecho esta obra. Agradeço a todos os seres que se cruzaram ao longo da minha vida e que me proporcionaram um crescimento de dentro para fora como nunca imaginei ser possível. Agradeço tanto aqueles com quem partilhei experiências de amor como de dor, pois cada experiência e cada pessoa me ensinou de que é possível superar todas as mágoas e todos os apegos quando a nossa única vontade é viver em amor e por amor. Cada pessoa é um reflexo de mim mesma. E em cada uma procuro ver o melhor em mim e aceitar e integrar o que ainda se encontra à sombra da minha consciência.

No final, a minha maior lição de vida é o Amor.

Por amor se vive e por amor se é livre.

Para terminar, deixo os meus agradecimentos especiais para algumas pessoas.

Agradeço à minha mãe e ao meu irmão por me terem nutrido e educado na base da fé e do amor e por terem sido o meu grande suporte na criação desta obra.

Agradeço à Aparecida Youn por fazer o papel de minha irmã gémea de alma e coração nesta vida e por contribuir para o meu crescimento como psicoterapeuta.

Agradeço à Graça Neto por estar sempre disponível para me ajudar e iluminar o meu caminho com a sua sábia orientação.

Agradeço à Andreia Mascarenhas por me ter ligado a grandes companheiros de viagem e por divulgar a minha obra nas suas formações de desenvolvimento humano.

Agradeço à Anabela Vitorino e ao Professor Vitorino por recomendarem a minha obra nas suas consultas e nas suas aulas.

Agradeço à Mercedes Afonso por ter partilhado comigo a oração do Ho'oponopono e por me incentivar a partilhar o melhor de mim com o mundo.

Agradeço à Cristina Abrantes por me ter apontado o caminho que tenho a percorrer nesta existência através das suas consultas e dos seus ensinamentos no campo da astrologia.

Agradeço ao Luís Peres e à Christina Loureiro por me terem trazido o *"Um Curso de Milagres"* e o *"O Desaparecimento do Universo"* e por abraçarem comigo o projeto de difundir e facilitar o UCEM no caminho do nosso despertar.

Agradeço a todos os estudantes do UCEM que me acompanham por me ajudarem a crescer como estudante e facilitadora do curso.

Agradeço à Alexandra Dores por ter colaborado comigo nesta obra, dando-lhe uma face com a sua arte inigualável.

Agradeço-te a ti por teres feito parte desta viagem comigo na nossa mente com esta obra e por tantos outros caminhos que já percorremos.

E como não poderia deixar de ser, agradeço a Deus que através destas experiências nos tem guiado e acompanhado desde sempre neste verdadeiro milagre chamado "VIDA".

Gratidão por cada vida, para toda a vida.

De coração,

eu sirvo a minha missão.

Bibliografia

Livros

Referências Principais

- *FOUNDATION OF INNER PEACE. **A Course in Miracles.** 2nd ed. Mill Valley, CA 94942, EUA: the Foundation for A Course in Miracles, 1992*

- RENARD, Gary R. ***O Desaparecimento do Universo**: uma conversa franca sobre ilusões*, vidas passadas, religião, sexo, política e os milagres do perdão. Tradução e publicação em português: São Paulo: Grupo Mera, 2014.

Citações

Augusto Cury

Tema: Depressão

- CURY, Augusto. ***10 Leis para Ser Feliz**: Ferramentas para se apaixonar pela vida*. Rio de Janeiro: Editora Sextante, 2003

- CURY, Augusto. ***O código da inteligência**: a formação de mentes brilhantes e a busca pela excelência emocional e profissional*. Rio de Janeiro: Ediouro, 2008

* CURY, Augusto. **O Semeador de Ideias**. São Paulo: Academia de Inteligência, 2010

Viktor E. Frankl

Tema: Crise

* FRANKL, Viktor E. ***Man's Search For Meaning***. *Boston, Massachusetts 02108-2892, USA: Beacon Press, 2006*

Tony Robbins

Tema: Crise

* ROBBINS, Anthony. ***Awaken the Giant Within****: How to Take Immediate Control of Your Mental, Emotional, Physical and Financial Destiny. USA: Free Press, 1992*

Wu Hsin

Temas: Tempo a Pensar, Erguer o Véu, Prática

* HSIN, Wu. ***Escritos de Wu Hsin*** *selecionados e traduzidos do livro The Lost Writings of Wu Hsin, Pointers to Non Duality*. Tradução de inglês para português: Brasil: Projeto Luz do Oriente, 2018

Fernando Pessoa

Tema: Ego

* PESSOA, Fernando. ***Poesias de Álvaro de Campos***. Lisboa: Ática, 1944 (imp. 1993). – 252.

Tema: Função do Ser (I)

PESSOA, Fernando. ***Odes de Ricardo Rei****s*. (Notas de João Gaspar Simões e Luiz de Montalvor.) Lisboa: Ática, 1946 (imp.1994). – 148.

Tema: Erguer o Véu

PESSOA, Fernando. ***Poesias Inéditas (1930-1935)***. (Nota prévia de Jorge Nemésio.) Lisboa: Ática, 1955 (imp. 1990). – 159.

PESSOA, Fernando. ***Textos Filosóficos. Vol. I. Fernando Pessoa***. (Estabelecidos e prefaciados por António de Pina Coelho.) Lisboa: Ática, 1968 (imp. 1993). – 44.

PESSOA, Fernando. ***Textos Filosóficos . Vol. II. Fernando Pessoa***. (Estabelecidos e prefaciados por António de Pina Coelho.) Lisboa: Ática, 1968. – 181.

Tema: Zero

PESSOA, Fernando. ***Poesias de Álvaro de Campos***. Lisboa: Ática, 1944 (imp. 1993). - 80.

Notas da Autora

PESSOA, Fernando. ***Poesias.*** (Nota explicativa de João Gaspar Simões e Luiz de Montalvor.) Lisboa: Ática, 1942 (15ª ed. 1995). – 235.

Bíblia Sagrada

Tema: Sacrifício

Mateus 22:39

1 João 4:7-8

Tema: Eureka!

1 João 4:8

João 4:24

João 8:12

João 14:6

Lucas 17:20-21

João 5:19-20

Tema: Agora

João 14:27

Tema: Passado

Isaías 43:18

Tema: Apego

Gálatas 5:13

Tema: Função do Ser (I)

1 João 3:1

Romanos 8:16

Tema: Perdão

Filipenses 2:5-11

Tema: Prática

Filipenses 4:13

Tema: Religião e Espiritualidade

João 3:1-8

Tema: Amor

1 João 4:7

Tema: Decisão

Filipenses 2:2

Tema: Fim

Filipenses 4:6-9

Fontes de Investigação

☀ **Pandora**

História da Caixa de Pandora

- https://www.hipercultura.com/caixa-de-pandora/
- https://www.todamateria.com.br/caixa-de-pandora/
- https://mundoeducacao.uol.com.br/filosofia/caixa-pandora.htm

☀ **Depressão**

O que é a depressão e sintomas da depressão

- https://www.clinicadamente.com/depressao/
- https://www.sanfil.pt/depressao/
- https://www.significados.com.br/depressao/

Etimologia da palavra "depressão"

- https://etimologia.com.br/depressao/
- https://origemdapalavra.com.br/palavras/depressao/

Citação de Baruch Spinoza

- *A Teoria da Mente Humana de Spinoza: Consciência, Memória, e Razão (E5p23s; C I, 608 / G II, 296)*
- https://philarchive.org/archive/MARSTO-16

☀ **Crise**

Etimologia da palavra "decisão"

- https://origemdapalavra.com.br/palavras/decisao/

Probabilidade de nascer como ser humano

- https://www.huffpost.com/entry/probability-being-born_b_877853

☀ Sacrifício

Marcação do tempo segundo o nascimento de Jesus

- o https://www.biblicalarchaeology.org/daily/people-cultures-in-the-bible/jesus-historical-jesus/when-was-jesus-born-bc-or-ad/

Etimologia das palavras "mártir", "sacrifício" e "sofrimento"

- o https://dicionario.priberam.org/mártir
- o https://www.dicionarioetimologico.com.br/sacrificio/
- o https://origemdapalavra.com.br/palavras/sofrimento/

Citações Bíblicas

- o https://www.bibliaon.com/versiculo/mateus_22_39/
- o https://www.bibliaon.com/versiculo/1_joao_4_7-8/

☀ Personalidade

Fórmulas da formação da Personalidade e da Realidade Pessoal

- o https://www.emotional-and-spiritual-healing-guide.com/ego-personality.html

☀ Necessidades

Pirâmide das Necessidades de Maslow

- o https://www.simplypsychology.org/maslow.html
- o https://www.verywellmind.com/what-is-maslows-hierarchy-of-needs-4136760
- o https://profes.com.br/hugoleomts/blog/a-piramide-de-maslow-e-o-desejo-humano

☀ Ego

Citação de Fernando Pessoa

- o http://multipessoa.net/labirinto/alvaro-de-campos/15

☀ **Eureka!**

Significado da palavra "coisa"

- o   https://www.dicio.com.br/coisa/
- o   https://michaelis.uol.com.br/moderno-portugues/busca/portugues-brasileiro/coisa/

Significado da palavra "nada"

- o   https://www.dicio.com.br/nada/
- o   https://michaelis.uol.com.br/moderno-portugues/busca/portugues-brasileiro/nada

Etimologia da palavra "existir"

- o   https://www.dicionarioetimologico.com.br/existir/

Significado da palavra *"entos"* e aplicação na Bíblia

- o   https://www.biblestudytools.com/lexicons/greek/nas/entos.html
- o   https://biblehub.com/text/luke/17-21.htm

Citações Bíblicas

- o   https://www.bibliaon.com/versiculo/1_joao_4_8/
- o   https://www.bibliaon.com/versiculo/joao_4_24/
- o   https://www.bibliaon.com/versiculo/joao_8_12/
- o   https://www.bibliaon.com/versiculo/joao_14_6/
- o   https://www.bibliaon.com/versiculo/lucas_17_20/
- o   https://www.bibliaon.com/versiculo/lucas_17_21/
- o   https://www.bibliaon.com/versiculo/joao_5_19/
- o   https://www.bibliaon.com/versiculo/joao_5_20/

☀ **Agora**

Citação de Albert Einstein

- o   Trecho da carta de condolências de Einstein a família do engenheiro suíço Michele Besso, escrita em 1955.

- https://www.christies.com/features/einstein-letters-to-michele-besso-8422-1.aspx

Citação do Evangelho de Maria Madalena

- http://www.gnosis.org/library/marygosp.htm

Citação Bíblica

- https://www.bibliaon.com/versiculo/joao_14_27/

☼ Passado

Citação Bíblica

- https://www.bibliaon.com/versiculo/isaias_43_18/

Filme Revolver 2005

- https://www.imdb.com/title/tt0365686/

☼ Tempo a Pensar

Citações de Wu Hsin

- Escritos de Wu Hsin – #141, #140.
- https://respireagora.files.wordpress.com/2021/01/803cd-escritos-de-wu-hsin.pdf

☼ Apego

Citação Bíblica

- https://www.bibliaon.com/versiculo/galatas_5_13/

☼ Função do Ser (I)

Citação de Albert Einstein

- https://faraday.physics.utoronto.ca/PHY132S/Relativity/02/132Rel_Side02.pdf

o   https://www.quora.com/Time-and-space-are-modes-by-which-we-think-and-not-conditions-in-which-we-live-said-Einstein-according-to-my-search-results-None-of-them-exactly-mention-where-and-when-he-did-so-What-or-where-is-its-original-source

Função Matemática

o   https://www.infoescola.com/matematica/funcoes-matematicas/

Etimologia da palavra "abscissa"

o   https://www.dicionarioetimologico.com.br/abscissa/

Citação de Fernando Pessoa

o   http://multipessoa.net/labirinto/ricardo-reis/26

o   http://arquivopessoa.net/textos/503

Citação Bíblica

o   https://www.bibliaon.com/versiculo/1_joao_3_1/

o   https://www.bibliaon.com/versiculo/romanos_8_16/

Mente Dividida

Inconsciente Coletivo segundo Carl Gustav Jung

o   https://www.psicanaliseclinica.com/inconsciente-coletivo-jung/

Base de conhecimento
o   Um Curso em Milagres (FIP)
o   O Desaparecimento do Universo (Gary Renard)

Erguer o Véu

Base de conhecimento
o   Um Curso em Milagres (FIP)
o   O Desaparecimento do Universo (Gary Renard)

Citações de Fernando Pessoa

o   http://multipessoa.net/labirinto/fernando-pessoa/11

o   http://multipessoa.net/labirinto/filosofia/5

- o   http://arquivopessoa.net/textos/4095

Citação de Wu Hsin

- o   Escritos de Wu Hsin –#859.
- o   https://respireagora.files.wordpress.com/2021/01/803cd-escritos-de-wu-hsin.pdf

Etimologia da palavra "relacionamento"

- o   https://www.dicionarioetimologico.com.br/relacionamento/

Reencarnação (Samsara)

- o   https://brasilescola.uol.com.br/religiao/carma-samsara.htm
- o   https://www.kttbrasil.org/single-post/a-roda-do-samsara

Buda

- o   https://www.ebiografia.com/buda/
- o   https://terrapuradf.org.br/fundamentos-2/vida-do-buddha-sakyamuni/
- o   https://www.history.com/this-day-in-history/buddhists-celebrate-birth-of-gautama-buddha
- o   https://super.abril.com.br/especiais/como-sidarta-gautama-se-tornou-buda/

Citação Um Curso Em Milagres

- o   Um Curso em Milagres (FIP), Prefácio

☼ Vazio

Citação de Bruce Lee

- o   LEE, Bruce. ***Tao of Jeet Kune Do****. California 91380-9018, USA: Ohara Publications. 1975 – p7*

☼ Zero

Citação de Max Planck

- o   Autobiografia Científica e Outros Artigos traduzidos por F. Gaynor

(1949), p. 184

- o https://quotepark.com/authors/max-planck/quotes-about-religion/

Citação de Friedrich Nietzsche

- o https://www.quotes.net/quote/16070

Citação de C. S. Lewis

- o *C. S. Lewis, Aurand Harris (1985). "The Magician's Nephew". Dramatic Publishing – p21*
- o https://www.azquotes.com/quote/1073062

☀ Brecha

Etimologia da palavra "pecado"

- o https://origemdapalavra.com.br/pergunta/pecado/

Citação de Fernando Pessoa

- o http://multipessoa.net/labirinto/alvaro-de-campos/32

☀ Função do Ser (II)

Citação Bíblica

- o https://www.bibliaon.com/versiculo/lucas_23_34/

Citação de Sri Nisargadatta Maharaj

- o https://www.goodreads.com/author/quotes/172897.Nisargadatta_Maharaj

☀ Perdão

Etimologia da palavra "perdão"

- o https://origemdapalavra.com.br/pergunta/etimologia-da-palavra-perdao-2/

Citação Bíblica

- o https://www.bibliaon.com/versiculo/filipenses_2_5-11/

☀ **Prática**

Shoonya

o https://isha.sadhguru.org/us/en/wisdom/sadhguru-spot/shoonya-significance-doing-no-thing

Yoga

o https://www.mea.gov.in/search-result.htm?25096/Yoga: su origen, historia y desarrollo

o http://www.yogaiya.in/profile/dr-ishwar-v-basavaraddi/

Meditação Zen (zazen)

o https://mindworks.org/blog/what-is-zen-meditation-benefits-techniques/

o https://www.verywellmind.com/what-is-zen-meditation-4586721

Mindfulness

o https://www.medis.pt/mais-medis/bem-estar-e-desporto/mindfulness-o-que-e-e-quais-os-beneficios/

Citação de Wu Hsin

o Escritos de Wu Hsin – #381.

o https://respireagora.files.wordpress.com/2021/01/803cd-escritos-de-wu-hsin.pdf

Citação Bíblica

o https://www.bibliaon.com/versiculo/filipenses_4_13/

☀ **Religião e Espiritualidade**

Etimologia da palavra "religião"

o https://www.dicionarioetimologico.com.br/religiao/

Religião vs Espiritualidade

o https://www.biographyonline.net/spiritual/articles/religion_vs_spirituality.html

Citação Bíblica

- o https://www.bibliaon.com/versiculo/joao_3_1-8/

☀ **Amor**

Biografia de Albert Einstein

- o https://www.ebiografia.com/albert_einstein/

Carta de Albert Einstein

- o https://www.cantinhoananda.com.br/post/carta-de-albert-einstein-a-sua-filha-lieserl
- o https://thriveglobal.com/stories/einstein-letter-to-his-daughter-on-the-universal-force-of-love/
- o http://www.albert-einstein.org/.index9.html
- o https://www.em.com.br/app/noticia/internacional/fac-tcheck/2020/08/11/interna_internacional,1176877/checamos-arquivos-de-albert-einstein-nao-tem-uma-carta-sobre-a-forca.shtml

$E = mc^2$

- o https://www.significados.com.br/e-mc2/
- o https://educacao.uol.com.br/disciplinas/fisica/emcsup2sup-einstein-e-a-equivalencia-entre-materia-e-energia.htm

Velocidade da Luz

- o https://www.significados.com.br/e-mc2/
- o https://mundoeducacao.uol.com.br/fisica/velocidade-luz.htm
- o https://brasilescola.uol.com.br/fisica/a-velocidade-luz.htm

Etimologia da palavra "energia"

- o https://origemdapalavra.com.br/pergunta/energia/

Energia

- o https://brasilescola.uol.com.br/o-que-e/fisica/o-que-e-energia.htm
- o https://www.infopedia.pt/apoio/artigos/$energia-(fisica)

Albert Einstein sobre "Deus não joga dados"

- o   https://spotsci.com/2018/12/11/o-que-einstein-quis-dizer-com-deus-nao-joga-dados/

Frequência Vibracional

- o   https://www.namaskar.pt/frequencia-vibracional-e-como-a-elevar

Lei da Conservação da Matéria de Antoine Lavoisier

- o   http://www.fem.unicamp.br/~em313/paginas/person/lavoisie.htm

Citação Bíblica

- o   https://www.bibliaon.com/versiculo/1_joao_4_7/

☀ Decisão

Citação Bíblica

- o   https://www.bibliaon.com/versiculo/filipenses_2_2/

☀ Fim

Etimologia da palavra "universo"

- o   https://www.iag.usp.br/astronomia/pergunta/1414061454´
- o   https://www.etymonline.com/word/universe

Citação Bíblica

- o   https://www.bibliaon.com/versiculo/filipenses_4_6-9/

☀ Uma Imagem Vale Por Mil Palavras

- o   http://milova.net/love

☀ Notas da Autora

Citação de Fernando Pessoa

- o   http://multipessoa.net/labirinto/fernando-pessoa/1

Conteúdo

www.ingramcontent.com/pod-product-compliance
Lightning Source LLC
Chambersburg PA
CBHW061238120726
48001CB00001B/28